本書爲蘭州大學科研啓動經費支持出版

左氏易傳輯釋

楊虎　著

社會科學文獻出版社

序

讀到楊虎這部《左氏易傳輯釋》書稿，極爲高興！這是因爲：此書完成了我多年來未能實現的一個學術心願。

一 "左氏易傳"選題的由來

關於這部書稿的由來，作者在"跋"中提到："我自知短於偏文獻類的研究工作，業師黃玉順先生爲了訓練我這方面的能力，建議做這個選題。"那是二〇一四年的事情了，當時作者開始跟我攻讀博士學位，我建議他以"左氏易傳"爲博士學位論文的選題。實際上，我萌生"左氏易傳"的想法，可以追溯到二十世紀的後期；而撰寫作者所提到的拙文《左氏易傳注疏瑕疵》，則是在二〇一一年。慚愧的是，我本人一直專注於"生活儒學"而未能實現輯釋《左氏易傳》這個心願，現在由作者完成了，不禁欣慰之至！

至於我之命名"左氏易傳"，作者在"緒論"中引了我的一段話：

> 對《易》古經的詮釋，可以通稱"易傳"，例如，除傳世《易傳》外，還有人們所熟知的《子夏易傳》《京氏易傳》《伊川易傳》《東坡易傳》等。出土的戰國時期的說《易》簡帛，其實皆屬"易傳"性質的文獻。因此，《左傳》及《國語》中對《易》的詮釋，可稱之爲"左氏易傳"。這是因爲按照傳統的說法，《左傳》《國語》爲春秋末期左丘明所著；再者，按照儒家傳統，《左傳》稱爲"春秋左傳"，則《左傳》中所載《易》說，亦可稱爲"左氏易傳"。①

---

① 黃玉順：《左氏易傳注疏瑕疵》，《時代與思想——儒學與哲學諸問題》，山東人民出版社，二〇一七，第一七頁。

這是我之所以提出"左氏易傳"這個概念的大致理由。所謂"左氏"，當然指的是相傳爲《左傳》與《國語》作者的左丘明；但這並不是説"左氏易傳"中的那些"易説"就是左丘明本人的思想觀念，而祇是説那些"易説"皆有賴於左丘明的擷取與記載，纔得以彙集而流傳下來。

所以，我很贊同作者在"緒論"中表達的這個看法："其實，這兩部書究竟是不是左丘明所作，這並不是特別要緊的，並不影響這兩部書的重大價值，因此，本書無意加入這種可能得不出定論的爭論；要緊的是這兩部書所涉及的《周易》思想内容對於中國哲學史、思想史、觀念史來説非常重要，有必要給出一個鮮明的名目標籤，而在無法最終確定作者的情況下，顯然還是以'左氏'命名爲佳。"

二　"左氏易傳"文獻的整理

此書輯釋《左傳》《國語》中與《周易》相關的文獻，輯録完備，考據精詳，訓釋雅正，堪稱易學文獻整理的一項優秀成果。

第一，輯録完備。此書梳爬《左傳》與《國語》中的"易説"共三十則，是迄今最完備的輯録。此前，相對完整的輯録是高亨先生的《〈左傳〉〈國語〉的〈周易〉説通解》，也祇輯録了二十二則。①

第二，考據精詳。例如《左傳·莊公二十二年》陳侯使周史筮，傳文"是謂'觀國之光，利用賓于王'"，孔穎達疏："傳之筮者指取《易》義，不爲論卦，丘明不畫卦也。諸爲注者皆言'上體''下體'，若其畫卦示人，則當不煩此注，注亦不畫卦也。今書有畫卦者，當是後之學者，自恐不識，私畫以備忘，遂傳之耳。"作者指出："傳之筮者其實不僅取義，亦常論卦。"傳文下文又有"故曰'觀國之光，利用賓于王'"，作者指出："疑此句傳文'利用賓于王'爲衍文，因爲此句之義並非上文'有山之材，而照之以天光，於是乎居土上'，而是下文'庭實旅百，奉之以玉帛，天地之美具焉'，所以下文纔説'故曰"利用賓於王"'。"

第三，訓釋雅正。此書的訓詁，雖然於《左傳》據杜預注、孔穎達疏

---

①　高亨：《〈左傳〉〈國語〉的〈周易〉説通解》，《周易雜論》，齊魯書社，一九七九。

《春秋左傳正義》，於《國語》據韋昭注，但作者亦多有修正、補充。例如《左傳·閔公二年》卜楚丘之父筮成季之生，傳文"其名曰'友'，在公之右；間于兩社，爲公室輔。季氏亡，則魯不昌"，作者指出："卜人所言皆爲韻句：友與右韻，在之部；社與輔韻，在魚部；亡與昌韻，在陽部。"又如《國語·晉語一》晉獻公論立太子之道，傳文"寡人聞之，立太子之道三：身鈞以年，年同以愛，愛疑決之以卜、筮"，作者指出："按韋注所說，此處晉獻公所論立太子之道，以德、年、愛爲擇立要素。周代宗法封建制度下嫡長子繼承爲常制，在無嫡長子的情況下，則擇立衆子，參之以年、德、卜筮決疑。例如，昭公二十六年傳王子朝語：'昔先王之命曰：王后無適，則擇立長；年鈞以德，德鈞以卜；王不立愛，公卿無私，古之制也。'襄公三十一年傳穆叔語：'大子死，有母弟則立之；無則長立，年鈞擇賢，義鈞則卜，古之道也。'"

三　易學若干重大疑難問題的探究

此書的內容與價值，不止於所謂"文獻整理"；它的另一部分重要內容，乃是對易學中的若干重大疑難問題的討論，這就是書中的九篇"專論"，分論孔疏引《易》"斷章"之說、"互體"之說、"蓍短龜長"之說、《左傳》《國語》易筮之"八"、《易象》其書、"《易》不可以占險"之說、《八索》其書、"龍"與"易"之關係、"聖人不煩卜筮"之說。

儘管其中有所不足，但是也不乏很多精湛的考辨。茲舉一例，以見一斑。《左傳》《國語》的易說中，有一個"八"的概念，即《左傳·襄公九年》的"遇艮之八"、《國語·晉語四》的"得貞屯、悔豫，皆八也"和"得泰之八"。關於此"八"的含義，歷來聚訟紛紜。作者在前人研究的基礎上，提出新的觀點和系統性的解釋：證明"八"是筮數；肯定它屬於《周易》系統；確定它屬於多爻變動而其不動之爻皆陰的情況。作者旁徵博引，辨析入微，其結論極具說服力。

作者的這些專論，或者對於易學史上的一些疑難問題給予確鑿的解決方案，或者在前人之說的基礎上另外提出可供選擇的答案，都具有很重要的學術價值。

四 本書對中國哲學史研究的價值

其實，我當初建議作者以"左氏易傳"爲博士學位論文的選題，不僅僅是爲了訓練他古典文獻方面的能力，以糾其擅於思辨而拙於文獻之偏。作者在"緒論"中也提到，我對"左氏易傳"有如下的觀念史和社會史定位：

中國文化的第一次大轉型不是突然發生的，它實際上經歷了三個階段：西周、春秋、戰國。這三個階段的發展，恰好與《周易》文本對應：

時期	在《周易》之體現	文本
西周	《易》筮的解釋化	《易經》觀念
春秋	《易》筮的人謀化	《左傳》筮例
戰國	《易》筮的哲學化	《易傳》思想

可以説，這次大轉型是與《周易》文本之誕生及其早期演進相始終的。[1]

作者"緒論"也説："'左氏易傳'的重大意義在於：它是從殷周之際《周易》古經神學觀念到戰國《周易》大傳哲學觀念之大轉換的中間環節。"確實，傳世《周易》由西周的古經與戰國的大傳構成，中間正缺了春秋時代的文獻。唯其如此，此書從文獻的角度填補了易學史、先秦哲學史的一段空白，實爲易學界、中國哲學界的一項重大學術成果。

對這個問題，作者在"緒論"中總結道："《周易》古經是一套神性觀念系統，而經過'左氏易傳'的倫理化轉進，到《周易》大傳建構了一套理性形而上學本體論。其中的邏輯環節是：到了'左氏易傳'階段，易筮所預設的神性觀念已經不再形成有效的奠基作用，'左氏易傳'對神性觀念進行了懸擱，而發生了人謀化、倫理化的轉向，用具有自然傾向的乾

---

[1] 黃玉順：《中西之間：軸心時代文化轉型的比較——以〈周易〉爲透視文本》，《四川大學學報》（哲學社會科學版）二〇〇三年第三期。

坤宇宙論來論證人事，最終發展到《周易》大傳的形而上學本體論。"

這段陳述，可以說是透過《周易》對中國軸心時代觀念轉換作出的一個高屋建瓴的概括。當然，此書關於這一觀念進程的具體論證尚有深入和加強的空間，例如，相比於《周易》大傳的形而上學本體論，書中關於"左氏易傳"的乾坤宇宙論這一觀念環節的展示還不夠系統。此外，這種觀念轉換的意義究竟如何，還可以進一步思考。我近來也思考這個問題。《周易》從古經的神性的、信仰的觀念系統，經由"左氏易傳"，而轉換爲大傳的理性的哲學的思想系統，這是與整個中國古代思想觀念系統從"天本主義"轉變爲"人本主義"步調相一致的，但這其實是一把雙刃劍；所以我纔提出"哲學地重建神聖超越，或者叫作理性地重建信仰"①。

當然，作者在下編主要還是圍繞"左氏易傳"來談的。我自己有一種想法：接續拙著《易經古歌考釋》，"再寫一本研究《周易》的專書。我深感有必要整個地重新詮釋這些歌謠，這種重新詮釋不是文獻方面的，而是思想觀念方面的，具體説來，就是對'詩與思'之關係的理解和闡釋，由此追溯中國哲學的起源，並以此爲中國哲學的當代重建提供一種借鑒。這種詮釋的要義，在於揭示'古歌→古經→大傳'、亦即'生活感悟→神學→哲學'這樣一種'奠基關係'"②。爲此，我先編輯了一本《〈周易〉之"詩"與"思"——黃玉順易學論文集》③。但説實話，能否抽出時間實現這個願望，我對自己没有信心，或許仍將不得不寄希望於來者？

五　本書的哲學意義

此書的意義，甚至不限於"哲學史"；其更深刻的意義，乃在"哲學"本身。我所認識的作者，其人其學，就其禀賦而論，其實不僅並非文獻學

① 黃玉順：《神聖超越的哲學重建——〈周易〉與現象學的啟示》，《周易研究》二〇二〇年第二期，第一七至二八頁；《中國人民大學複印報刊資料·中國哲學》二〇二〇年第十期全文轉載，第三至一三頁。
② 黃玉順：《易經古歌考釋》（修訂本），上海古籍出版社，二〇一四，修訂再版後記，第四四二至四四三頁。
③ 黃玉順：《〈周易〉之"詩"與"思"——黃玉順易學論文集》，山東人民出版社，二〇二〇。

家型的，而且並非哲學史家型的，而是哲學家型的。

所以，作者在“緒論”中認爲：“研究‘左氏易傳’哲學以及先秦《周易》哲學，不僅是爲了研究易學哲學的發展史，也是爲了探索中國哲學當代重建的歷史經驗。本書通過這一工作，印證了一個重要的思想原則，即哲學觀念的建構確乎相應和植根於人類社會生活。”

我理解，作者的終極追尋，並非重現易學史、哲學史，而是重建哲學本身。據我所知，作者這些年來有一系列純粹的哲學思考，諸如“新基礎主義”“悲憫哲學”“觀仁論”，等等。這些思考，都不是哲學史的，而是純粹哲學的。那麼，這些純粹的哲學思考，與作者的易學研究之間是怎樣的關聯？這是一個饒有趣味的問題。

總之，這部《左氏易傳輯釋》體現了作者已兼具考據與義理的功夫。既得考據之功力，復擅義理之優長，則作者之哲思，大成可期。

黃玉順

二〇二一年十月序於濟南寓所

輯釋凡例

　　〇録入《左傳》《國語》原文及其注疏，採用的底本如下：

　　（周）左丘明傳，（晉）杜預注，（唐）孔穎達疏《春秋左傳正義》，《十三經注疏》，上海古籍出版社，一九九七；

　　（周）左丘明撰，（三國吳）韋昭注，上海師範大學古籍整理組校點《國語》，上海古籍出版社，一九七八。

　　〇《左傳》《國語》的原文，採用小四號黑體字書寫；注疏採用五號仿宋體字書寫，分別以【注】【疏】標明。

　　一、凡改動底本文字，或雖未改動但文字有重大差異者，均隨文說明。版刻形近訛字徑改不作說明。

　　二、原文和注疏的標點，據現行標點符號用法統一書寫。

　　三、標點書寫需要特殊說明者：其一，原文和注疏中出現的易卦名，統一不加書名號，如：遇觀䷓之否䷋、歸妹上六；其二，注疏中的引用文獻，原文引用則標引號，略述其義僅標冒號。

　　〇本書作者的校勘、訓釋、闡發的文字，用【案】標明，採用五號宋體字書寫。

　　一、本書作者的案語引用相關文獻，於頁下注明版本。

　　二、本書作者的案語引用文獻，多數爲直接引用，僅個別標點符號有所改動；少數爲略述其義，說明“詳某人某書”。

　　〇本書作者關於易學特定問題和重要觀念的解釋、論述，作爲專題討論，隨文列爲“專論”，共計九篇。

目　錄

下編　“左氏易傳”哲學闡釋

緒論："左氏易傳"概述

"左氏易傳"是指《左傳》《國語》中的易學內容。這一命名首出於黃玉順先生《左氏易傳注疏瑕疵》一文，文章列舉、考辨了《左傳》《國語》中的十則易例。[①] 本書進一步探討並沿用這一命名，對《左傳》《國語》中的易學內容進行完備的輯錄、校釋和闡發。"左氏易傳"是《周易》古經和《周易》大傳之間重要的易學文獻，是《周易》文本歷史和哲學發展的重要環節。

一 "左氏易傳"命名問題

"左氏"是指春秋史家左丘明。"左氏"可有兩解，一者氏名，一者官號。章太炎先生說："若劉子駿《移太常博士書》言'《春秋》左氏丘明所修'者，丘明其氏與名也，左氏其官也。左氏即左史氏，猶言大史氏也。"[②]《左傳》《國語》這兩部書，相傳是春秋時期左丘明所作，其實，這兩部書究竟是不是左丘明所作，這並不是特別要緊的，並不影響這兩部書的重大價值，因此，本書無意加入這種可能得不出定論的爭論；要緊的是這兩部書所涉及的《周易》思想內容對於中國哲學史、思想史、觀念史來說非常重要，有必要給出一個鮮明的名目標籤，而在無法最終確定作者的情況下，顯然還是以"左氏"命名爲佳。

"易傳"一詞的使用則稍微複雜一些。其實易傳可以有廣、狹兩義。狹義的"易傳"是指今本《周易》大傳，我們是在"經傳合一"的視野

---

① 黃玉順：《左氏易傳注疏瑕疵》，《時代與思想——儒學與哲學諸問題》，第一六至二五頁。
② 章太炎：《春秋左傳讀》，《章太炎全集》第二冊，上海人民出版社，二〇一八，第四五頁。

下言説"易傳"的，在此語境中，"經"指的是經典，"傳"是對經的解釋，後世經與傳綁定在一起而並稱，如韓愈"六藝經傳"（《師説》）之説，由經傳並稱，傳也逐漸成爲經典的一部分。雖然並非所有的經典都是如此，但是《周易》的情況確乎是這樣的，今人言説的《周易》包括《周易》大傳，例如，馮友蘭先生説："現在我們所有的《周易》這部書，包括兩部分，一部分是經，一部分是傳。……傳是對經而言，是用以解釋經的。"①

由此不難理解，今人提及"易傳"首先想到的是《周易》大傳，甚至把"易傳"限定爲《周易》大傳。其實，廣義的"易傳"可以泛指一切對《周易》古經乃至包括《周易》大傳在内的《周易》文本的注解、解釋。黃玉順先生在命名"左氏易傳"時所提出的重要理據是：

> 對《易》古經的詮釋，可以通稱"易傳"，例如，除傳世《易傳》外，還有人們所熟知的《子夏易傳》《京氏易傳》《伊川易傳》《東坡易傳》等。出土的戰國時期的説《易》簡帛，其實皆屬"易傳"性質的文獻。因此，《左傳》及《國語》中對《易》的詮釋，可稱之爲"左氏易傳"。這是因爲按照傳統的説法，《左傳》《國語》爲春秋末期左丘明所著；再者，按照儒家傳統，《左傳》稱爲"春秋左傳"，則《左傳》中所載《易》説，亦可稱爲"左氏易傳"。②

顯然，除了《周易》大傳，還有很多詮釋《周易》的文本稱爲"易傳"。《周易》作爲經典文本的形成，其標志是西漢孝武帝時期設立五經博士教授《周易》。它是逐漸從"卜筮之書"③轉變爲經典的，例如，帛書《要》篇記載孔子常引《周易》論事説理，這和之前《周易》專用於卜筮是大不相同的，這種現象在《左傳》《國語》的易學内容中也得到佐證，春秋時期可以説是《周易》經典化形成的開端，這一進程至西漢時

---

① 馮友蘭：《中國哲學史新編》第二册，河南人民出版社，二〇〇一，第五四四頁。
② 黃玉順：《左氏易傳注疏瑕疵》，《時代與思想——儒學與哲學諸問題》，第一七頁。
③ 正如朱子所説："《易》本爲卜筮而作。"參見（宋）黎靖德編《朱子語類》第四册，王星賢點校，中華書局，一九八六，第一六二〇頁。

期而初步完成。由此，我們把《左傳》《國語》中的易學内容也稱爲"易傳"並無不妥，因爲它同樣涉及對《周易》古經的解釋，並且，它先於《周易》大傳的部分内容，是《周易》古經和《周易》大傳之間重要的易學内容。

"易學"一詞，古來有之，是指《周易》之學。今人對易學的定義大致如斯，例如，朱伯崑先生所下的定義是："從漢朝開始，由於儒家經學的確立和發展，《周易》列爲五經之首，人們對它的研究，成了一種專門的學問，即易學。"① 這裡明確提出：易學是對《周易》進行研究的專門學問。這一定義爲學界普遍接受，但它可能存在的問題是，它以漢代經學的確立爲易學的開端，正如吳前衡先生所指出的："'從漢朝開始'，是朱先生'易學'定義的邊界條件。它是説，'易學'有自己的開端，這個開端在漢朝；它也同時在説，漢前無易學。"② 如果説，漢代之前沒有易學；那麼，我們所説的"左氏易傳"也是不能成立的。但我們在朱先生的另一處定義中卻能找到先秦時期的易學成立的標準："易學則是對《周易》所作的種種解釋。"③ 按照這個定義，則不惟《周易》大傳以及後世諸多解釋文本，《左傳》《國語》中所涉及的對《周易》的解釋當然也屬於"易學"。

今人對何謂"易學"之所以有種種爭議，原因可能就在於我們今天所理解的易學是以《周易》大傳爲標準的，《周易》大傳被視爲《周易》哲理化的標志。雖然《周易》本是卜筮之書，但是其哲理化進程絶不是自《周易》大傳纔開始的，應當指出，這一進程恰恰是從春秋易學亦即"左氏易傳"開始的，《周易》大傳則是《周易》哲理化的初步完成。"左氏易傳"是《周易》大傳之前重要的易學發展環節，我們將在後面詳細闡論這一進程。這裡先進一步指出，我們之所以把《左傳》《國語》中的易學内容命名爲"左氏易傳"，除了以上幾點，還有如下理據。

其一，《左傳》《國語》中關於《周易》的内容，體現了重要的易學

---

① 朱伯崑：《易學哲學史》第一卷，華夏出版社，一九九四，前言第一頁。
② 吳前衡：《〈傳〉前易學》，湖北人民出版社，二〇〇八，第二八頁。
③ 朱伯崑：《易學哲學史》第一卷，前言第一頁。

思想。例如，"《易》不可以占險"（《左傳·昭公十二年》）；"我蔑卜筮矣"（《國語·吳語》）；"聖人不煩卜筮"（《左傳·哀公十八年》）等，這是《左傳》《國語》易學思想的核心所在。

其二，"左氏易傳"的重大意義在於：它是從殷周之際《周易》古經神學觀念到戰國《周易》大傳哲學觀念之大轉換的中間環節。中國哲學的軸心時代或者叫作"原創時代"①，分爲三個時期：西周、春秋、戰國。現有的《周易》古經大體屬於西周時期，《周易》大傳屬於戰國時期。加上"左氏易傳"之後，就成了三個文本，正好與那三個時期一一對應：

《周易》古經（西周）→"左氏易傳"（春秋）→《周易》大傳（戰國）

這充分凸顯了"左氏易傳"在中國觀念史上的地位和作用。基於以上論及的種種理據，用"左氏易傳"命名《左傳》《國語》中的易學內容是非常切合的。

二 左氏易例基本内容

這裡首先介紹一下左氏易例的基本情況，再簡要分析其中的筮占法，最後綜觀各方面要素進行整體的直觀把握。

（一）左氏易例的基本樣貌

在本書所輯錄的三十則易例中，有五則雖然沒有具體的易筮情況或引用《周易》文本，但是涉及易學史上的重要觀念或特定問題；其餘二十五則包括引證例六則和筮占例十九則，筮占例中詳細記載筮占情況的有十六則，未詳細記載筮占情況的有三則。現分類將其列爲表一。

---

① "原創時代"是黃玉順先生針對德國哲學家雅斯貝爾斯"軸心時代"（Axial Period）概念而提出的概念。參見〔德〕雅斯貝爾斯《歷史的起源與目標》，魏楚雄、俞新天譯，華夏出版社，一九八九，第一至一八頁；黃玉順《面向生活本身的儒學——黃玉順"生活儒學"自選集》，四川大學出版社，二〇〇六，第三八至四〇頁。

表一　左氏易例類計

筮占例十九則		引證例六則	其他五則
詳記占例十六則	未詳記占例三則		
第一、二、三、六、七、八、九、一〇、一三、一四、一五、一六、二〇、二一、二二、二七則	第五、二四、二九則	第一一、一二、一七、一八、二五、二六則	第四、一九、二三、二八、三〇則

以往學界對於左氏易例的統計最爲完備的是高亨先生所列舉的二十二則，這二十二則就是上表中所歸類的"詳記占例十六則"和"引證例六則"。

從筮占者、操作者、解占者、所筮之事，以及筮占結果和解占方法等方面看，左氏易例所呈現的內容是非常豐富的。就筮占的操作者、解占者而言，左氏易筮已經不再局限於專職的卜筮人員，社會各階層廣泛地參與操作和解占。在這些筮例中，提到的卜人、筮史如卜楚丘之父、卜楚丘、卜徒父、卜偃、周史、史蘇等，其他人員如穆姜、重耳、司空季子、崔武子、陳文子等人爲夫人、國君、大夫等，他們或親自操作，或參與解占。就其所占之事而言，大致可以分爲軍國政事、社會生活、個體命運三大類別。

就其基本體例而言，左氏易例筮占結果的表達形式通常是"遇某卦之某卦""遇某卦"，但也有特殊的情況，如三則言"八"的易例："遇艮之八"，"得貞屯、悔豫，皆八也"及"得泰之八"。①

左氏易例所涉易卦共三十一個，按照它們在本書輯錄的易例篇次中出現的次序，分別是：觀䷓，否䷋，屯䷂，比䷇，大有䷍，乾䷀，蠱䷑，歸妹䷵，睽䷥，屯䷂，豫䷏，泰䷊，豐䷶，離䷝，師䷆，臨䷒，復䷗，艮䷳，隨䷐，困䷮，大過䷛，頤䷚，明夷䷣，謙䷎，坤䷁，大壯䷡，姤䷫，同人䷌，夬䷪，剝䷖，需䷄。左氏易例所涉易卦幾乎占到了今本《周易》的一半，這不但說明了左氏易例之龐大，而且說明了其時《周易》運用之廣泛。就其所涉繇辭而言，大多數與今本《周易》相同或相通，不過，也有三例與今本《周易》完全不同者，其中需要指出的兩點是：

其一，成公十六年傳晉侯筮擊楚師，其卦遇復："曰：'南國蹙，射其

---

① 參見本書《專論四：關於〈左傳〉〈國語〉易筮之"八"》的詳細討論。

元王中厥目。'"而襄公二十八年傳告子展評楚子將死說，《周易》有之，在復之頤："曰：'迷復，凶。'"① 前後不過相差三十年光景，前者所引繇辭不見於今本《周易》，後者則與今本《周易》相同。這說明當時人們所見《周易》有不同版本或者有同類筮書，祇是今本《周易》更廣爲流傳。

其二，其繇辭不見於今本《周易》的三則易例，其中繇辭似引用古歌謠。"同復于父，敬如君所。""父""所"韻，在魚部。"千乘三去，三去之餘，獲其雄狐。""去""餘""狐"韻，在魚部。"南國蹙，射其元王中厥目。"蹙又作麎，"麎""目"韻，在覺部。② 這說明，先秦筮書雖不止今本《周易》一種，但其繇辭中都有古歌謠，這是它們與今本《周易》相同的地方。③

就變占形式而言，左氏筮占例大多屬於一爻變動的情況，也存在多爻變動的情況，共計十六則筮例有涉（"詳記占例十六則"），列其爲表二。

表二　左氏易例變占

動爻情況	篇次	備註	
無動爻	第六、一三、二一則	計涉三則	尚餘第九則"得泰之八"存在三爻變動、四爻變動、五爻動三類七種可能的情況。
一爻變	第一、二、三、七、一○、一六、二○、二一、二二、二七則	計涉十則	
三爻變	第八、一四則	計涉二則	
五爻變	第一五則	計涉一則	

（二）左氏易例的筮占法

就其變卦之法，今人高亨先生的總結是最爲系統的。按高亨先生的解釋，先秦易筮遵循九、六變，七、八不變的原則，筮得純九、六或純七、八的遇卦，求得宜變之爻爲九、六則變爻得之卦，宜變之爻爲七、八則不變。但是，筮得雜以九、六、七、八的遇卦，其變卦法則複雜一些：以"天地之數"（五十五）減去卦之營數求得宜變之爻爲七、八時，則需遇卦

---

① 詳見第一三則《晉侯筮擊楚師》、一七則《告子展評楚子將死》。
② 詳見第三則《卜楚丘之父筮成季之生》、六則《卜徒父筮秦伯伐晉》、一三則《晉侯筮擊楚師》。
③ 關於《周易》古經徵引古歌謠的情況，參見黃玉順《易經古歌考釋》（修訂本），上海古籍出版社，二○一四。

的九、六互變而得之卦。高亨先生以左氏易例爲徵驗，例如，他解釋“艮之八”的變卦法：

> 初、三、四、五、上爻皆變者也。當其筮時，蓋得䷳《艮》卦，其營數爲四十四。自五十五減四十四，餘十一。依法數之，至二爻而十一盡，故二爻爲宜變之爻。而二爻爲八，乃不變之爻，故曰“遇艮之八”。不得以《艮》之六二爻辭占之矣，遂變《艮》之九爲六，六爲九，則得䷐隨卦，故曰“是謂《艮》之《隨》”。引隨之卦辭曰“元亨，利貞，無咎”，是以“之卦”卦辭占之也。此《變卦法》中六之（二）之類也。①

就左氏易例解占所涉内容而言，包括遇卦和之卦的卦名、遇卦和之卦的卦象、卦辭以及兩卦相應爻的爻辭等。高亨先生對此有過總結，並列出了詳盡的圖表。② 以下例舉一些關於左氏易例解占法的討論。

朱子總結了左氏易例的變占原則，其結論如下：

> 凡卦六爻皆不變，則占本卦彖辭，而以内卦爲貞，外卦爲悔。
> 一爻變，則以本卦變爻辭占。
> 二爻變，則以本卦二變爻辭占，仍以上爻爲主。
> 三爻變，則占本卦及之卦之彖辭，而以本卦爲貞，之卦爲悔；前十卦主貞，後十卦主悔。
> 四爻變，則以之卦二不變爻占，仍以下爻爲主。
> 五爻變，則以之卦不變爻占。
> 六爻變，則乾坤占二用，餘卦占之卦彖辭。③

如果暫且不考慮遇“八”的可能情況，那麼左氏易例並無第二、四條的明確筮例，朱子説“以例推之”。考之左氏易例，朱子總結的變占原則並不

---

① 高亨：《周易筮法新考》，《周易古經今注》，中華書局，一九八四，第一五七至一五八頁。
② 高亨：《〈左傳〉〈國語〉的〈周易〉説通解》，《周易雜論》，第一〇六至一〇七頁。
③ （宋）朱熹、蔡元定：《易學啓蒙》，《朱子全書》第一册，安徽教育出版社，二〇〇二，第二五八至二五九頁。

完全適用。首先，一爻變的情況，例如，第一七則，晉獻公使史蘇筮嫁伯姬，筮遇歸妹之睽，觀其解占不僅用到了本卦歸妹卦的變爻爻辭，而且用到了之卦睽卦的變爻爻辭，以及歸妹卦卦名及兩卦的卦象解釋。其次，五爻變者，祇有第一五則穆姜筮出東宮一例，用到了之卦卦辭及之卦卦名的解釋，並沒有用到“之卦不變爻占”。再次，至於六爻不變的情況，也並非必須用本卦卦辭解占。觀朱子所言，解占以“居少者”爲主，或爲本卦中居少的變動之爻，或爲之卦中居少的不變之爻，遇到不變、全變、半數變動的情況則以卦辭占。程迥的《周易古占法》總結了五類占例：“六爻不變以卦象占，內卦爲貞，外卦爲悔。……一爻變以變爻占。……二爻、三爻、四爻變以本卦爲貞，之卦爲悔。……五爻變以不變爻占。……六爻變以乾坤二用爲例。”① 清代四庫館臣作提要謂“朱子作《啓蒙》多用其例”② 着實不虛，而以上對朱子的討論也適用於程迥，不再贅述。

相較於程迥和朱子，宋代易學家趙汝楳對左氏易例解占方法的歸納更加具有靈活性。趙汝楳在《易雅》中指出：“或用變爻，或不用變爻，或用本卦不用之卦，或用之卦不用本卦，或本卦之卦並用……其斷吉凶或以卦辭或以爻辭，或用卦名……”③ 可見其解占方法的靈活性，其舉左氏易例甚確。趙汝楳提出了筮占之法有五：“夫儒者命占之要，本於聖人，其法有五：曰身，曰位，曰時，曰事，曰占。求占之謂身，所居之謂位，所遇之謂時，命筮之謂事，兆吉凶之謂占。故善占者，既得卦矣，必先察其人之素履，與居位之當否，遭時之險夷，又考所筮之邪正，以定占之吉凶。”④ 趙汝楳認爲在觀占的同時，也要觀身、位、時、事，強調解占不僅要兼顧易象、文辭，也要考慮事、理等各種因素，這與其“聖人心筮之妙，是爲著筮之本”⑤ 的筮占觀念不無關係。

---

① （宋）程迥：《周易古占法》，影印《文淵閣四庫全書》第一二册，臺灣商務印書館，一九八六，第六〇二至六〇三頁。
② （宋）程迥：《周易古占法》，影印《文淵閣四庫全書》第一二册，第六〇〇頁。
③ （宋）趙汝楳：《易雅》，《周易輯聞》，影印《文淵閣四庫全書》第一九册，第三〇二頁。
④ （宋）趙汝楳：《易雅》，《周易輯聞》，影印《文淵閣四庫全書》第一九册，第三〇一頁。
⑤ （宋）趙汝楳：《筮宗原序》，《周易輯聞》，影印《文淵閣四庫全書》第一九册，第三一八頁。

　　清人毛奇齡提出了“就五易以衍三易”以及“立十筮以括九筮”的推論程式：“《周易》筮書也，《周官》卜人以八頌占，卜詞即以八卦占，筮詞因之。別設筮人掌三《易》以辨九筮，使占人占《易》，皆有成法；而惜乎其書不傳，惟《春秋》諸傳，間存兩詞。……予作《仲氏易》，就五易以衍三易，曰變易、曰交易、曰反易、曰對易、曰移易；且作《推易始末》，立十筮以括九筮，曰名、曰義、曰象、曰方位、曰次第順逆、曰大小體、曰互體、曰時日氣、曰數目、曰乘承敵應。及書成，而易義明，即占易之法亦與之俱明。覺向時讀諸《傳》而茫然者，而今豁然……此非三古以來數千年不傳之秘至今日而始發之乎？”①

　　今人尚秉和先生也是從象數入手解左氏易例：“其春秋人談易象者，盡在《左氏》《國語》，恨其注不能解，或解之有誤。”② 尚先生於左氏易例的解釋有很多獨到之處，左氏易例中也確實有以象數說之而更切合者。關於左氏易例的解占法，高亨先生的總結是最爲完備的：“把《左傳》《國語》的記載綜合起來，可以看出春秋時人講的《周易》，要講下列八項：①本卦卦象；②之卦卦象；③本卦卦名；④之卦卦名；⑤本卦卦辭；⑥之卦卦辭；⑦本卦變爻爻辭；⑧之卦變爻爻辭。”③ 這些方面都是不可或缺的。

　　春秋易筮無定法，筮占最終還是爲了“人事”，孔穎達認爲左氏引《易》“斷章”之說也凸顯了這一特徵。④ 正如劉大鈞先生所指出的：“在春秋時代，人們用《周易》占筮，並無一定的公式可循。”⑤ 可以說，左氏易例最突出的特徵就是筮占原則的人謀化、解釋學化。

（三）綜觀左氏易例

　　關於左氏易例，綜觀各方面列爲表三。

① （清）毛奇齡：《春秋占筮書》，影印《文淵閣四庫全書》第四一册，第五二○至五二一頁。
② 尚秉和：《〈左傳〉〈國語〉易象釋》，《周易尚氏學》，張善文校理《尚秉和易學全書》第三卷，中華書局，二○二○，第五七九頁。本書引用此版《尚秉和易學全書》，部分標點有所改動，主要是增加了書名號和引號，以下不再説明。
③ 高亨：《〈左傳〉〈國語〉的〈周易〉説通解》，《周易雜論》，第一○五至一○六頁。
④ 參見本書《專論一：關於孔疏引〈易〉“斷章”之説》。
⑤ 劉大鈞：《周易概論》（增補本），巴蜀書社，二○○七，第九一頁。

表三　左氏易例綜觀

篇次	類別	筮占背景				筮占結果		解占方法			備注
		筮占者	所筮之事	操作者	解占者	遇卦之卦	動爻情況	卦名	卦象	繇辭	
一	筮占	陳侯	公子完出生	周史	周史	遇觀之否	一爻變		坤、乾、巽、互艮	觀卦卦變爻辭	
二	筮占	畢萬	仕於晉		辛廖	遇屯之比	一爻變	兩卦名	震、坤、坎		或引不同版本或同類筮書繇辭
三	筮占	魯桓公	成季生	卜楚丘之父	卜楚丘之父	遇大有之乾	一爻變		乾		論“愛疑決之以卜、筮”
四	其他										未詳記占例
五	筮占	晉獻公	立驪姬爲夫人								或引不同版本或同類筮書繇辭
六	筮占	秦伯	伐晉	卜徒父	卜徒父	遇蠱	無動爻		巽、艮		
七	筮占	晉獻公	嫁伯姬	史蘇	史蘇、司空季子	遇歸妹之睽	一爻變	兩卦名	震、離、或用互象	兩卦變爻辭	
八	筮占	重耳	有晉國	重耳	筮史、司空季子	得貞屯、悔豫，皆八	三爻變	兩卦名	震、坎、坤、或用互象	兩卦卦辭	言“八”例
九	筮占	董因	重耳濟河	董因	董因	得泰之八	一爻變		乾、兑、離	泰卦卦辭	言“八”例
一〇	筮占	重耳	勤王	卜偃	卜偃	遇大有之睽	一爻變			大有卦變爻辭	
一一	引證					豐之離				或用豐卦上六爻辭	
一二	引證					師之臨		臨卦卦名	坎、兑	師卦初六爻辭	

續表

篇次	類別	筮占背景				筮占結果		解占方法			備注
		筮占者	所筮之事	操作者	解占者	遇卦之卦	動爻情況	卦名	卦象	繇辭	
一三	筮占	晉侯	擊楚師	筮史	筮史	遇復	無動爻		離		或引不同版本或類筮書繇辭
一四	筮占	晉	成公之歸			遇乾之否	三爻變		乾、坤		
一五	筮占	穆姜	出東宮	筮史	筮史、穆姜	遇艮之八：是謂艮之隨	五爻變	隨卦卦名		隨卦卦辭	言"八"例
一六	筮占	崔武子	聚棠姜	筮史	筮史、陳文子、崔武子	遇困之大過	一爻變		坎、巽、兌	困卦變文辭	
一七	引證					復之頤				復卦上六文辭	
一八	引證					蠱		蠱卦卦名	巽、艮		
一九	其他										提及《易象》一書
二〇	筮占	莊叔	穆子生		卜楚丘	遇明夷之謙	一爻變	兩卦卦名	離、艮	明夷變文辭	
二一	筮占	孔成子	立元	孔成子	史朝	遇屯；遇屯之比	無動爻；一爻變			屯卦卦辭；屯卦變文辭	
二二	筮占	南蒯	叛		惠伯	遇坤之比	一爻變			坤卦變文辭	
二三	其他										論"《易》不可以占險"
二四	筮占	晉	鄭災	晉國卜筮							提及《易》《八索》一書
二五	引證					大壯					未詳記占例
二六	引證								震、乾	乾坤繇辭	
二七	筮占	陽虎	救鄭			遇泰之需	一爻變			泰卦變文辭	
二八	其他										論"筮卜筮"
二九	筮占	衛侯	夢	衛侯	胥彌赦						未詳記占例
三〇	其他										論"聖人不煩卜筮"

關於左氏易例，這裏再簡要歸結兩點重要的情況。

其一，春秋時代卜筮觀念發生了轉變。由於龜卜比易筮複雜，更加依賴專門的占卜人員，而易筮的使用則更爲廣泛，易筮開始逐漸取代龜卜而占據了卜筮文化的主導地位。[1] 這在很大程度上促進了易學的發展。

其二，左氏易筮的神性化色彩逐漸淡化，"左氏易傳"兼顧卦象和義理、文辭和人事，是易筮人謀化、解釋學化進程的重要節點。[2]

三 "左氏易傳"研究意義

"左氏易傳"的研究工作有其重要的意義和價值。其一，就《周易》文本的歷史發展而言，它是從《周易》古經到《周易》大傳過渡的中間環節。正因如此，"左氏易傳"蘊含豐富的易學内容，有其重要的學術價值。其二，就其思想價值而言，"左氏易傳"文本形成於中國社會第一次大轉型時期，其思想反映了伴隨社會轉型而來的觀念變革。這對於當下的易學哲學的現代轉型，乃至整個中國哲學的現代轉型具有一種映射和啓示意義。

（一）補充和完善《周易》文本歷史發展的環節

就《周易》文本的傳世文獻而言，從《周易》古經到《周易》大傳，其間祇有"左氏易傳"有比較集中的易學内容。據本書統計，"左氏易傳"所涉易卦共三十一個，占了今本《周易》易卦的近一半。"左氏易傳"對《周易》古經的解釋雖然沒有《周易》大傳系統，但也能對《周易》大傳起到一定的借鑒和補充作用，例如，就易卦取象而言，"左氏易傳"沒有《周易》大傳豐富，但有一些取象爲《周易》大傳所承續，有一些取象爲《周易》大傳所缺失，後一類即起到了一定的補充作用。此外，"左氏易傳"文本主要由所涉易卦及其解釋、易學特定問題和易學重要觀念構成，這與《周易》大傳大體是一致的，已然具備了《周易》大傳的基本構成要素和體例。

---

[1] 參見本書《專論三：關於"蓍短龜長"之説》。
[2] 參見本書《專論一：關於孔疏引〈易〉"斷章"之説》；《專論六：關於"〈易〉不可以占險"之説》；《專論九：關於"聖人不煩卜筮"之説》。

鑒於"左氏易傳"文本是從《周易》古經到《周易》大傳過渡的重要一環，我們有必要把它凸顯出來。因此，本書的基礎性工作就是對"左氏易傳"文本進行完整的輯錄。《左傳》《國語》中的易學內容，過去也有學者進行過輯錄，但尚不完備。本書在諸家的基礎上，進行了迄今爲止最完備的輯錄，共計三十則，並且參考諸家注解加以校釋、補訓和闡發。

（二）回答易學研究的若干疑難問題

"左氏易傳"蘊涵着重要的易學問題，一是易學特定學術問題，二是易學重要思想觀念。

第一，"左氏易傳"是研究先秦易學學術的重要文本，例如，關於先秦易筮言"八"的問題，它們是《左傳·襄公九年》記載的"遇艮之八"，《國語·晉語四》"得貞屯、悔豫，皆八也"以及"得泰之八"。這是易學史上一大疑難問題，歷來注解甚異，莫衷一是。本書對此進行了全面的討論，並作出系統性解釋，認爲"左氏易傳"中三則言"八"的易筮例均屬於至少有一陰爻不動，多爻變動而其不動之爻皆陰的情況，所以自其不動者言之，故言"八"；並對"得泰之八"的全部可能性作出了分析，認爲它存在一陰不動、二陰不動、三陰不動三類七種可能的動爻情況。

第二，本書論述了從《周易》古經到《周易》大傳的觀念演進。本書認爲，《周易》古經是一套神性觀念系統，而經過"左氏易傳"的倫理化轉進，到《周易》大傳建構了一套理性形而上學本體論。其中的邏輯環節是：到了"左氏易傳"階段，易筮所預設的神性觀念已經不再形成有效的奠基作用，"左氏易傳"對神性觀念進行了懸擱，而發生了人謀化、倫理化的轉向，用具有自然傾向的乾坤宇宙論來論證人事，最終發展到《周易》大傳的形而上學本體論。

（三）探索當代哲學建構的歷史經驗

研究"左氏易傳"哲學以及先秦《周易》哲學，不僅是爲了研究易學哲學的發展史，也是爲了探索中國哲學當代重建的歷史經驗。本書通過這一工作，印證了一個重要的思想原則，即哲學觀念的建構確乎相應和植根於人類社會生活。

作爲中國社會及其觀念系統第一次大轉型時期的文本，“左氏易傳”哲學思想鮮明地體現了這一點，這就啓示出，當代中國哲學的建構也應着眼於當下的第二次社會大轉型，即着眼於當代的生活方式，而在哲學觀念上有所回應。這於本書來説非但不是研究計劃之外的事情，而且恰恰是極其重要的着眼點。

四 “左氏易傳”研究概況

(一) “左氏易傳”文本研究概況

“左氏易傳”文本的相關研究是非常豐富的。在古人的言説中，易學有象數和義理進路之分，因此古人對“左氏易傳”文本的研究也可以大致分爲側重象數學和側重義理學的兩種路徑。儘管有路徑的不同，但二者並非完全不相容，正如余敦康先生所説：“義理派的特徵不在於掃落象數，象數派的特徵也不在於排斥義理。”①

就注重義理方面的闡釋而言，司馬遷《史記》對左氏易例的運用和解説可以被看作早期的代表。例如，《左傳·莊公二十二年》記載筮公子陳完出生，陳完後至齊國，爲齊國田氏宗族之祖，《史記·田敬仲完世家》説：

> 蓋孔子晚而喜《易》。《易》之爲術，幽明遠矣，非通人達才孰能注意焉！故周太史之卦田敬仲完，占至十世之後；及完奔齊，懿仲卜之亦云。田乞及常所以比犯二君，專齊國之政，非必事勢之漸然也，蓋若遵厭兆祥云。②

太史公論《易》贊“幽明”，“通人達才”能得其真，這是以《左傳》

---

① 余敦康：《漢宋易學解讀》，華夏出版社，二○○六，第七頁。
② （漢）司馬遷撰，（宋）裴駰集解，（唐）司馬貞索隱，（唐）張守節正義《史記》，中華書局，二○一四，第二三○五頁。

筮例的應驗來論《易》之“通於幽明”。顯然，這是對《左傳》易例的更進一步闡釋。此後，《左傳》杜預注、《國語》韋昭注無疑是非常重要的，杜預注雖然也講象數，但總體上是以義理的闡釋爲主。孔穎達的《春秋左傳正義》也提出了很多獨到的見解，例如其說左氏引《易》“斷章”，重在闡明事理，而不拘泥於文辭，這是非常有見地的。

歷來學者也多有着重於象數研究左氏易例者。有代表性的古代易學家包括程迥、朱子、趙汝楳、毛奇齡等人。

程迥的《周易古占法》討論了《左傳》《國語》中的一些易例，雖然並不全，但提出了一些獨到的見解。通過對這些易例的考察，程迥認爲：“先儒謂《周易》以變者占，非也；《連山》《歸藏》以不變者占，亦非也。”① 這是非常深刻的說法。實際的情況更可能是，先秦易筮不僅占變，而且占不變，例如，“左氏易傳”中出現的三則言“八”的筮例就說明了這一點，但程迥說“古之筮者善用三《易》之法”② 却未必如此。關於左氏易例及其筮法，朱子與程迥有過很多討論，對程迥《周易古占法》中的考辨結論也有所汲取。朱子與蔡元定合撰的《易學啓蒙》，是在與程迥的反復討論中所作的一個總結，其書專辟一章討論了變占原則，主要依據就是左氏易例。但考之於左氏易例，朱子總結的變占原則並不完全適用，例如，朱子說“一爻變，則以本卦變爻辭占”③，這個說法並不符合左氏易例，左氏易例大多是一爻變的情況，不僅有取本卦變爻繇辭，也有取之卦變爻繇辭者，此外還要結合卦象、人事等各方面的因素解占。

相較於程迥和朱子，趙汝楳對左氏易例解占方法的歸納更加豐富和具有靈活性。例如，趙汝楳注意到：“六爻不變者不專以卦象占，而一爻變者反得舉卦象者。”④ 趙汝楳所舉昭公七年傳所載孔成子筮立元遇屯之比即是舉屯卦卦辭者。趙汝楳《筮宗》對左氏易例的考察，對程迥的占例解釋提出的質疑都相對擊中要義，例如，趙汝楳在《易雅》中指出：“或用變爻，或不

---

① （宋）程迥：《周易古占法》，影印《文淵閣四庫全書》第一二册，第六〇四頁。
② （宋）程迥：《周易古占法》，影印《文淵閣四庫全書》第一二册，第六〇四頁。
③ （宋）朱熹、蔡元定：《易學啓蒙》，《朱子全書》第一册，第二五八頁。
④ （宋）趙汝楳：《筮宗》，《周易輯聞》，影印《文淵閣四庫全書》第一九册，第三四三頁。

用變爻，或用本卦不用之卦，或用之卦不用本卦，或本卦之卦並用……其斷吉凶或以卦辭或以爻辭，或用卦名……"① 其舉左氏易例甚確。

清代學者毛奇齡認爲左氏易例很好地保存了古筮法，其《春秋占筮書》正是要原明其法，毛奇齡提出了"就五易以衍三易"和"立十筮以括九筮"②的推論程式，並以此來解左氏易例，但其方法却不可說就是春秋筮法，且其時而舉出秦漢以降的筮例來佐證，則其有效性就大打折扣了。除了以上幾位有代表性的易學家的著作，還有很多涉及"左氏易傳"文本的古代文獻，例如，雷思齊的《易筮通變》③ 討論了《左傳》《國語》的部分筮例，李塈的《周易筮考》④、李道平的《易筮遺占》⑤ 也對《左傳》《國語》的筮例進行了直接討論。這些討論皆重視發掘《左傳》《國語》易例的象數解釋。

今人尚秉和先生是治象數的易學大家。關於左氏易例的研究，尚秉和先生的著作有《周易古筮攷》和《〈左傳〉〈國語〉易象釋》。尚先生的基本出發點是："《易》之爲書，以象爲本。"⑥ 由此考察左氏易例皆從象數入手。尚先生於左氏易例的解釋確有很多獨到而精准之處，多有以象數釋之而更確切者。今人治易學者，說左氏易例最詳者當屬高亨先生。高亨先生所收錄的左氏易例是迄今爲止已出版的著作中最全的，其解說也較爲詳細，尤其是他依據左氏易例所總結的"變卦法"是目前對《周易》古筮法最系統的解說。⑦

除此之外，還有一些學者的著作中涉及"左氏易傳"文本。例如，朱伯崑先生的《易學哲學史》專門辟論"《周易》中的占筮體例"，即是根據《左傳》《國語》易例而來。李鏡池先生討論了左氏易例的占法、卦象、卦爻辭等方面，共涉及十幾則易例，提出了一些有影響的觀點，

---

① （宋）趙汝楳：《易雅》，《周易輯聞》，影印《文淵閣四庫全書》第一九册，第三〇二頁。

② （清）毛奇齡：《春秋占筮書》，影印《文淵閣四庫全書》第四一册，第五二〇至五二一頁。

③ （元）雷思齊：《易圖通變·易筮通變》，影印《文淵閣四庫全書》第二一册，第八二一至八三三頁。

④ 參見（清）李塈《周易筮考》，《周易傳注》，影印《文淵閣四庫全書》第四七册。

⑤ 參見（清）李道平《易筮遺占》，《周易集解纂疏》，中華書局，一九九四。

⑥ 尚秉和：《〈左傳〉〈國語〉易象釋》，《周易尚氏學》，張善文校理《尚秉和易學全書》第三卷，第五七七頁。

⑦ 參見高亨《周易筮法新考》，《周易古經今注》，中華書局，一九八四。

例如，關於“互體”之說：“《左傳》《國語》所載雖可以把互體説附會上去，但原來却没有這種説法。”① 再如，劉大鈞先生的《周易概論》中對左氏易例的相關討論非常深入。張朋討論了共計二十二則左氏易例，認爲“八卦取象比類”是春秋時期《周易》卦象的首要解説方法。② 黄黎星專題討論了“左氏易傳”文本的部分筮例。③ 美國易學家夏含夷的易學研究有直接涉及《左傳》《國語》易例的部分，例如，他有一個觀點認爲“《周易》原無之卦”，其中的重要論據就包括左氏易例。④

近些年來還有一些學位論文涉及“左氏易傳”的研究。例如，李付保《〈左傳〉〈國語〉易例研究》一文是最直接的研究⑤，對“左氏易傳”中僅引用《周易》以論事的例子，該文稱其爲“語用”易例。再如，林龔的碩士學位論文側重從《周易》的傳播角度討論部分左氏易例。⑥ 李良賀的碩士學位論文主要從卜筮的功能和種類角度進行討論，其中涉及一些左氏易例。⑦ 張豔芳的碩士學位論文對於先秦易學的研究是比較全面的，⑧ 王永平的博士學位論文研究範圍是非常廣泛的，也涉及了部分左氏易例。⑨ 龔傳星的碩士學位論文提出了“道—術—行—言”的解釋學結構，對《左傳》《國語》易例進行了專題討論。⑩

（二）“左氏易傳”哲學闡釋要點

關於“左氏易傳”的哲學價值、哲學意義，比較有代表性的説法是“左氏易傳”開啓了對《周易》的哲理化理解。例如，高亨先生指出：

① 李鏡池：《〈左〉〈國〉中易筮之研究》，《周易探源》，中華書局，一九七八，第四一六頁。
② 張朋：《春秋易學研究——以〈周易〉卦爻辭的卦象解説方法爲中心》，上海人民出版社，二〇一一，第四三頁。
③ 參見黄黎星《先秦易筮研究》，人民出版社，二〇一五。
④ 〔美〕夏含夷：《〈周易〉筮法原無“之卦”考》，《周易研究》一九八八年第一期。
⑤ 李付保：《〈左傳〉〈國語〉易例研究》，碩士學位論文，山東大學，二〇一〇。
⑥ 林龔：《〈左傳〉、〈國語〉中的〈周易〉筮例研究》，碩士學位論文，福建師範大學，二〇〇七。
⑦ 李良賀：《春秋時期的卜筮研究》，碩士學位論文，吉林大學，二〇〇四。
⑧ 張豔芳：《先秦易學的幾個問題》，碩士學位論文，西北師範大學，二〇一〇。
⑨ 王永平：《先秦的卜筮與〈周易〉研究》，博士學位論文，吉林大學，二〇〇七。
⑩ 龔傳星：《道在術中——〈左傳〉〈國語〉筮例研究》，碩士學位論文，四川大學，二〇〇七。

　　春秋時人用《周易》占筮人事的時候多，引《周易》論證人事的時候少；也就説明春秋時人基本是從占筮角度來利用《周易》，但已經開始從哲理角度來理解《周易》了。這個時代，《周易》已經由筮書領域開始跨入哲理著作的領域。（也許開始於春秋以前，但無可考。）到了《十翼》，《周易》經傳雖然沒有脱離占筮，然而已經以論述哲理爲基本内容。①

　　高亨先生認爲"左氏易傳"開始了《周易》的哲理化進程，這個判斷大體是不錯的。學界論及春秋易學的進程多與此相似，例如，朱伯崑先生關於"春秋時期的易説"的論述："春秋時期的易説，就筮法説，以取象和取義解説卦象和卦爻辭；就易理説，重視生活中的經驗教訓和道德修養以及事物變易的法則，不以吉凶爲鬼神之所賜，開始將《周易》引向哲理化的道路。"② 我們注意到，朱伯崑先生把《左傳》《國語》中的易學内容稱爲"易説"："指《易傳》之外，對《周易》的理解或解説。"③ 這就有把《左傳》《國語》易學與《周易》大傳在學理上的聯繫相割裂的危險，但朱伯崑先生顯然也看到了二者之間的學理聯繫：《左傳》《國語》中的《周易》解説，"實際上是從自然現象和人類生活中的各種關係考察卦爻辭的吉凶，這樣，便將六十四卦中的筮辭成分，開始邏輯化、系統化，從而使《周易》走上了哲理化的道路"④。顯然，這也是把本書所説的"左氏易傳"納入從《周易》古經到《周易》大傳的學理歷程當中了。

　　問題的關鍵在於從《周易》古經經過"左氏易傳"進而到《周易》大傳的學理演進是怎樣的，以往對此的論述並不多見。吴前衡先生"《傳》前易學"的提法是有重大意義的，它首先肯定了《周易》大傳之前存在某種形態的易學，並且給予其明確的觀念史定位。通過對《左傳》《國語》中的易例進行簡略的考察和分析，吴前衡先生認爲："筮案廣泛地採用了

---

① 高亨：《〈左傳〉〈國語〉的〈周易〉説通解》，《周易雜論》，第一〇七至一〇八頁。
② 朱伯崑：《易學哲學史》第一卷，第三四頁。
③ 朱伯崑：《易學哲學史》第一卷，第二一頁。
④ 朱伯崑：《易學哲學史》第一卷，第二八頁。

八卦取象的解釋。"① 據此，吳前衡認爲它開啓了《周易》的"自源性解釋"，與之前的"巫源性解釋"相區别，由此斷定《周易》的轉折，即從"占筮易學"走向"哲理易學"，這些概念的提出和闡發都是非常深刻的。

本書認同黄玉順先生對"左氏易傳"如下的觀念史和社會史定位：

中國文化的第一次大轉型不是突然發生的，它實際上經歷了三個階段：西周、春秋、戰國。這三個階段的發展，恰好與《周易》文本對應：

時期	在《周易》之體現	文本
西周	《易》筮的解釋化	《易經》觀念
春秋	《易》筮的人謀化	《左傳》筮例
戰國	《易》筮的哲學化	《易傳》思想

可以説，這次大轉型是與《周易》文本之誕生及其早期演進相始終的。②

這三個階段正是軸心時代哲學建構的構成環節，軸心時代的哲學建構並非一蹴而成，《周易》文本所對應的三個階段也應被看作一個整體的鏈條。就《周易》所代表的哲學建構而言，它經歷了從《周易》古經到"左氏易傳"再到《周易》大傳的理性形而上學完成的過程，這是"左氏易傳"哲學闡釋的重要着眼點。

由此，本書分爲上下兩編。上編爲"左氏易傳"注疏輯釋，由兩大板塊錯綜構成。其一，校釋：對《左傳》《國語》注疏的輯錄，以及本書作者的文字校勘、語言訓詁和觀念闡發。其二，專論：涉及易學特定問題及重要觀念的專題討論。下編爲"左氏易傳"哲學闡釋，對"左氏易傳"的社會觀念背景、解釋學品質、《周易》哲學建構歷程、"左氏易傳"的廣義倫理學進行闡發。附録就其對於當下的觀念啓示進行一般性闡釋。

---

① 吳前衡：《〈傳〉前易學》，第二〇二頁。
② 黄玉順：《中西之間：軸心時代文化轉型的比較——以〈周易〉爲透視文本》，《四川大學學報》（哲學社會科學版）二〇〇三年第三期。

上　編

"左氏易傳"注疏輯釋

一　陳侯使周史筮

（《左傳·莊公二十二年》）

陳厲公，蔡出也，

【注】姊妹之子曰出。

【疏】注“姊妹之子曰出”。正義曰：《釋親》云：“男子謂姊妹之子爲出。”言姊妹出嫁而生子也。

【案】出：甥，生。“蔡出”猶謂“蔡甥”或“蔡生”。楊伯峻《春秋左傳注》：“王引之《述聞》解襄五年《公羊傳》‘蓋舅出也’，以‘舅出’爲相對之辭，猶言舅甥。出亦可解爲出生之出，猶言蔡女所生，蓋指其母言。”[1] 成公十三年傳“康公，我之自出”注：“晉外甥。”襄公三十一年傳“去疾奔齊，齊出也。”注：“母，齊女也。”

故蔡人殺五父而立之。

【注】五父，陳佗也。殺陳佗在桓六年。佗，大多反。

【案】事見桓公六年經文：“秋，八月……蔡人殺陳佗。”

生敬仲。

【案】敬仲：姓陳（以國爲姓），名完，陳厲公之子。楊伯峻《春秋左傳注》：“陳厲公立於桓公六年，而生陳完，則陳完之年歲可以推知。”

---

① 楊伯峻：《春秋左傳注》（修訂本），中華書局，二〇〇九，第二二二頁。

其少也，周史有以《周易》見陳侯者。

【注】周大史也。少，詩照反。見，如字。又，賢遍反。大音泰。

【疏】注"周大史也"。正義曰：直言"周史"，知是大史者，《周禮》大史掌書，昭二年傳稱韓宣子觀書於大史氏，此以《周易》見陳侯，故知是大史也。以《周易》見者，自以知《周易》見陳侯，言己明《易》能筮，故陳侯使之筮也。

陳侯使筮之，

【注】蓍曰筮。筮，上制反。蓍音尸。

【疏】注"蓍曰筮"。正義曰：《曲禮》文也。其揲蓍求卦之法，則《易·繫辭》具焉。

【案】疏"《曲禮》文也"。《曲禮》："龜爲卜，筴爲筮。"《詩經·衛風·氓》"爾卜爾筮"毛傳："龜曰卜，蓍曰筮。"《史記集解》卷三十八引孔安國："龜曰卜，蓍曰筮。"

遇觀☷

【注】坤下巽上，觀。觀，古亂反，注皆同。

【案】觀☷下坤☷上巽☴。

之否☰，

【注】坤下乾上，否。觀六四爻變而爲否。否，備矣反，注皆同。

【疏】"遇觀之否"。正義曰：此注"坤下巽上，觀"、"坤下乾上，否"及"六四爻變"，諸如此輩，皆據《周易》之文知之。劉炫《規過》云："觀之否者，謂觀卦之否爻；屯之比者，屯卦之比爻，皆不取後卦之義。"今刪定以爲不然。何者？以閔元年畢萬筮仕，遇屯之比，云"屯固比入"。僖十五年，晉獻公筮嫁伯姬，得歸妹之睽，云"士刲羊，亦無衁"，歸妹上六爻辭；又云"歸妹、睽孤，寇張之弧"，睽之上九爻辭；又云"歸妹之睽，猶無相也"。昭五年明夷之謙，云"明夷于飛"，"垂其翼"，又云"謙不足，飛不翔"。此之等類，皆取前後二卦以占吉凶，今人之筮亦皆如此。故賈、服及杜並皆同焉。劉炫苟異前儒，好爲別見，以規杜氏，非也。沈云：遇者，不期而會之名。筮者所得卦之吉凶，非有宿契，逢遇而已，故謂之“遇”。劉炫云："下體坤，坤爲地、爲衆；上體巽，巽爲風、爲木。互體有艮，艮爲門闕，地上有木而爲門闕，宮室之象。宮室而可風化，使天下之衆觀焉，故謂之‘觀’也。下體坤，坤爲地；上體乾，乾爲天。天不下降，地不上騰，天地不通其氣，上下否塞，故謂之‘否’也。"

【案】○否☷下坤☷上乾☰。○之：往、適，表述易卦變動或指稱某卦某爻的辭例。本例爲觀卦六四陰爻變爲九四陽爻成否卦。毛奇齡《春秋占筮書》："所遇是觀卦以四爻動當變，故以六四變九四，以巽變乾謂之‘之’，之者，往也，後倣此。"[1] 李鏡池《〈左〉〈國〉中〈易〉筮之研究》："《左傳》《國語》常説某卦‘之’某卦，如觀之否，屯之比之類；‘之’者，變也。觀之否，觀卦的六四，變爲九四，成爲否卦；屯之比，屯卦的初九，變爲初六，成爲比卦也。"[2] 指稱某卦某爻的用法，如第一一則，宣公六年傳文"無德而貪，其在《周易》豐☲☳之離☲"，無筮而斷，杜注引豐卦上六爻辭，孔疏云："杜以筮得此卦，爻變而爲彼卦，可言遇觀之否，遇坤之比耳。此直口語，不是揲蓍；而亦言豐之離者，《周易》論變爲義，故雖不筮，論《易》者必以變言其義，故言豐之離也。"又如第二五則，昭公二十九年傳所載蔡墨論龍，乾卦各爻皆稱"乾之某卦"。○注"觀六四爻變而爲否"，阮元《校勘記》："宋本無‘爻’字。"○孔疏論"某卦之某卦"其解占於遇、之兩卦繇辭皆有所取，而不定其必取或必不取，所言甚是。

曰："是謂‘觀國之光，利用賓于王’。

【注】此《周易》觀卦六四爻辭。《易》之爲書，六爻皆有變象，又有互體，聖人隨其義而論之。爻，户交反。

【疏】注"此周"至"論之"。正義曰：《易》之爲書，揲蓍求爻，重爻爲卦。爻有七、八、九、六。其七、八者，六爻並皆不變，卦下揔爲之

---

① （清）毛奇齡：《春秋占筮書》，第五二一頁。
② 李鏡池：《周易探源》，第四一四頁。

辭，名之曰"彖"。彖者，才也，揔論一卦之才德，若乾"元亨利貞"之類皆是也。其九、六者，當爻有變，每爻別爲其辭，名之曰"象"，象者，像也，指言一爻所象，若乾"初九，潛龍勿用"之類皆是也。不變者聚而爲彖，其變者散而爲象。計每於一卦，當畫兩體，但以此爻陰陽既同，唯變否有異，且每爻異辭，不可爻作二畫，從上可知，故不畫二也。傳之筮者指取《易》義，不爲論卦，丘明不畫卦也。諸爲注者皆言"上體""下體"，若其畫卦示人，則當不煩此注，注亦不畫卦也。今書有畫卦者，當是後之學者，自恐不識，私畫以備忘，遂傳之耳。每爻各有象辭，是六爻皆有變象。二至四，三至五，兩體交互，各成一卦，先儒謂之"互體"，聖人隨其義而論之，或取爻象，或取互體，言其取義爲常也。

【案】○傳文"是謂"，王引之《經傳釋詞》："家大人曰：謂，猶'爲'也。（此爲字讀平聲。）《易·小過》上六曰：'是謂災眚。'《詩·賓之初筵》曰：'醉而不出，是謂伐德。'是謂，猶'是爲'也。莊二十二年《左傳》'是謂觀國之光。'《史記·陳杞世家》作'是爲'，是其證也。又僖五年《傳》曰：'一之謂甚，其可再乎？'言一之爲甚也。"[1] ○注"此《周易》觀卦六四爻辭"。王叔岷《左傳考校》："《史記·田完世家》正義引杜注'爻辭'下亦有'也'字。'也'下更有'四爲諸侯，變而之《乾》，有國朝王之象。'十四字。"[2] 此本杜注"四爲諸侯，變而之乾……有國朝王之象"在傳文"故曰'觀國之光，利用賓于王'"下。○此節，正義總入傳文"不在此，其在異國；非此其身，在其子孫"下。○疏"彖者，才也"。彖者，斷也；才者，裁也，謂裁斷也。○疏"當畫兩體"，原作"當書兩體"，阮元《校勘記》："宋本、監本、毛本'書'作'畫'，是也。"據改。○疏"聖人隨其義而論之"文後原無"或取爻象"四字，阮元《校勘記》："宋本'論之'下有'或取爻象'四字，是也。"據文義並阮校補。○疏"傳之筮者指取《易》義，不爲論卦"，此說不然，傳之筮者其實不僅取義，亦常論卦。

---

① （清）王引之：《經傳釋詞》，李花蕾點校，上海古籍出版社，二〇一四，第五〇頁。
② 王叔岷：《左傳考校》，中華書局，二〇〇七，第二三頁。

此其代陳有國乎？不在此，其在異國；非此其身，在其子孫。

【疏】“是謂”至“子孫”。正義曰：“觀國之光，利用賓于王”二句，《周易》文也。此先云“不在此，其在異國”，後云“非此其身，在其子孫”，所以在下覆結，先云“其在後乎”，後云“在異國”者，“其在異國”之下，更欲演說異國是大嶽姜姓，其言稍多，且須以結末，故進“其在後乎”於上，先解之也。“庭實旅百”以下，方解“利用賓于王”，則上句“故曰觀國”之下，未須賓王之句，而再言“利用賓于王”者，蓋以“觀國之光”即是朝王之事，直言觀光，以文不足，故連言賓王，但未解賓王之義，故於下更重解之。傳稱“引《詩》斷章”，則引《易》論事，《易》未必如本。此言“觀國之光”，謂所爲筮者觀他人有國之光榮也，此有國之人，利用爲賓客於王朝也，其意言見其子孫有國，作賓於王家耳，非其身也。“代陳有國”，言代陳正適子孫，有其國家，陳滅此興，是代之也。

【案】○這裡預先説出下文的兩層論斷：代陳有國，不在陳國，而在他國；不是陳完本人，而是其子孫。尚秉和《〈左傳〉〈國語〉易象釋》云：“遇卦爲貞，貞我。之卦爲悔，悔彼。故遇卦之坤爲陳國，之卦之坤爲異國。而之卦有乾，乾爲大、爲君，故知其將代陳有國。坤爲身，‘非此其身’者，言所應不在遇卦。艮爲子孫，‘在其子孫’者，言所應在之卦也。”[1] ○傳文“不在此，其在異國”，洪亮吉《春秋左傳詁》：“《周禮》疏引此‘國’下有‘乎’字。”[2] ○孔穎達認爲左氏引《易》“斷章”，此説確切。它反映了左氏易筮的解釋學化、“人謀化”特徵。

光，遠而自他有耀者也。

【疏】“光，遠”至“耀者也”。正義曰：《易》稱“觀國之光”，故解其“光”義，言光在此處，遠照於他物，從他物之上而有明耀者也。謂光

---

[1] 尚秉和：《〈左傳〉〈國語〉易象釋》，《周易尚氏學》，張善文校理《尚秉和易學全書》第三卷，第五七九頁。
[2] （清）洪亮吉：《春秋左傳詁》，中華書局，一九八七，第二五三頁。

能遠照，於他物有明，故下云"照之以天光"是也。

坤，土也；巽，風也；乾，天也。風爲天於土上，山也。

【注】巽變爲乾，故曰"風爲天"。自二至四，有艮象。艮爲山。乾，其然反。

【疏】"於土上，山也"。正義曰：六四之爻位在坤上，坤爲土地，山是地之高者，居於土上，是爲土上山也。又巽變爲坤，六四變爲九四，從二至四，互體有艮之象，艮爲山，故言山也。

【案】○由本例並其他易例可知，春秋時期已經普遍運用易卦取象方法。這裡的巽風、乾天、艮山之象，皆爲《周易》大傳承取，坤卦取象土，《周易》大傳取象地亦近之。○注"巽變爲乾"指從觀卦到否卦的外卦變化，即巽卦變爲乾卦。○杜注"自二至四，有艮象"爲互體之說，取"否"二至四互艮之象。"觀"三至五亦有互艮之象。詳見專論二《關於"互體"之說》。○孔疏"巽變爲坤"，與其所云"六四變爲九四，從二至四，互體有艮之象"不合，蓋爲"巽變爲乾"之誤。

有山之材，而照之以天光，於是乎居土上，

【注】山則材之所生。上有乾，下有坤，故言"居土上"，"照之以天光"。

故曰'觀國之光，利用賓于王'。

【注】四爲諸侯，變而之乾，有國朝王之象。

【疏】"有山"至"于王"。正義曰：山則材之所生，此人有山之材，言其必大富也。上天以明臨下，"照之以天光"，言天子臨照之也。於是乎又居於土上，既富矣，而彼天照又復居有土地，是爲國君之象也。《易》位四爲諸侯，變而爲乾，乾爲天子，是有國朝王之象，故曰"觀國之光，利用賓于王"。

【案】疑此句傳文"利用賓于王"爲衍文，因爲此句之義並非上文"有山之材，而照之以天光，於是乎居土上"，而是下文"庭實旅百，奉之以玉帛，天地之美具焉"，所以下文纔說"故曰'利用賓于王'"。楊伯峻

《春秋左傳注》亦引劉用熙，以此句爲衍文。①

庭實旅百，奉之以玉帛，天地之美具焉，故曰'利用賓于王'。

【注】艮爲門庭，乾爲金玉，坤爲布帛。諸侯朝王，陳贄幣之象。旅，陳也。百，言物備。摯音至，本又作贄，同。

【疏】"庭實"至"于王"。正義曰：《覲禮》侯氏執圭見王，王受圭，禮成乃出。又入行享禮，獻國之所有。此説行享禮也。旅，陳也。庭之所實，陳有百品，言物備也。"奉之以玉帛"，謂執玉帛而致享禮。彼天之照，有地之材，天子賜之土田，國君獻國所有，天地之美備具焉，朝王之儀畢足矣，故曰"利用賓于王"。

【疏】注"艮爲"至"物備"。正義曰：《易·説卦》：艮爲門闕，乾爲金玉，坤爲布帛。杜以門內有庭，傳言"庭實"，故改言艮爲門庭耳。杜言"諸侯朝王，陳贄幣之象"者，謂陳之以行享禮也。《覲禮》：侯氏既見王，乃云："四享皆束帛加璧，庭實唯國所有。"鄭玄云："'四'當爲'三'，《大行人職》曰，諸侯廟中將幣，皆三享，其禮差又無取於四也。初享或用馬，或用虎豹之皮；其次享三牲魚腊，籩豆之實，龜也，金也，丹、漆、絲、纊、竹、箭也，其餘無常貨，此物非一國所能有，唯國所有分爲三享，皆以璧帛致之。"《禮器》云："大饗其王事與。三牲魚腊，四海九州之美味也；籩豆之薦，四時之和氣也。內金，示和也；束帛加璧，尊德也；龜爲前列，先知也；金次之，見情也；丹、漆、絲、纊、竹、箭，與衆共財也。其餘無常貨，各以其國之所有，則致遠物也。"《郊特牲》曰："旅幣無方，所以別土地之宜，而節遠邇之期也；龜爲前列，先知也；以鍾次之，以和居參之也。虎豹之皮，示服猛也；束帛加璧，往德也。"鄭玄《覲禮》之注所言出於彼也。杜言"贄幣"即鄭所謂"璧帛"也，此"奉之以玉帛"，執以致庭實耳。其玉帛不入王也，《覲禮》：侯氏致享，執玉致命，王撫之而已，不受之也。又曰侯氏降授宰幣，是庭實之幣皆庭受之，唯馬受之於門外耳。

---

① 楊伯峻：《春秋左傳注》（修訂本），第二二三頁。

"旅，陳"，《釋詁》文也。百者，言其物備也。

【案】○傳文"利用賓于王"。吳澄《易纂言》："利用賓于王，占也。"① 李鼎祚《周易集解》引虞翻注："四在王庭，賓事于五，故'利用賓于王'矣。"② 朱熹《周易本義》："其占爲利於朝覲仕進也。"③ 高亨《周易古經今注》："筮遇此爻，利於朝王。"④ 尚秉和《〈左傳〉〈國語〉易象釋》："乾爲王，巽之乾，故有朝王之象。"⑤ ○用：於，以。高亨《周易古經今注》："利用猶利於也。"⑥ 王引之《經傳釋詞》："用，詞之'以'也。"⑦ ○賓：朝覲天子；掌朝覲之官。黃玉順《易經古歌考釋》："朝覲天子，或指掌管諸侯朝覲天子之職的官僚。《纂言》：'諸侯朝貢于王曰賓。'《書·洪範》'七日賓王'注：'賓，掌諸侯之官也。'鄭注：'賓，掌諸侯朝覲之官，《周禮》大行人是也'。"⑧ ○注"諸侯朝王，陳贄幣之象"，阮元《校勘記》："纂圖本、閩本、監本、毛本'贄'作'摯'。《釋文》亦作'摯'，云'本又作贄，同'。" ○疏"謂執玉帛而致享禮"，阮元《校勘記》："宋本'禮'下有'也'字。" ○疏"其玉帛不入王也"，原作"其王帛不入玉也"，據傳文"玉帛"並《儀禮》文義，易"王""玉"二字，謂王不受之也。

猶有觀焉，故曰其在後乎！

【注】因觀文以博占，故言"猶有觀"。非在己之言，故知在子孫。觀，古亂反。

【疏】注"因觀"至"子孫"。正義曰：以卦名"觀"，故因觀文以博占也。觀者，視他之辭。此賓王之事，若所爲筮者身自當有，則

---

① （元）吳澄：《易纂言》，影印《文淵閣四庫全書》第二二冊，第四三四頁。
② （清）李道平：《周易集解纂疏》，第二三四頁。
③ （宋）朱熹：《周易本義》，中華書局，二〇〇九，第一〇〇頁。
④ 高亨：《周易古經今注》，第二二〇頁。
⑤ 尚秉和：《〈左傳〉〈國語〉易象釋》，《周易尚氏學》，張善文校理《尚秉和易學全書》第三卷，第五八〇頁。
⑥ 高亨：《周易古經今注》，第一七三頁。
⑦ （清）王引之：《經傳釋詞》，第一六頁。
⑧ 黃玉順：《易經古歌考釋》（修訂本），第一四四頁。

不應觀他。此卦猶有觀焉，觀非在己之言，其人觀他有之，故知在其子孫也。

【案】〇傳文“猶有觀焉”，尚秉和《〈左傳〉〈國語〉易象釋》：“言之卦初至五，仍風地觀，故曰‘猶有觀’。‘其在後’者，言所應在之卦也。”① 此説取之卦否卦的三至五爻互巽，與下卦坤卦仍然組成下坤上巽觀卦。尚氏又云：“艮爲觀、爲光象，皆失傳，詳《焦氏易詁》。”② 按此，此句傳文可另有一解，前文杜注“自二至四有艮象”，取之卦“否”互艮之象，然本卦“觀”三至五亦有互艮之象，之卦在後，艮爲子孫，故曰“其在後”；又，艮爲觀，本卦、之卦皆有互艮之象，故云“猶有觀焉”。〇注、疏“因觀文以博占”，原作“因觀文以傳占”，阮元《校勘記》：“宋本、淳熙本、岳本、纂圖本、足利本‘傳’作‘博’，是也。《正義》同。”據改。

風行而著於土，

【疏】“風行而著於土”。正義曰：服虔云：“巽在坤上，故爲著土也。一曰：巽爲風，復爲木，風吹木實落去，更生他土而長育，是爲在異國。”

故曰其在異國乎！若在異國，必姜姓也。姜，大嶽之後也。

【注】姜姓之先爲堯四嶽。著，直略反。大岳，音泰，下音岳。

【疏】注“姜姓”至“四嶽”。正義曰：《周語》稱堯命禹治水，“共之從孫四嶽佐之，胙四嶽國，命爲侯伯，賜姓曰‘姜’，氏曰‘有吕’。”賈逵云：“共，共工也。從孫，同姓末嗣之孫。四岳官名‘大岳’也，主四岳之祭焉。”然則以其主嶽之祀，尊之故稱“大”也。

【案】〇傳文“其在異國”。巽變乾而坤不變，坤象國土，有本有之，本爲本國，之爲他國，故云“其在異國”。〇傳文“必姜姓也”。尚秉和《〈左傳〉〈國語〉易象釋》：“巽爲齊，故爲姜。猶震爲周，亦爲姬也。艮

---

① 尚秉和：《〈左傳〉〈國語〉易象釋》，《周易尚氏學》，張善文校理《尚秉和易學全書》第三卷，第五八〇頁。
② 尚秉和：《〈左傳〉〈國語〉易象釋》，《周易尚氏學》，張善文校理《尚秉和易學全書》第三卷，第五七九頁。

爲山嶽。因遇卦、之卦皆有巽，故決其在姜姓之國。又皆艮嶽象，爲姜所自出，故益知其爲姜也。"① ○傳文"大嶽"，阮元《校勘記》："《周禮·馬質》正義引作'大岳'。案《説文》：岳，古文嶽。"孔疏亦作"岳"。○疏引"命爲侯伯"，《國語·周語下》作"命以侯伯"。○疏"同姓末嗣之孫"，原作"同姓未嗣之孫"，阮元《校勘記》："宋本作'末'，是也。"據改。

山嶽則配天。物莫能兩大。陳衰，此其昌乎！"

【注】 變而象艮，故知當興於大嶽之後。得大嶽之權，則有配天之大功，故知陳必衰。

【疏】 注"變而"至"必衰"。正義曰：六四爻變爲九四，與二共爲艮象，艮爲山，故知興於山嶽之國。姜姓，大岳之後，知其將育于姜。地之高者，莫過於山，《詩》云"崧高雖嶽，駿極于天"，言其大能至天，故山嶽則配天也。且乾在上，艮在下，亦是山嶽配天之象。此人子孫養於大嶽之後，官尊位貴，得大嶽之權，則其功德有配天之大。然天子其功配天，今縱得大嶽之權，唯諸侯耳，言"配天"者，以其功大，故甚言之。物莫能兩大，此有興兆，故名陳必衰也。

【案】 ○傳文"山嶽則配天"。"觀"三至五、"否"二至四皆有互艮之象，艮爲山，惟山之高大可配天。○注"得大嶽之權，則有配天之大功"，顧炎武《左傳杜解補正》："《詩》曰：'崧高維嶽，駿極於天。'言天之高大，惟山嶽足以配之。"②

及陳之初亡也，

【注】 昭八年，楚滅陳。

陳桓子始大於齊；

【注】 桓子，敬仲五世孫陳無宇。

---

① 尚秉和：《〈左傳〉〈國語〉易象釋》，《周易尚氏學》，張善文校理《尚秉和易學全書》第三卷，第五八〇頁。
② （清）顧炎武：《左傳杜解補正》，《顧炎武全集》第一冊，上海古籍出版社，二〇一一，第一八頁。

【疏】注“桓子”至“無宇”。正義曰：《史記·田完世家》：完卒，謚爲敬仲。仲生穉孟夷，夷生湣孟莊，莊生文子須無，文子生桓子無宇，是爲敬仲五世孫也。

【案】此言傳文“五世其昌，並於正卿”之徵應。

其後亡也，

【注】哀十七年，楚復滅陳。復，扶又反。

成子得政。

【注】成子，陳常也，敬仲八世孫。陳完有禮於齊，子孫世不忘德，德協於卜，故傳備言其終始。卜筮者，聖人所以定猶豫，決疑似，因生義教者也。《尚書·洪範》通龜筮以同卿士之數。南蒯卜亂而遇元吉，惠伯荅以忠信則可。臧會卜僭，遂獲其應。丘明故舉諸縣驗於行事者，以示來世，而君子志其善者、遠者。他皆放此。豫音預，本亦作預。蒯，居怪反。僭，子念反。應，應對之應。縣音玄。

【疏】注“成子”至“放此”。正義曰：沈氏云：“《世家》：‘桓子生武子啓及僖子乞。乞卒，子常代之，是爲田成子。’是於敬仲爲七世，言‘八世’者，據其相代在位爲八世也。”成子弑簡公，專齊政，是莫之與大也。成子生襄子磐，磐生莊子白，白生大公和，和遷齊康公於海上，和立爲齊侯。和孫威王稱王，四世而秦滅之。作傳之時，完之子孫已盛，故傳備言其終始也。《世家》云“敬仲之如齊，以‘陳’字爲田氏”，《左傳》終始稱“陳”，“田”必非敬仲所改，未知何時改耳。《左傳》之初，至此始有卜筮，故杜於此通説之。《曲禮》曰：“卜筮者，先聖王之所以使民決嫌疑，定猶與也。”是先王立之本意也。因而生義教，謂教人以行義行善則德協於卜，行惡則遇吉反凶，必以行義乃可卜也。《洪範》曰：“汝則有大疑，謀及乃心，謀及卿士，謀及庶人，謀及卜筮。”謀及卿士而以卜筮同之，是通龜筮以同卿士之數也。南蒯卜爲亂，不信則不可；臧會卜爲僭，不信乃遂吉。二事相反，故特引之，言卜筮應人行也。南蒯在昭十二年，臧會在昭二十五年。南蒯筮而言“卜”者，“卜”“筮”通言耳。杜引《洪範》者，欲明龜筮未必神靈，故云“以同卿士之數”，言龜筮所見，纔與卿士同耳。又引南蒯者，明吉凶由行，不由卜筮，欲使人脩德行，不可純信卜筮也。又引臧會者，吉凶亦由卜筮，不可專在於行，欲使人敬卜筮也。故丘明舉縣驗於行事者，以示來世脩德行，敬龜筮。言"驗於行事者"，南蒯則行驗而龜筮不驗，臧會則行不驗而龜筮驗。言"君子志其善者、遠者"，"善者"謂勸人脩德行、敬龜筮是也，"遠者"謂舉其大綱，勸人爲善，長久遠道，非有臨時應驗。此"遠者"即上"善者"，指其事謂之善，指其教謂之遠。劉炫云："計春秋之時，卜筮多矣，丘明所載，唯二十許事，舉其縣驗於行事者，其不驗者不載之。君子之人，當記其志之善者，知之遠者。他皆放此。"

【案】○此言傳文"八世之後，莫之與京"之徵應。○疏"欲使人敬卜筮也"，"卜"原作"龜"，阮元《校勘記》："宋本'龜'作'卜'，是也。"據改。○疏"當記其志之善者"，"志"原作"忠"，阮元《校勘記》："監本、毛本'忠'作'志'。"又，注云"而君子志其善者、遠者"。據改。○孔疏"教人以行義行善則德協於卜，行惡則遇吉反凶，必以行義乃可卜也"。黃玉順《左氏易傳注疏瑕疵》："注疏所論，異於孔子之說，蓋非左丘明之意。《論語·子路》：'子曰："不占而已矣。"'孔子不尚占筮，改占筮之書爲義理之書。然而《論語注疏》鄭注：'《易》所以占吉凶，無恒之人，《易》所不占。'孔疏：'夫《易》所以占吉凶，無恒之人，《易》所不占也。'是因《論語注疏》誤將《論語》兩篇並作一篇：'子曰："南人有言曰：'人而無恒，不可以作巫醫。'"善夫！'不恒其德，或承之羞。''子曰："不占而已矣。"'朱熹《集注》承其誤，而曲說之：'復加"子曰"，以別《易》文也。'然朱子亦未敢確信如此，故云：'其義未詳。'實則後一'子曰'明是另起一篇，孔子但言：學《易》之要，惟在'不占而已'！下文《左傳·哀公十八年》'聖人不煩卜筮'，亦屬此意。"[①]

專論一　關於孔疏引《易》"斷章"之說

《左傳·莊公二十二年》記載陳侯使周史以《周易》筮公子陳完之生，

---

① 黃玉順：《易經古歌考釋》（修訂本），第一八頁。

遇觀䷲之否䷋，觀六四爻變成否，觀六四繇辭曰"觀國之光，利用賓于王"，解稱"此其代陳有國乎"，孔穎達疏云：

> 傳稱"引《詩》斷章"，則引《易》論事，《易》未必如本。此言"觀國之光"，謂所爲筮者觀他人有國之光榮也，此有國之人，利用爲賓客於王朝也，其意言見其子孫有國，作賓於王家耳，非其身也。

孔穎達認爲左氏引《易》"斷章"，重在論事明理而不拘泥於文辭。孔氏此說是非常深刻的，春秋易筮，其解占沒有固定的模式，重在闡明人事和道理。在左氏易例中，有幾篇引用《周易》的易例比較明顯屬於孔氏所說的引《易》"斷章"的情況。如第一一則：

> 伯廖告人曰："無德而貪，其在《周易》豐䷶之離䷝，弗過之矣。"

本例是伯廖評鄭公子曼滿，旨在引用《周易》論曼滿無德而貪將自食其果的道理。豐之離即指豐卦上六爻，其爻辭曰："豐其屋，蔀其家，闚其户，闃其無人，三歲不覿，凶。"重點是落在"三歲不覿"上，其文辭之意，若按孔疏則可以説"《易》未必如本"。可見，這也屬於孔氏所説引《易》"斷章"的情況。

又如第一二則：

> 知莊子曰："此師殆哉！《周易》有之，在師䷆之臨䷒，曰：'師出以律，否臧，凶。'執事順成爲臧，逆爲否。……不行之謂臨。有帥而不從，臨孰甚焉？此之謂矣。"

本例是知莊子評彘子不從帥令，引用《周易》言其必敗之由。師之臨即師卦初爻，其爻辭謂"師出以律，否臧，凶"。又解臨卦爲"不行"，但臨不必謂"不行"，"臨，監也"，"監，臨下也"。[①]李鏡池《周易通義》：

---

① （清）段玉裁：《説文解字注》，上海古籍出版社，一九八八，第三八八頁。

“臨：從高視下。”[①] 黃玉順《易經古歌考釋》：“‘臨’，居上視下，監臨，統治。”[②] 可見，知莊子所説“不行之謂臨”也屬於引《易》“斷章”的情況。

又如第一七則：

> 告子展曰：“楚子將死矣。不修其政德，而貪昧於諸侯，以逞其願，欲久，得乎？《周易》有之，在復䷗之頤䷚，曰：‘迷復，凶。’其楚子之謂乎！欲復其願，而棄其本，復歸無所，是謂迷復……”

楚子無禮於諸侯，告子展舉《周易·復》上六爻辭“迷復，凶”論之，取失道捨本之意。此例雖然取義尚切，但衹是引《周易》文辭論事明理，也屬於引《易》“斷章”的情況。

又如第一八則：

> 秦伯使醫和視之。曰：“疾不可爲也，是謂近女室，疾如蠱。……在《周易》，女惑男、風落山，謂之蠱䷑。”

醫和爲晉侯看病，引用《周易》蠱卦説明不可過度親近女色。蠱卦䷑下巽☴上艮☶，巽爲長女，爲風，艮爲少男，爲山，故曰“女惑男，風落山”，以此喻過度親近女色之疾。

這些引用《周易》以論事明理的易例均可以説是孔穎達所總結的引《易》“斷章”的情況。除此之外，這一情況在用《周易》進行筮占的例子中也頗爲常見，且舉第一六則説明：

> 齊棠公之妻，東郭偃之姊也。東郭偃臣崔武子。棠公死，偃御武子以弔焉。見棠姜而美之，使偃取之。……武子筮之，遇困䷮之大過䷛。……文子曰：“夫從風，風隕妻，不可娶也。且其繇曰：‘困于石，據于蒺棃，入于其宫，不見其妻，凶。’……。”崔子曰：“嫠

① 李鏡池：《周易通義》，中華書局，一九八一，第四〇頁。
② 黄玉順：《易經古歌考釋》（修訂本），第一三九頁。

也，何害？先夫當之矣。"遂取之。

崔武子筮娶齊棠姜遇不吉，認爲棠姜是寡婦，"入于其宫，不見其妻"之凶已由其前夫當之。可見崔武子的解釋是爲了順從自己的意願，取其符合自己意願的方向言之，這其實等於取消了筮占，僅從《周易》文本出發按照有利於筮占者自身意願的方向加以解釋。

從左氏易例可以看出，凡遇到某卦之某卦，既有以兩卦卦象、卦辭解占的情况，也有以遇卦或之卦的對應爻解占的情况，情形不一。這种情况也説明了，筮占者爲了説明事理而有所選擇地解占，取其合適者用之，這同樣屬於引《易》"斷章"的情况。孔穎達的這個説法可以作爲左氏易筮的一個原則性概括。這反映了春秋時期《周易》已經從單純的卜筮之書向哲理之書轉變的情况，《周易》所承載的就不再是單純的"鬼謀"而更多的是"人謀"，展現了社會生活各領域的思想觀念，開啓了《周易》的人謀化、倫理化轉進。

"左氏易傳"對《周易》古經進行解釋開始遵循着人謀化、解釋學化的原則，這個轉變的意義是非常重大的。以筮占爲主，則説明它始終是以溝通神人、揣測神意爲前提的；而撇開筮占的吉凶斷定直接對《周易》文本進行解釋，凸顯了文本的獨立意義，人們對文本的解釋又體現了自身的生活領悟與籌劃。

專論二　關於"互體"之説

互體説常見於漢易。戴震《經考·互體》有云："朱子曰：'以二、三、四爲一卦，又以三、四、五爲一卦。爻辭取象，或以上下正體之卦，或以中間二互體之卦。《春秋左傳》所載占筮，間取互體。漢魏以來，諸儒説象，每取互體，蓋《易》中取象之一端，不可廢也。'又曰：'王弼破互體，朱子發用互體，自左氏已言，亦有道理，只是今推不合處多。'王應麟曰：'京氏謂二至四爲互體，三至五爲約象。'《儀禮》疏云：'二至四，三至五，兩體交互，各成一卦，先儒謂之互體。'"①

《左傳·莊公二十二年》記載陳侯使周史筮，遇觀之否，杜預注便採用了互體説解釋，孔穎達也認爲本例用到了互體。顧炎武認爲："凡卦爻，二至四、三至五，兩體交互，各成一卦，先儒謂之'互體'。其説已見於《左氏》莊公二十二年：'陳侯筮，遇觀之否，曰：風爲天於土上，山也。'注：'自二至四有艮象（案：四爻變故），艮爲山是也。'然夫子未嘗及之，後人以'雜物撰德'之語當之，非也。其所論二與四、三與五'同功二異位'，特就兩爻相較而言之，初何嘗有互體之説。"② 劉逢禄認爲："是此年之《傳》，於《易》之變象互體實兼之矣，豈周太史已通漢學乎！此必劉歆竄入，又竄入《史記·十二諸侯年表》，陳、晉、魏、田、齊《世家》也。"③ 李鏡池先生認爲："《左傳》《國語》所載雖可以把互體説附會上去，但原來却沒有這種説法。"④ 學者們質疑左氏運用互體説，其中一個重要的原因便是左氏易例中互體釋象並不常見。

觀左氏易筮，確實已經運用互體釋象了。杜預注云："《易》之爲書，六爻皆有變象，又有互體，聖人隨其義而論之。"⑤ 孔穎達疏："二至四，三至五，兩體交互，各成一卦，先儒謂之'互體'，聖人隨其義而論之，或取爻象，或取互體，言其取義爲常也。"⑥ 取二至四爻者爲下互或内互，取三至五爻者爲上互或外互。又，上下卦以不動者爲體，以動者爲用，故又有體互、用互之説。

在本則易例中，有一處祇有用互體釋象纔可以解釋通順："坤，土也；巽，風也；乾，天也。風爲天於土上，山也。"杜注"巽變爲乾"應指從觀卦到否卦的外卦變化，即從巽卦變爲乾卦，注又云"自二至四，有艮

① （清）戴震撰，楊應芹、諸偉奇主編《戴震全書》第二册，黃山書社，二〇〇九，第二一一至二一二頁。
② （清）顧炎武：《日知録（一）》，《顧炎武全集》第一八册，第五九頁。
③ （清）劉逢禄：《左氏春秋考證》，顧頡剛點校，樸社，一九三三，第一〇二頁。
④ 李鏡池：《〈左〉〈國〉中易筮之研究》，《周易探源》，第四一六頁。
⑤ 《春秋左傳正義》，《十三經注疏》，第一七七五頁。
⑥ 《春秋左傳正義》，《十三經注疏》，第一七七五頁。

象”即是互體之説，杜注取否卦二至四爻互艮之象，觀卦三至五爻亦有互艮之象。高亨先生認爲：“這是講卦的互體，〈左傳〉〈國語〉再無此例，未知是否。”① 若不從互體解，確實不知“山”之象從何而來。尚秉和先生認爲：“此筮爲言互卦之祖。”② 下文言“猶有觀焉”，尚先生仍以互體釋之：“言之卦初至五，仍風地觀。”③ 蓋此説取之卦否卦的三至五爻互巽，與下卦坤卦仍然組成下坤上巽觀卦。佐之《傳》下文所言“風行而著於土，故曰其在異國乎！”此説亦有據，因爲巽變爲乾猶有觀，而坤卦不變，坤象國土，有本有之，本爲本國，之爲“異國”。第七則，僖公十五年，晉獻公使史蘇筮嫁伯姬：“西鄰責言，不可償也。歸妹之睽，猶無相也。”④ 尚先生以歸妹䷵二至四爻互離釋鄰。第八則，《國語・晉語四》記載重耳筮有晉國：“坎，水也。坤，土也。屯，厚也。豫，樂也。車班外内，順以訓之……”韋昭注：“車，震也。班，徧也。徧外内，謂屯之内有震，豫之外亦有震。坤，順也。豫内爲坤，屯二與四亦爲坤。”這裡以屯䷂二至四爻有互坤之象解，韋昭注也以互體説解左氏易筮。

也有學者認爲，拘泥於象數解易，可能陷入乖離而遺失其宗，例如，王弼説：“互體不足，遂及卦變；變又不足，推致五行。一失其原，巧愈彌甚。縱復或值，而義無所取。蓋存象忘意之由也。忘象以求其意，義斯見矣。”⑤ 雖然王弼有“忘象”之説，但其解易並未盡去象數。顧炎武説：“新安王炎晦叔嘗問張南軒曰：‘伊川令學者先看王輔嗣、胡翼之、王介甫三家《易》，何也？’南軒曰：‘三家不論互體故爾。’朱子《本義》不取互體之説，惟《大壯》六五云：‘卦體似《兑》，有羊象焉。’不言‘互’而言‘似’；似者，合兩爻爲一爻，則似之也。然此又創先儒所未有，不如言互體

---

① 高亨：《〈左傳〉〈國語〉的〈周易〉説通解》，《周易雜論》，第九三頁。
② 尚秉和：《〈左傳〉〈國語〉易象釋》，《周易尚氏學》，張善文校理《尚秉和易學全書》第三卷，第五八一頁。
③ 尚秉和：《〈左傳〉〈國語〉易象釋》，《周易尚氏學》，張善文校理《尚秉和易學全書》第三卷，第五八〇頁。
④ 《春秋左傳正義》，《十三經注疏》，第一八〇七頁。
⑤ （三國魏）王弼撰，樓宇烈校釋《王弼集校釋》，中華書局，一九八〇，第六〇九頁。

矣。"① 朱子也曾説左氏筮例用到了互體："互體説，漢儒多用之，《左傳》説占得觀卦一處，亦舉得分明，看來此説亦不可廢。"②

　　從本例中的解占來看，確實用到了互體釋象。正如劉大鈞先生所説："若捨'互卦'艮山，則《觀》、《否》二卦別無'山'象。所以，此卦向我們提供了一條重要綫索：遠在春秋時代，人們在運用卦象分析問題時，已經使用互卦之法。可知互卦法由來久矣！"③ 綜上，"互體"之説並非向壁虛造，左氏易例已然用之。

---

① （清）顧炎武：《日知録（一）》，《顧炎武全集》第一八册，第五九至六○頁。
② （宋）黎靖德編《朱子語類》，王星賢點校，第一九五七頁。
③ 劉大鈞：《周易概論》（增補本），第七九至八○頁。

二　畢萬筮仕於晉

（《左傳·閔公元年》）

初，畢萬筮仕於晉，遇屯䷂

【注】震下坎上，屯。屯，張倫反。

【案】屯䷂下震☳上坎☵。

之比䷇。

【注】坤下坎上，比。屯初九變而爲比。比，毗志反，注及下同。

【疏】"遇屯之比"。正義曰：震下坎上爲屯。《説卦》云："震，動也。"《坎·象》云：坎，險也。動而遇險，有屯難之象。坤下坎上爲比。《説卦》：坎爲水，坤爲地。水潤下而地受之，相親比之象也。

【案】比䷇下坤☷上坎☵。

辛廖占之，曰："吉。

【注】辛廖，晉大夫。廖，力彫反。

【疏】注"辛廖，晉大夫"。正義曰：杜云"辛廖，晉大夫"，則以畢萬筮仕，在晉國而筮。劉炫云："若在晉國而筮，何得云'筮仕於晉'？又辛甲、辛有並是周人，何故辛廖獨爲晉大夫？"今知不然者，傳以畢萬是畢國子孫，今乃筮仕於晉。言"於晉"，以對畢耳，非謂筮時在他國也。案：昭十五年傳云："及辛有之二子董之晉，於是乎有董史。"注云："辛有，周人，二子適晉爲大史。"則辛氏雖出於周，枝流於晉。劉炫用服氏之説，以爲畢萬在周，筮仕於晉，又以晉國不得有姓辛，而規杜過，其義非也。

【案】吉：占辭，與凶相對。《周易·繫辭上傳》：“是故吉凶者，失得之象也。”後同。

屯固比入，吉孰大焉？其必蕃昌。

【注】屯險難，所以爲堅固。比親密，所以得入。蕃音煩。

【案】○屯：本義爲艱難，引申爲聚集、停滯義。吳澄《易纂言》：“屯之字，象草上穿出地，而下猶未伸，物始生艱難未暢達之時也。”① 高亨《〈左傳〉〈國語〉的〈周易〉説通解》：“〈周易·雜卦〉：‘屯見而不失其居。’是屯有固義。”② ○比：親附。朱熹《周易本義》：“比，親輔也。”③ 黃玉順《易經古歌考釋》：“‘比’，親輔，親附，指（使）諸侯、公卿親輔天子。”④ 這裡釋比爲入，或是取象：內卦坤卦取象地，外卦坎卦取象水，故比卦取水入於地之象。文公十八年傳“是與比周”注：“比，近也。周密也。”⑤ 是比有周密、緊挨之義。又，尚秉和《〈左傳〉〈國語〉易象釋》：“比入者，言陽入居坤五，五尊位，入居之，故下云‘蕃昌’。”⑥ 陽入居坤☷☷之五爲比☵☷。

震爲土，

【注】震變爲坤。

【案】“震爲土”取坤土之象。屯內卦震變爲坤，是以坤取象土，杜注所言是。

車從馬，

【注】震爲車，坤爲馬。

---

① （元）吳澄：《易纂言》，影印《文淵閣四庫全書》第二二冊，第四一三頁。
② 高亨：《〈左傳〉〈國語〉的〈周易〉説通解》，《周易雜論》，第八〇頁。
③ （宋）朱熹：《周易本義》，第六五頁。
④ 黃玉順：《易經古歌考釋》（修訂本），第八七頁。
⑤ 《春秋左傳正義》，《十三經注疏》，第一八六二頁。
⑥ 尚秉和：《〈左傳〉〈國語〉易象釋》，《周易尚氏學》，張善文校理《尚秉和易學全書》第三卷，第五八一至五八二頁。

【疏】注"震爲車，坤爲馬"。正義曰：《晉語》云：司空季子占公子重耳之筮，云："震，車也。"《坤·象》云："利牝馬之貞。"是坤爲馬也。下注"震爲足"、"震爲長男"、"坤爲母"、"坤爲衆"，皆《説卦》文也。

【案】王引之《經義述聞》："凡卦變而之他則曰從。"[1] 震爲車，坤爲馬，震變爲坤，故云"車從馬"。觀上文"震爲土"之説，知"爲"亦表卦變而之他。

足居之，

【注】震爲足。

【案】震足之象見於《周易·説卦傳》。

兄長之，

【注】震爲長男。長，丁丈反。

【案】《周易·説卦傳》：震"謂之長男""爲長子"。

母覆之，

【注】坤爲母。

【案】坤母之象見於《周易·説卦傳》。

衆歸之，

【注】坤爲衆。

【案】注"坤爲衆"是謂坤衆之象，見於《周易·説卦傳》。此處抑或爲坎卦取象衆，屯、比外卦皆爲坎。高亨《〈左傳〉〈國語〉的〈周易〉説通解》："〈國語·晉語〉：'坎，衆也。'坎爲衆，所以説：'衆歸之。'"[2]

六體不易，

【注】初一爻變，有此六義，不可易也。

---

① （清）王引之：《經義述聞》，上海古籍出版社，二〇一六，第九九六頁。
② 高亨：《〈左傳〉〈國語〉的〈周易〉説通解》，《周易雜論》，第八〇頁。

【案】注以"震爲土"至"衆歸之"爲六體。竹添光鴻《左傳會箋》："六體謂卦之六體也。屯初爻有利建侯象，變爲比，亦有建國親侯象，雖變而義則一，故曰'不易'。是亦以震變坤言之，然非謂上六句。"① 另有一解，尚秉和《〈左傳〉〈國語〉易象釋》："坎數六，遇卦、之卦皆有坎，居五位，故曰'六體不易'。……不易者，坎始終不變也。"② 遇卦爲屯，屯外卦爲坎，之卦爲比，比外卦爲坎，屯變爲比，外卦坎卦不變。

合而能固，安而能殺，公侯之卦也。

【注】比合屯固，坤安震殺，故曰"公侯之卦"。

【疏】注"比合"至"之卦"。正義曰：震之爲殺，傳無明文。《晉語》云："震，車也。"車有威武。昭二十五年傳云："爲刑罰威獄，以類其震曜殺戮。"是震爲威武殺戮之意，故震爲殺也。

【案】○傳文"安而能殺"，孔疏説是，《國語·晉語四》謂"車有震，武也"，是震有武象，亦有殺象。○傳文"公侯之卦"爲總結以上卦名和卦象之語。屯卦辭、初九爻辭皆有"利建侯"語，故云"公侯之卦"。李道平《易筮遺占》："屯貞體，震有侯象焉。虞翻曰：'震爲侯。'荀爽曰'震承乾位，宜建侯'是也。《象》言'利建侯'，惟初當之。畢萬筮此，能復其舊，不亦宜乎！"③ ○按注、疏，坤取象安，震取象殺。本例卦象豐富：震有車、足、長男、殺等象，坤取象土、馬、母、安、衆，又或，坎取象衆。

公侯之子孫，必復其始。"

【注】萬，畢公高之後。傳爲魏之子孫衆多張本。

【疏】"必復其始"。正義曰：萬是畢公之後，公侯之子孫，必當復其初始，言此人子孫又將爲公侯也。及春秋之後三家分晉，而魏爲諸侯，是其筮之驗也。

---

① 〔日〕竹添光鴻會箋《左傳會箋》第四，臺灣鳳凰出版社，一九七五，第七頁。
② 尚秉和：《〈左傳〉〈國語〉易象釋》，《周易尚氏學》，張善文校理《尚秉和易學全書》第三卷，第五八二頁。
③ （清）李道平：《易筮遺占》，《周易集解纂疏》，第七四四頁。

【案】○注"萬，畢公高之後"，原作"畢萬，公高之後"，阮元《校勘記》："宋本、淳熙本、足利本作'萬，畢'，是也。"據改。○杜注"傳爲魏之子孫衆多張本"，此説不確，孔疏"言此人子孫又將爲公侯也"説是。又，竹添光鴻《左傳會箋》："公侯之子孫，將復爲公侯，是以魏後建國而言，非特謂子孫衆多。"①

①〔日〕竹添光鴻會箋《左傳會箋》第四，第七頁。

三　卜楚丘之父筮成季之生

（《左傳·閔公二年》）

成季之將生也，桓公使卜楚丘之父卜之，

【注】卜楚丘，魯掌卜大夫。

【案】卜楚丘與其父皆爲卜。劉瑛《〈左傳〉、〈國語〉方術研究》："卜官多是世襲，由父子相繼。"① 此説是。如僖公十七年傳云："卜招父与其子卜之。""卜楚丘"另見於文公十八年、昭公五年傳。

曰："男也。其名曰'友'，在公之右；

【注】在右，言用事。

【案】○此或爲先卜男女。○季友，魯桓公少子。季，少也，昭公三十二年傳云"桓之季"是也。此處未言季友爲何人所生，昭公三十二年傳史墨説其爲"文姜之愛子"（第二六則）。

間于兩社，爲公室輔。

【注】兩社，周社、亳社。兩社之間，朝廷執政所在。亳，步各反。

【疏】注"兩社"至"所在"。正義曰：王者取五色之土，封以爲社。若封諸侯，隨方割其土，包之以白茅，賜之，使立國社。魯是周之諸侯，故國社謂之"周社"。哀四年"亳社災"，是魯國有亳社。《穀梁傳》曰："亳社者，亳之社也。亳，亡國也。亡國之社以爲廟屏，戒也。"則亳社在宗廟之前也。《周禮》：大宗伯掌建國之神位，右社稷，左宗廟。則諸侯亦當然。定二年"雉門及兩觀災"，則兩觀在雉門外也。《禮運》云："昔者

---

① 劉瑛：《〈左傳〉〈國語〉方術研究》，人民文學出版社，二〇〇六，第八八頁。

仲尼與於蜡賓，事畢，出遊於觀之上。"蜡祭在廟，故出廟而遊於觀也。
由此言之，宗廟社稷在雉門之外，分左右廟也。鄭玄考校禮文，以爲魯制
三門，庫、雉、路。天子、諸侯皆三朝，圖宗人之嘉事，則有路寢。庭朝
日出視朝，則在路門之外。其詢國危、詢國遷、詢立君，《周禮》朝士所
掌外朝之位者，乃在雉門之外耳。雉門之外，左有亳社，右有周社。"間
于兩社"，是在兩社之間。朝廷詢謀大事，則在此處，是執政之所在也。

【案】〇傳文"間于兩社"。章太炎《春秋左傳讀》："季氏本有此室
在内，而行父之意，并欲爲私室于兩社間，以其執政之臣所在，故後世有
不能事上者，則得羣聚誅之，（原注略）不至有昭公敗于意如之患矣。其
意欲有罪則速亡，而天命則季氏與魯終始。"①　〇疏引《周禮》"大宗伯掌
建國之神位"，《周禮》此處"大宗伯"爲"小宗伯"。〇疏"分左右廟
也"，阮元《校勘記》："宋本'廟'作'廂'，不誤。"

季氏亡，則魯不昌。"

【疏】"季氏亡，則魯不昌"。正義曰：服虔云："謂季友出奔，魯弑
二君。"案傳，子般既死，乃云"成季奔陳"；閔公既死，乃云"成季適
邾"：皆君死乃出奔，非由出奔乃致君死。杜雖無注，義必不然。當謂季
友子孫與魯升降。從此以後，季氏世爲上卿，終於《春秋》。《禮記》稱：
悼公之喪，季昭子問"爲君何食？"以後雖則無文，當是與魯俱減也。

【案】〇傳文"季氏亡，則魯不昌"。阮元《校勘記》："宋本無此七
字。"〇上文卜人所言皆爲韻句：友與右韻，在之部；社與輔韻，在魚部；
亡與昌韻，在陽部。

又筮之，遇大有☰

【注】乾下離上，大有。

【案】〇大有☰下乾☰上離☰。〇楊伯峻《春秋左傳注》："《周禮·
春官·筮人》云：'凡國之大事，先筮而後卜。'考之《左傳》，則殊不

① 章太炎：《春秋左傳讀》，《章太炎全集》第二册，第二〇五頁。

然。"① 除本例外，卜筮並用者，左氏易例尚有四則：第五則，僖公四年傳晉獻公筮立驪姬爲夫人；第一〇則，僖公二十五年傳卜偃先卜後筮；第二七則，哀公九年傳陽虎筮救鄭在史三人先卜之後；第二九則，哀公十七年傳胥彌赦占衛侯之筮夢。先筮后卜者，僅哀公十七年傳胥彌赦占衛侯之筮夢一例。此外，卜人亦兼筮，如顧炎武《左傳杜解補正》所云："《周禮》大卜：掌三兆三易三夢之法，是古之筮皆兼掌於卜人也。"② 此在《左傳》中共四例，除了本例，其他三例分別是：僖公十五年傳卜徒父筮秦伯伐晉，僖公二十五年傳卜偃先卜後筮，昭公五年傳卜楚丘解明夷之謙。

之乾☰，

【注】乾下乾上，乾。大有六五變而爲乾。

【案】乾☰下乾☰上乾☰。

曰："同復于父，敬如君所。"

【注】筮者之辭也。乾爲君父，離變爲乾，故曰"同復于父"，見敬與君同。

【疏】注"筮者"至"君同"。正義曰：此雖六五爻變，不取《周易》之文，筮者推演卦意，自爲其辭也。離是乾子，遷變爲乾，故云"同復于父"，言其尊與父同也。國人敬之，其敬如君之處所，言其貴與君同也。《説卦》：乾爲君父。言其身之尊，則云"同復于父"；言其爲人所敬，則云"敬如君所"。屬意異，故分爲二也。

【案】〇傳文"所"，孔疏爲"處所"。另有一解："所者，位也。"説詳尚秉和《〈左傳〉〈國語〉易象釋》。③ 〇傳文"同復于父，敬如君所"。杜注以爲是"筮者之辭"，此或爲筮書中之古歌謠：父、所韻，在魚部。毛奇齡《春秋占筮書》："父、所韻。"④ 黃玉順《左氏易傳注疏瑕疵》：

---

① 楊伯峻：《春秋左傳注》（修訂本），第二六四頁。

② （清）顧炎武：《左傳杜解補正》，《顧炎武全集》第一册，第二六頁。

③ 尚秉和：《〈左傳〉〈國語〉易象釋》，《周易尚氏學》，張善文校理《尚秉和易學全書》第三卷，第五八三頁。

④ （清）毛奇齡：《春秋占筮書》，影印《文淵閣四庫全書》第四一册，第五二五頁。

"'同復于父，敬如君所'爲韻語，此究是筮者之辭，抑是別本《周易》之繇，或可商榷。《左傳》之卜與筮，其辭多爲韻語。吾意：凡非韻語者，是筮者自爲之辭；而凡爲韻語者，則屬別本《周易》之繇。"① 此説有據。關於《周易》繇辭中的古歌謠，詳見黃氏《易經古歌考釋》。〇疏 "離是乾子，遷變爲乾，故云'同復于父'"。離爲中女，此解不應卜男女而斷季友爲男之事。毛奇齡《春秋占筮書》："少子將生而筮男女，則其所告者當不出六索之法（見《説卦》）。乃遇大有而變上離，則離爲中女，原有未合然。獨不曰季與莊公爲同母弟乎？二人皆嫡母文姜所生，而仲叔兩家總屬長庶。古嫡稱同母，庶仄稱同父。惟重嫡故并重母，則以女君生次子，而專屬之母，此之坤母之再索，則再索得離，何爲不可？不過曰此女君之次生云耳。乃一變爲乾，而已復父矣。乾爲父，此同父矣，然且乾爲純爻，爻內有卦位（説見前）向爲上離時則坎位不見，今變乾而中坎昭然。坎爲次子則向爲母索者，今變爲父索非復父乎？又且嫡庶分，父母并分，氏族長嫡既爲君，則必次嫡爲大宗，諸庶爲小宗，而後各改氏而共成一族，以一父也。（此宗法見大小宗通繹）今桓之四子莊既嗣桓，則季氏大宗，仲叔小宗，當合仲、叔、季三氏而共成桓族，謂之三桓。乃次嫡未生，離未變乾，則上卦三乾中闕其一，安所得三桓而齊視之，而一變而三乾並列，總成一乾，三桓三族，總一桓族，則其所爲復父者，獨季氏也乎？故曰同也。"②

及生，有文在其手曰"友"，遂以命之。

【注】遂以爲名。

【案】〇此言卜之徵驗。〇文：字。昭公元年傳："於文：皿蟲爲蠱。"杜注："文，字也"。見第一八則《醫和論晉侯之蠱疾》。〇"文在其手"一語，《左傳》多處出現，又如，昭公元年傳"及生，有文在其手曰'虞'，遂以命之"。

---

① 黃玉順：《左氏易傳注疏瑕疵》，《時代與思想——儒學與哲學諸問題》，第一九頁。

② （清）毛奇齡：《春秋占筮書》，影印《文淵閣四庫全書》第四一册，第五二五至五二六頁。

四　晉獻公論立太子之道

（《國語·晉語一》）

十七年冬，公使太子伐東山。

【注】獻公十七年，魯閔二年也。

里克諫曰："臣聞皋落氏將戰，

【注】言其不服，將與申生戰。

"君其釋申生也！"

【注】釋，舍也。

公曰："行也！"

【案】徐元誥《國語集解》："行，成也。謂使申生伐東山事成而未能改也。"①

里克對曰："非故也。

【注】非故事也。

君行，太子居，以監國也；

【注】君行則守。

君行，太子從，以撫軍也。

【注】有守則從，撫循軍士。

---

① 徐元誥撰，王樹民、沈長雲點校《國語集解》，中華書局，二〇〇二，第二六七頁。

今君居，太子行，未有此也。"

公曰："非子之所知也。寡人聞之，立太子之道三：身鈞以年，

【注】身鈞，德同也。以年，立長也。

年同以愛，

【注】立所愛也。

愛疑決之以卜、筮。

【注】愛疑，愛同也。龜曰卜，蓍曰筮。

【案】○注以"愛同"解"愛疑"，承接"年同以愛"是也。○按韋注所說，此處晉獻公所論立太子之道，以德、年、愛爲擇立要素。周代宗法封建制度下嫡長子繼承爲常制，在無嫡長子的情況下，則擇立衆子，參之以年、德、卜筮決疑。例如，昭公二十六年傳王子朝語："昔先王之命曰：王后無適，則擇立長；年鈞以德，德鈞以卜；王不立愛，公卿無私，古之制也。"襄公三十一年傳穆叔語："大子死，有母弟則立之；無則長立，年鈞擇賢，義鈞則卜，古之道也。"

子無謀吾父子之間，吾以此觀之。"

【注】言吾使之征伐，欲觀其能否也。

公不說。里克退，見太子。

太子曰："君賜我以偏衣、金玦，何也？"

里克曰："孺子懼乎？衣躬之偏，而握金玦，令不偷矣。孺子何懼！

【注】孺子，少子也。偷，薄也。偏，半也。分身之半以授太子，又令握金玦。金玦，兵要也。君今於太子不爲薄矣。

【案】"孺子"。錢大昕《十駕齋養新録》經史之部曰："今人以孺子爲童穉之稱，蓋本於《孟子》。攷諸經、傳，則天子以下，嫡、長爲後者，

乃得稱孺子。"① 戰國以降諸子文獻所見"孺子"是爲童稚之稱，如《孟子·公孫丑上》"今人乍見孺子將入於井"；《莊子·大宗師》"子之年長矣，而色若孺子，何也？"

夫爲人子者，懼不孝，不懼不得。

【注】賈、唐云："不得，不得君心也。"昭謂：不得立也。《内傳》："太子曰：'吾其廢乎？'里克曰：'子懼不孝，無懼不得立。'"

且吾聞之曰：'敬賢於請。'

【注】賢，愈也。言執恭敬愈於請求。

孺子勉之乎！"

【注】勉爲孝敬也。

君子曰："善處父子之間矣。"

【注】入諫其父，出勉其子。

【案】"君子曰"，乃作者左氏評議之語。

---

① （清）錢大昕：《十駕齋養新録》卷二，陳文和主編《嘉定錢大昕全集》（增訂本）第七册，鳳凰出版社，二〇一六，第六九頁。

五 晉獻公筮立驪姬爲夫人

（《左傳·僖公四年》）

初，晉獻公欲以驪姬爲夫人，卜之不吉筮之吉。

【疏】"卜之不吉筮之吉"。正義曰：《曲禮》云："卜筮不相襲。"鄭玄云："卜不吉，則又筮，筮不吉，則又卜，是瀆龜筮也。晉獻公卜娶驪姬，不吉，公曰'筮之'，是也。"如彼《記》文，卜之不吉，不合更筮。但獻公既愛驪姬，欲必尊其位，故卜既不吉，更令筮之，冀乎筮而得吉，所以遂己心也。《詩》云："我龜既厭，不我告猶。"鄭玄云："卜筮數而瀆龜，龜靈厭之，不復告其所圖之吉凶。"由是貫瀆龜筮，不復告之以實，故終實不吉，而筮稱其"吉"，是筮非不知，而不以實告也。《周禮·筮人》云："凡國之大事，先筮而後卜。"鄭玄云："當用卜者先筮之，即事漸也。於筮之凶，則止不卜。"而傳稱桓公卜季友、晉獻公卜驪姬、晉文公卜納王、趙鞅卜救鄭，皆先卜而後筮者，《周禮》言其正法耳。春秋之世，臨時請問者，或卜或筮，出自當時之心，不必皆先筮後卜。崔靈恩以爲國之大事先筮而後卜，筮凶則止不卜者，筮必以三代之法，若三法皆凶，則止不卜，若兩法是凶，一法爲吉，名爲"筮逆"，猶是疑限，故更卜以決之，則《洪範》"筮逆龜從"是也。故大卜掌三兆、三《易》，《儀禮》特牲、少牢，筮皆旅占，是筮有衆占之法，則靈恩之説，義亦可通。

【案】孔疏引鄭玄"是瀆龜筮也"，阮元《校勘記》："宋本'筮'作'筴'，與鄭注《曲禮》合。"

公曰："從筮。"

卜人曰："筮短龜長，不如從長。

【注】"物生而後有象，象而後有滋，滋而後有數。"龜象筮數，故象長數短。不如，依字讀，或音而據反。

【疏】注"物生"至"數短"。正義曰："有數"以上，皆十五年傳文。象者，物初生之形；數者，物滋見之狀。凡物皆先有形象，乃有滋息，是數從象生也。龜以本象金、木、水、火、土之兆以示人，故爲長；筮以末數七、八、九、六之策以示人，故爲短。《周禮》："占人：掌占龜。"鄭玄云："占人亦占筮，言'掌占龜'者，筮短龜長，主於長者。"亦用此傳爲説。案《易·繫辭》云："蓍之德，圓而神；卦之德，方以知。""神以知來，知以藏往。"然則知來藏往，是爲極妙，雖龜之長，無以加此。聖人演筮以爲《易》，所知豈短於卜？卜人欲令公舍筮從卜，故云"筮短龜長"，非是龜能實長。杜欲成"筮短龜長"之意，故引傳文以證之。若至理而言，卜、筮實無長短。

【案】○本例卜、筮並問，傳言"卜之不吉筮之吉"，另有一解，章太炎《春秋左傳讀》："短長，謂能之短長，蓋卜筮本皆不吉，筮史才短，誤占爲吉，故卜人就其平日之才能論之，見筮史所占必不當也。"① 觀下文卜人再解繇辭曰"必不可"，此與"筮之吉"説異，知章氏"蓋卜筮本皆不吉，筮史才短，誤占爲吉"之説有其道理，可備一説；當然，這要基於卜人所説繇辭指筮辭而言，亦即，卜人不同意筮者之斷，故再解之。卜人而筮，或又卜又筮，《左傳》中多次出現，故卜人解筮不足爲怪。○卜人。楊伯峻《春秋左傳注》云："此卜人不知爲誰，晉有卜偃，不知是此人否。《晉語一》云：'獻公卜伐驪戎，史蘇占之。'僖十五年《傳》云：'晉獻公筮嫁伯姬於秦，史蘇占之。'《禮記·曲禮》正義以爲此卜亦是史蘇，有此可能。"② ○杜注引僖公十五年傳韓簡語，以先後解短長。這則易例以及"蓍短龜長"的觀念在春秋卜筮史上是非常重要的，它反映了春秋時期卜、

---

① 章太炎：《春秋左傳讀》，《章太炎全集》第二冊，第二二一頁。

② 楊伯峻：《春秋左傳注》（修訂本），第二九五頁。

筮消長的情況，詳見本書《專論三：關於"筮短龜長"之説》。○疏
"'有數'以上，皆十五年傳文"，"有"原作"筮"，阮元《校勘記》：
"浦鏜《正誤》'筮'作'有'，不誤。"據改。

且其繇曰：'專之渝，攘公之羭。

【注】繇，卜兆辭。渝，變也。攘，除也。羭，美也。言變乃除公之
美。繇，直救反。渝，羊朱反，下羭同音。攘，如羊反。

【疏】注"繇卜"至"之美"。正義曰：筮卦之辭，亦名爲"繇"；但
此是卜人之言，知是卜兆辭也。卜人舉此辭以止公，則兆頌舊有此辭，非
卜人始爲之也。卜人言其辭而不言其意，不知得何兆、此義何所出也。
"渝，變"、"攘，除"皆《釋言》文也。《釋畜》云："夏羊、牡羭、牝
羖。"則"羭"是羊之名。美、善之字皆從羊，故"羭"爲美也。"變乃
除公之美"，言公心必變，而除公美也。

【案】此節，正義總入傳文"一薰一蕕，十年尚猶有臭"下。

'一薰一蕕，十年尚猶有臭。'

【注】薰，香草。蕕，臭草。十年有臭，言善易消，惡難除。薰，許
云反。蕕音由。易，以豉反。

【疏】"專之"至"有臭"。正義曰：言公若專心愛之，公心必將改
變，變乃除公之美。公先有美，此人將除去之。薰是香草，蕕是臭草，
"一薰一蕕"，言分數正等，使之相和，雖積十年，尚猶有臭氣。香氣盡而
臭氣存，言善惡聚而多少敵，善不能止惡，而惡能消善。

【疏】注"薰香"至"難除"。正義曰：此傳之意，言善惡相雜，二
字皆從草，知是香草、臭草也。《月令》五時各言其臭，中央土云"其臭
香"，《易·繫辭》云"其臭如蘭"，傳稱"在君之臭味"，則"臭"是氣
之摠名，元非善惡之稱。但既謂善氣爲"香"，故專以惡氣爲"臭"耳。
"十"是數之小成，故舉以爲言焉。十年香氣盡矣，惡氣尚存，言善易消，
而惡難滅也。杜知蕕是臭者，《內則》云："牛夜鳴則庮。"彼"庮"亦是
臭義，其字雖異，其意亦同。"尚猶有臭"，"猶"則"尚"之義，重言之
耳，猶《尚書》云"弗遑暇食"，"遑"則"暇"也。

【案】○注、疏以爲上文繇辭爲卜辭，卜辭固亦稱繇辭，如襄公十年傳“孫文子卜追之，獻兆於定姜。姜氏問繇”，注：“繇，兆辭。”孔疏：“《周禮》大卜‘掌三兆之法：一曰玉兆，二曰瓦兆，三曰原兆。其經兆之體，皆百有二十。其頌皆千有二百。’鄭玄云：‘頌謂繇也。’”① 然則，本例未必如此，抑或是卜人先論“筮短龜長”，再舉筮辭，解以爲不吉，與筮者説異，而證其説。觀左氏易例並《周禮》所云，卜人兼筮、能筮者有之，此繇辭或指筮辭，所言亦皆爲韻句：渝、褕韻，在侯部；猶、臭韻，在幽部。○疏引《尚書》“弗遑暇食”，《尚書·周書·無逸》作“不遑暇食”。

必不可！”

【案】筮史以爲吉，卜人再解之，以爲不吉，故云“必不可”。

弗聽，立之。生奚齊。其娣生卓子。

及將立奚齊，既與中大夫成謀，姬謂大子曰：“君夢齊姜，必速祭之！”

【注】齊姜，大子母，言求食。卓，吐濁反。

【案】中大夫：官號。章太炎《春秋左傳讀》：“中大夫是官號，非上中下大夫之中也。”② 此處所言據説爲晉大夫里克。

大子祭于曲沃，歸胙于公。

【注】胙，祭之酒肉。胙，才故反。

【案】胙：祭肉。注“祭之酒肉”不妥。《周禮·天官·冢宰》“凡祭祀之致福者，受而膳之”，注：“致福，謂諸臣祭祀，進其餘肉歸胙於王。”③ 知胙即祭肉。洪亮吉《春秋左傳詁》云：“韋昭《國語》注：‘胙，祭肉也。’按：胙止可訓肉。杜注云‘胙，祭之酒肉’則於訓詁不通矣。

---

① 《春秋左傳正義》，《十三經注疏》，第一九四八頁。
② 章太炎：《春秋左傳讀》，《章太炎全集》第二册，第二二一頁。
③ 《周禮注疏》，《十三經注疏》，第六六〇頁。

下八年‘賜齊侯胙’，即云‘祭肉’，與韋注同。”①

公田，姬寘諸宮。六日，公至，毒而獻之。

【注】毒酒經宿輒敗，而經六日，明公之惑。寘，之豉反。

【疏】注“毒酒”至“之惑”。正義曰：毒酒經宿便敗，而公不怪其六日仍得如故，明公之惑於驪姬，不以六日爲怪也。

【案】○毒：下毒於胙肉。一說爲以有毒之肉更換之，《吕氏春秋·上德》：“太子祠而膳於公，麗姬易之。”②○此節，正義總入傳文“小臣亦斃”下。

公祭之地，地墳；與犬，犬斃；與小臣，小臣亦斃。

【注】墳，扶粉反。斃，婢世反。

【疏】“公田”至“亦斃”。正義曰：《晉語》説此事云：“公田，驪姬受胙，乃寘酖於酒，寘菫於肉。公至，召申生獻。公祭地，地墳。申生恐而出。驪姬與犬肉，犬斃；飲小臣酒，亦斃。”此傳既略，當如《國語》也。賈逵云：“菫，烏頭也。”《穀梁傳》曰：“以酖爲酒，藥脯以毒。”

【案】○小臣：寢宮近侍之官。孔疏所引《國語·晉語二》“飲小臣酒，亦斃。”韋昭注：“小臣，官名，掌陰事陰命，閹士也。”○注“墳扶粉反斃婢世反”。原在傳文“大子奔新城”注“新城，曲沃”文後。○疏“當如《國語》也”，阮元《校勘記》：“此本‘當’上空一字，各本直接上文，不空。”

姬泣曰：“賊由大子。”大子奔新城。

【注】新城，曲沃。

①　（清）洪亮吉：《春秋左傳詁》，第二七六頁。

②　（秦）吕不韋撰，許維遹集釋，梁運華整理《吕氏春秋集釋》，中華書局，二〇〇九，第五一九頁。

公殺其傅杜原款。

或謂大子："子辭,君必辯焉。"

【注】以六日之狀自理。款,苦管反。辯,兵免反。

【案】辭:陳辭自辯。《説文》:"辭,説也。"① 朱駿聲《説文通訓定聲》:"分争辯訟謂之辭。"②

大子曰："君非姬氏,居不安,食不飽。我辭,姬必有罪。君老矣,吾又不樂。"

【注】吾自理則姬死,姬死則君必不樂。不樂,爲由吾也。樂音洛,注同。

曰："子其行乎?"大子曰："君實不察其罪,被此名也以出,人誰納我?"十二月,戊申,縊于新城。

【案】楊伯峻《春秋左傳注》:"此名謂殺父之惡名。"③

姬遂譖二公子曰："皆知之。"重耳奔蒲,夷吾奔屈。

【注】二子時在朝,爲明年晉殺申生傳。被,皮寄反,又皮綺反。縊,一賜反。譖,側鳩反。

專論三　關於"蓍短龜長"之説

晉獻公欲立驪姬爲夫人,卜不吉而筮吉,故欲從筮,卜人諫曰:"蓍短龜長,不如從長。"卜人又舉繇辭以爲不吉,獻公終不聽。筮用蓍,卜用龜。那麽,蓍短龜長之説究竟體現了什麽觀念呢?

歷來對此的解釋大致可以分爲兩類,或是從"長短"的字面義入手,或是從蓍占和龜卜之理的高下或優先性解釋。杜預徵引僖公十五年傳韓簡

---

① (清)段玉裁:《説文解字注》,第七四二頁。
② (清)朱駿聲:《説文通訓定聲》,中華書局,二〇一六,第一七二頁。
③ 楊伯峻:《春秋左傳注》(修訂本),第二九九頁。

的説法"物生而後有象，象而後有滋，滋而後有數"，以爲是"龜象筮數，故象長數短"。這裡是以先後論長短，以龜爲象，以筮爲數，故"蓍短龜長"就是"象長數短"，亦即象先數後，或曰龜之理長於筮之理。此外，還有從卜筮人員的能力論短長，如章太炎先生所説。卜人兼筮在春秋筮例中多見，故卜人而解筮不足爲怪。

從蓍筮和龜卜之理的高下或優先性解釋，孔氏説"卜、筮實無長短"是從理之高下論，"知來藏往"義未見得當時如此。它其實反映了卜筮制度的變動，卜與筮的消長情況。在這兩種最爲重要的占卜術中，殷人主要使用龜卜，這反映在甲骨卜辭中，"殷墟爲商王舊都，所出甲骨大多數是王卜辭，主要用卜而罕用筮，與文獻的記述是相符合的"[1]。而到了西周時期，例如周原甲骨的"數位記號"（又稱"數字卦"）就出現了筮術。《周禮·春官·宗伯》"凡國之大事，先筮而後卜"，注："當用卜者，先筮之，即事漸也。於筮之凶，則止不卜。"[2]　賈公彥云："大卜所掌者皆是大事，皆先筮而后卜。筮輕龜重，賤者先即事，故卜即事漸也。"[3]　"筮輕龜重"的説法，與"筮短龜長"之説是同質的，均是強調龜卜相較於易筮的優先性、重要性。黃玉順先生認爲："龜筮短長之辯，其實別有緣由。龜卜源於子商之族，蓍筮源於姬周之族。文武革命，商周易位，於是龜蓍短長，隨之易勢。此勢之變，爲時甚久，始於殷周之際，及於戰國之後。春秋之世，社會轉型之時，其人或尚龜卜，或尚蓍筮，誠如孔疏所言：'春秋之世，臨時請問者，或卜或筮，出自當時之心，不必皆先筮後卜。'"[4]

這些説法也佐證了，從甲骨卜辭到西周甲骨的筮數，再到春秋時期易筮地位的突出是一個從以龜卜爲主到易筮逐漸凸顯的發展過程。李學勤可能受到了《周禮》的影響，他對西周甲骨筮數進行研究得出了一個結論："古人常在卜以前揲筮。"[5] 但這種情況到了春秋時期便發生了變化。在左

---

① 李學勤：《周易經傳溯源》，長春出版社，一九九二，第一三六頁。
② （清）孫詒讓：《周禮正義》，王文錦、陳玉霞點校，中華書局，二〇一三，第一九六五頁。
③ （清）孫詒讓：《周禮正義》，第一九六六頁。
④ 黃玉順：《左氏易傳注疏瑕疵》，《時代與思想——儒學與哲學諸問題》，第一九至二〇頁。
⑤ 李學勤：《周易經傳溯源》，第一三六頁。

氏易例中，除了"蓍短龜長"一例，卜筮並用的情況還有以下幾例：

第三則，卜楚丘之父筮成季之生。

第一〇則，晉侯使卜偃筮勤王。

第二七則，陽虎筮救鄭。

第二九則，胥彌赦占衛侯之筮夢。

從以上諸例可以看出，卜筮並用的情況在春秋時期仍然存在。不過，並不像《周禮》所説是"先筮而後卜"，正如楊伯峻所説："《周禮·春官·筮人》云：'凡國之大事，先筮而後卜。'考之《左傳》，則殊不然。"① 《周禮正義》引《禮記·曲禮》孔疏："春秋亂世，皆先卜後筮，不能如禮。"② 以上諸例，僅胥彌赦占衛侯筮夢之例爲先筮後卜，而且是在對筮占結果有疑的情況下進行的，而在其餘諸例中，都是先卜後筮，在本例中，直接捨卜從筮。這雖然不能説明筮占已經完全超越了龜卜的神聖性，但也可以看出龜卜地位的下滑。

表面看來，"蓍短龜長"之説體現了龜卜相較於易筮的優先地位，其實不然。大概春秋之前易筮並未影響龜卜的主導地位，而到了春秋時期，從《左傳》的記載看，雖然龜卜活動仍然多於易筮，但它的主導地位開始動搖，"蓍短龜長"之説正是卜人爲了維護龜卜的主導地位而做出的努力，爲此重申它的重要性、優先性。這體現了春秋時期的觀念轉變，究其原因，關鍵不在於所用材料方面，而在於易筮更具有解釋學效應，更能體現"人謀"。

總之，"蓍短龜長"之説反映了春秋時期卜、筮消長的情況，標志着易筮開始了取代龜卜的主導地位的進程，它同樣體現了易筮的人謀化、解釋學化所帶來的觀念變革。

---

① 楊伯峻：《春秋左傳注》（修訂本），第二六四頁。
② （清）孫詒讓：《周禮正義》，第一九六六頁。

六　卜徒父筮秦伯伐晉

（《左傳·僖公十五年》）

晉侯之入也，秦穆姬屬賈君焉，

【注】晉侯入在九年。穆姬，申生姊秦穆夫人。賈君，晉獻公次妃賈
女也。屬音燭。

【疏】注"晉侯"至"女也"。正義曰：莊二十八年傳曰："晉獻公娶
于賈，無子。烝於齊姜，生秦穆夫人及大子申生。"先言穆姬，後言申生，
知是申生姊也。言"娶于賈"，則是正妃。杜言"次妃"者，蓋杜別有所
見也。《晉世家》云：申生母，齊桓女也。同母女弟爲秦穆夫人。夷吾母，
重耳母女弟也。案傳，申生之母本是武公之妾，武公末年，齊桓始立，不
得爲齊桓女也。虢射，惠公之舅。狐偃，文公之舅。二母不得爲姊妹也。
皆馬遷之妄耳。

【案】○賈君：晉獻公夫人。莊公二十八年傳："晉獻公娶于賈，無
子。烝於齊姜，生秦穆夫人及大子申生。"知賈君爲晉獻公夫人。章太炎
《春秋左傳讀》認爲賈君是獻公夫人，説詳"秦穆姬屬賈君"釋。① 另一
説爲：賈君爲太子申生之妃。惠棟《春秋左傳補注》、洪亮吉《春秋左傳
詁》、楊伯峻《春秋左傳注》等從此説。② 後言"盡納羣公子"者，楊伯
峻謂："然則賈妃爲惠公嫡母，何須穆姬之囑託？"蓋因賈君非惠公生母，
然爲獻公夫人，是爲惠公嫡母（父正室爲嫡母），故穆姬屬之。○疏"烝
於齊姜"。烝：淫亂於母輩。桓公十六年傳"衛宣公烝於夷姜"，孔疏：

---

① 章太炎：《春秋左傳讀》，《章太炎全集》第二册，第二四一頁。
② 參見楊伯峻《春秋左傳注》（修訂本），第三五一頁。

"淫母而謂之烝，知烝是上淫。"○疏"案傳，申生之母本是武公之妾"。
薛福成《庸庵筆記·桃花夫人示夢》："《左氏》所稱，衛宣公烝於夷姜，
晉獻公烝於齊姜，后人辯之，以爲夷姜、齊姜實宣公、獻公之夫人，其説
甚爲確鑿。此等烝淫大惡，豈可輕誣古人！"① 章太炎《春秋左傳讀》：
"莊二十八年：'烝於齊姜。'杜預注：'齊姜，武公妾。'《大事表》曰：
'是年使三子處三邑，係晉獻公十一年。若申生是烝武公之妾所生，想當
在即位後，年不過十歲，重耳、夷吾必當更幼，豈以三稚子守宗邑與邊疆
哉？《史記》重耳奔狄時年四十三，歸國時年六十二，則城濮之戰年已六
十六，與《左氏》假年之説合，與杜異。計守蒲時，年三十二矣。而申生
居長，則其生當在獻公爲曲沃世子時。武公志意精明，豈有縱其子淫昏之
事？唐之高宗，不聞於太宗廟先通武后也。《史記》曰："太子申生，其母
齊桓公女也，曰齊姜。"此信而可徵。'麟案：《晉語》：優施曰：'申生爲
人，小心精潔，而大志重，又不忍人。'於是驪姬使二五爲三子處邑之勸。
申生志已如此，自必不止十歲。然烝之爲名，非必施於父妾也。尋晉武公
在位三十九年，即位於隱八年，其七年（桓三年）伐翼，獲哀侯，十一年
（桓七年）誘晉小子侯殺之，十二年（桓八年）滅翼，皆見《傳》文。至
晉侯緡二十六年（原注略），滅晉，盡并其地，則爲三十七年（莊十五
年），其前後相距遠矣。獲哀侯與滅翼時必兼得其內，實齊姜非哀侯之妾，
則小子侯之妾耳。武公志大，情不繫色，獻公志本淫婚，取之宜也。其意
亦謂敵國俘女，取之無害名義，猶楚王取息嬀，然不知曲沃本晉之臣。孽
臣淫君耦，不謂之烝得乎？"②

且曰："盡納羣公子。"

【注】羣公子，晉武、獻之族。宣二年傳曰："驪姬之亂，詛無畜羣公
子。"詛，莊據反。

---

① （清）薛福成：《庸庵筆記》，《筆記小説大觀》第二七冊，廣陵古籍刻印社，一九八四，
第九二頁。
② 章太炎：《春秋左傳讀》，《章太炎全集》第二冊，第一九三至一九四頁。

晉侯烝於賈君，又不納羣公子，是以穆姬怨之。

晉侯許賂中大夫，

【注】中大夫，國內執政里、丕等。烝，之承反。

【疏】注“中大”至“丕等”。正義曰：《晉語》稱夷吾謂秦公子縶曰：“中大夫里克與我矣，吾命之以汾陽之田百萬。丕鄭與我矣，吾命之以負蔡之田七十萬。”此外猶應更有賂也。

既而皆背之。賂秦伯以河外列城五，東盡虢略，南及華山，內及解梁城，既而不與。

【注】河外，河南也。東盡虢略，從河南而東盡虢界也。解梁城，今河東解縣也。華山在弘農華陰縣西南。解音蟹，注及下注同。

【疏】注“河外”至“西南”。正義曰：河自龍門而南，至華陰而東。晉在西河之東，南河之北，以河北爲內，河南爲外。虢略，虢之竟界也。獻公滅虢而有之，今許以略秦。“列城五”者，自華山而東盡虢之東界，其間有五城也。傳稱“許君焦、瑕”，蓋焦、瑕是其二，其餘三城不可知也。列城，猶列國，言是城之大者。解梁城，則在河北，非此河外五城之數也。

晉饑，秦輸之粟；

【注】在十三年。

秦饑，晉閉之糴，

【注】在十四年。

故秦伯伐晉。卜徒父筮之，吉。

【注】徒父，秦之掌龜卜者。卜人而用筮，不能通三《易》之占，故據其所見雜占而言之。

【疏】注“徒父”至“言之”。正義曰：徒父以“卜”冠名，知是掌龜卜者。卜人當卜，而今用筮，知其本非所掌，不能通三《易》之占，其卦遇蠱，不引《易》文，是據其所見雜占而言之。劉炫云：“案成十六年筮卦遇復，云‘南國蹙，射其元王中厥目’，亦是雜占。則筮法亦用雜占，不必皆取《易》辭。”而云“不能通三《易》之占”者，今刪定以爲此，云“涉河，侯車敗”，又云“千乘三去，獲其雄狐”，了无《周易》片意；又云“卜徒父筮之”。是卜人掌筮，故杜云“不能通三《易》”。而成十六年非卜人爲筮，且“南國蹙”雖非是辭，還是《周易》之象，不與此同。劉君以彼難此而規杜過，非也。

【案】注、疏説法不妥。顧炎武《左傳杜解補正》：“解‘卜人而用筮，不能通三《易》之占’非也。卜徒父，秦之卜人兼掌筮者。《周禮》大卜掌三兆三易三夢之法，是古之筮皆兼掌於卜人也。”① 至於筮法確亦用雜占，不必皆取《周易》辭。顧炎武以“千乘三去，獲其雄狐”與“南國蹙，射其元王中厥目”皆屬“夏商之古占，如《連山》《歸藏》之類，故不言《易》”。② 雖以此屬夏商之古占尚可商確，然此兩例同，蓋或取用《周易》不同版本或同類筮書。

涉河，侯車敗。詰之。

【注】秦伯之軍涉河，則晉侯車敗也。秦伯不解，謂敗在己，故詰之。詰，起吉反。

【疏】注“秦伯”至“詰之”。正義曰：如杜此意，則下“千乘三去”，謂晉侯之乘車三度敗壞而去，三去之後而獲晉君也。劉炫以爲，侯者，五等摠名，國君大號，以“涉河，侯車敗”爲秦伯車敗。又云：“韓戰之前，秦、晉未有交兵，何得言晉侯車有三敗？”以爲秦伯車三敗也。今刪定知不然者，以秦是伯爵，晉實是侯爵，既云“侯車敗”，故知是晉侯車敗。秦伯乍聞車敗，謂敗在己，不達其旨，故致詰問也。又以“韓戰之前，秦、晉未有交兵，何得言晉侯車有三敗”者，此謂車有敗壞，非兵敗也。劉君數生異見以規杜，非也。

【案】注、疏解“侯車敗”爲晉侯車敗，非也。車敗乃史實，秦伯以事與筮違，故詰之於卜徒父，知“侯車敗”謂秦敗而非晉敗。顧炎武《左

---

① （清）顧炎武：《左傳杜解補正》，《顧炎武全集》第一册，第二六頁。
② （清）顧炎武：《左傳杜解補正》，《顧炎武全集》第一册，第二七頁。

傳杜解補正》：“秦師及韓，晉尚未出，何得言晉侯車敗？當是秦伯之車敗，故穆公以爲不祥而詰之耳。‘涉河，侯車敗’五字乃事實，非卜人之言也。……今特泥下文‘不敗何待’之語，謂是晉車敗，不知古人用字自不相蒙。”① 顧棟高《春秋大事表》：“‘侯車’當作‘候車’，謂探候之車，如後世哨騎相似，蓋秦伯之偏師耳。卜徒父筮之，而偏師先敗，秦伯以其言不驗，故詰之，對曰：‘此敗乃大吉也，三敗之後必獲晉君。’一時間答神氣是如此，‘乃’字方有來歷。若説晉侯車敗，秦伯得勝，無緣要詰，‘乃’字亦轉不去矣。杜又牽强説秦伯不解，疑敗在己，故詰，則秦伯不應瞶瞶至此。軍中消息，勝負了然，何至錯認。劉氏炫亦説是秦伯車敗，謂侯者，五等總名，國君大號，不應專屬之晉。又云：‘韓戰之前，秦、晉未有交兵，何得言晉侯車有三敗。’孔氏又駁正之，曰：‘秦是伯爵，晉實是侯爵，故知是晉侯車敗。’尤迂滯可笑。若然，則秦是伯爵，應稱伯車，楚是子爵，應稱子車乎？又謂晉侯車三敗，是車有敗壞，非兵敗，尤牽强。車敗不過如鄭伯之車僨于濟，一乘兩乘之類耳。若説未交兵，兩軍相去尚遠，晉車偶然顛躓，秦何緣知？即知，亦何必著急而問？查《正字通》‘侯’與‘候’古人本通用，《尚書·禹貢》：‘五百里侯服。’孔氏曰：‘侯，候也，斥候而服事。’《射義》：‘射之有侯，所以候中否，明工拙也。’《王制》疏引元命包云：‘侯者，候也，候王順逆，故謂之諸侯。’如此則‘侯’字不煩改讀，已當作‘候’字解，孔氏疏《尚書》《禮記》已有的訓，何獨於此處不引作證，反多此牽强之説乎！”②

對曰：“乃大吉也。三敗，必獲晉君。其卦遇蠱☶☴，

【注】 巽下艮上，蠱。蠱音古。

【疏】 注“巽下艮上，蠱”。正義曰：艮剛巽柔，剛上而柔下，巽順艮止，既順而止，無所爭競，可以有事，故曰“蠱”。《序卦》曰：“蠱者，事也。”

【案】 蠱☶下巽☴上艮☶。

① （清）顧炎武：《左傳杜解補正》，《顧炎武全集》第一册，第二七頁。
② （清）顧棟高：《春秋大事表》，中華書局，一九九三，第二五九一至二五九四頁。

曰：'千乘三去，三去之餘，獲其雄狐。'夫狐蠱，必其君也。

【注】於《周易》"利涉大川，往有事也"，亦秦勝晉之卦也。今此所言，蓋卜筮書雜辭，以狐蠱爲君，其義欲以喻晉惠公。其象未聞。乘，繩證反。去，起居反，又起據反，一音起呂反，下同。

【疏】注"於周"至"未聞"。正義曰：筮者若取《周易》，則其事可推。此不引《易》，意不可知。故杜舍此傳文，而以《周易》言之。蠱卦《象》云："利涉大川，往有事也。"秦、晉隔河，往而有事，亦是秦勝晉之卦也。今此所言，不出於《易》，蓋卜筮之書，別有雜辭。此雜辭不出《周易》，無可據而推求，故云"其象未聞"。

【案】○傳文"千乘三去，三去之餘，獲其雄狐"，蓋爲筮書中之古歌謠。"去""餘""狐"韻，在魚部。○"千乘"，謂戰車千乘，如襄公十八年傳"魯人、莒人皆請以車千乘自其鄉人"，顧炎武《左傳杜解補正》："邵氏曰：'千乘，侯國之車數也'。"○"去"，顧炎武解釋爲算法之"除"。[①] 一説"去"同"阹"，擱淺義，章太炎《春秋左傳讀》引惠士奇説："《上林賦》曰：'江河爲阹。'注云：'遮禽獸爲阹。'阹即去，實一字。"[②] 石韞玉《讀左卮言》解"去"爲"驅"，詳參楊伯峻《春秋左傳注》。[③] ○雄狐：喻晉侯。楊伯峻《春秋左傳注》："古人喜以雄狐喻君，《詩·齊風·南山》亦以雄狐喻齊襄公，説本惠棟《補注》。"[④] ○注"狐蠱爲君"不妥，以狐喻君爲晉侯，蠱爲敗，則"狐蠱"是謂晉侯敗。《説文》："蠱，腹中蟲也。"[⑤] 可致人生疾，爲毒害也，故《周禮·秋官》有庶氏"掌除毒蠱"。尚秉和《〈左傳〉〈國語〉易象釋》："蠱者敗也，壞也。《左傳》昭元年：女惑男，風落山，謂之蠱。夫女惑男使男病，風落

① （清）顧炎武：《左傳杜解補正》，《顧炎武全集》第一册，第二七頁。
② 章太炎：《春秋左傳讀》，《章太炎全集》第二册，第二四一頁。
③ 楊伯峻：《春秋左傳注》（修訂本），第三五三頁。
④ 楊伯峻：《春秋左傳注》（修訂本），第三五三至三五四頁。
⑤ （清）段玉裁：《説文解字注》，第六七六頁。

山使山敗。二者皆敗壞之義。"① 〇疏"今此所言，不出於《易》，蓋卜筮之書，別有雜辭。此雜辭不出《周易》，無可據而推求，故云'其象未聞'"。黃玉順《左氏易傳注疏瑕疵》："古稱卜筮以外之占卜術爲'雜占'，如《漢書·藝文志》云：'雜占者，紀百事之象，候善惡之徵。《易》曰："占事知來。"衆占非一，而夢爲大，故周有其官。'然就《左傳》筮辭而論，未必此類，蓋屬《周易》別本。如僖公十五年史蘇所引'士刲羊，亦無衁也；女承筐，亦無貺也。西鄰責言，不可償也。歸妹之睽，猶無相也'，分明出自《周易》。"②

蠱之貞，風也；其悔，山也。

【注】內卦爲貞，外卦爲悔。巽爲風，秦象。艮爲山，晉象。

【疏】注"內卦"至"晉象"。正義曰：筮之畫卦，從下而始，故以下爲內，上爲外。此言貞風、悔山，知內爲貞，外爲悔。《洪範》論筮云："曰貞，曰悔。"是筮之二體，有"貞""悔"之名也。貞，正也。筮者先爲下體，而以上卦重之，是內爲正也。乾之上九稱"亢龍有悔"，從下而上，物極則悔，是外爲悔也。凡筮者，先爲其內，後爲其外，內卦爲己身，外卦爲他人，故巽爲秦象，艮爲晉象。

歲云秋矣，我落其實，而取其材，所以克也。

【注】周九月，夏之七月，孟秋也。艮爲山，山有木。今歲已秋，風吹落山木之實，則材爲人所取。

【案】貞爲我，悔爲他，取風吹於山、落實取材之象，故言"我落其實，而取其材"。

實落材亡，不敗何待？"

【案】謂晉終將敗，爲卜徒父解占之結語，與上文"侯車敗"及下文所言"三敗及韓"之史實陳述不同。

---

① 尚秉和：《〈左傳〉〈國語〉易象釋》，《周易尚氏學》，張善文校理《尚秉和易學全書》第三卷，第五八四頁。
② 黃玉順：《左氏易傳注疏瑕疵》，《時代與思想——儒學與哲學諸問題》，第二〇頁。

三敗，及韓。

【注】晉侯車三壞。

【疏】注"晉侯車三壞"。正義曰：謂晉之車乘三度與秦戰而敗壞，非謂晉侯親乘之車也。杜言晉侯車壞者，成上"侯車敗"之文故也。且晉之車摠屬晉侯，亦得云晉侯車也。劉炫云："此一句是史家序事，充卜人之語，言秦伯之車三經敗壞乃至於韓，而晉始懼。"

【案】傳文"三敗"，按上文，應爲秦軍三敗，秦歷三敗而及韓，終敗晉。顧炎武《左傳杜解補正》："當依疏引劉炫之説，是秦伯之車三敗。"[①]

---

① （清）顧炎武：《左傳杜解補正》，《顧炎武全集》第一册，第二七頁。

七　晉獻公使史蘇筮嫁伯姬

（《左傳·僖公十五年》）

初，晉獻公筮嫁伯姬於秦，遇歸妹☲☳

【注】　兌下震上，歸妹。

【案】　○歸妹☲☳下兌☱上震☳。○歸：嫁。《周易集解》虞翻注："歸，嫁也。"[1]　○妹：少女。《周易正義》王弼注："妹者，少女之稱也。"[2] 歸妹六五云："帝乙歸妹。"顧頡剛《周易卦爻辭中的故事》謂此爻辭所記乃帝乙嫁少女於文王事。[3]

之睽☲☲。

【注】　兌下離上，睽。歸妹上六變而爲睽。睽，苦圭反；徐音圭。

【疏】　"遇歸妹之睽"。正義曰：兌下震上爲歸妹。震爲長男，兌爲少女。兌，説也。震，動也。少陰而承長陽，説以動，是嫁妹之象。婦人謂嫁爲歸，故名此卦爲"歸妹"。兌下離上爲睽。兌爲澤，離爲火。火動而上，澤動而下，乖離之象，故名此卦爲"睽"。睽，乖也。

【案】　睽☲☲下兌☱上離☲。

史蘇占之，曰："不吉。

【注】　史蘇，晉卜筮之史。

【疏】　注"史蘇"至"之史"。正義曰：《易》歸妹上六爻辭："女承

---

[1]　（清）李道平：《周易集解纂疏》，第四七一頁。

[2]　《周易正義》，《十三經注疏》，第六四頁。

[3]　顧頡剛：《周易卦爻辭中的故事》，《顧頡剛古史論文集》第十一卷，中華書局，二〇一一，第一一至一四頁。

筐無實，士刲羊無血，無攸利。”此引彼文，而以“血”爲“衁”、“實”爲“貺”，唯倒其句，改兩字而加二“亦”耳，其意亦不異也。二句以外，皆史蘇自衍卦意而爲之辭，非《易》文也。《易》之爻辭，亦名爲“繇”，故云“其繇曰”。刲，刺也。貺，賜也。刺，所以求血，士刲羊，亦無血；筐，所以承賜，女承筐，亦無賜，皆所求無獲，是不吉之象。西方鄰國有責讓之言，不可報償也。嫁妹者，欲其與夫和親，而其爻變爲睽，歸妹之值睽爻，既嫁而更乖張，猶如無助者也，言夫不助妻，故乖離也。震變爲離，離還變爲震，震爲雷，離爲火，震變爲離，是雷變爲火，以其雷爲火，爲此嬴敗姬，言秦將敗晉也。震爲車，上六爻在震體，則無其應，是爲車則脫其輹。離爲火，上九爻在離體，則失其位，是爲火則焚其旗。車敗旗焚，是不利於行師，若其行師，敗於宗族之丘邑也。以其變爲睽卦，復就睽卦求之，睽卦則上九孤絕失位，是乖離而孤獨也。孤獨無助，遇寇難則張之弧。弧，弓也。遇寇張弓，怖懼警備，亦是不吉之象。“姪其從姑”，言兄子其當從至姑家，與同處也。在姑家六年，其將逋亡，逃歸其本國，而棄遺其家室，言將棄妻而獨歸也。歸家之明年，其將死於高梁之虛。筮嫁女而得此卦，是不吉之象。

其繇曰：‘士刲羊，亦無衁也；女承筐，亦無貺也。’

【注】《周易》歸妹上六爻辭也。衁，血也。貺，賜也。刲羊，士之功；承筐，女之職。上六無應，所求不獲，故下刲無血，上承無實，不吉之象也。離爲中女，震爲長男，故稱“士”“女”。繇，直救反。刲，苦圭反。刺，割也。衁音荒。筐，曲方反。貺音況，本亦作“況”。應，應對之應，下“無應”同。中，丁仲反。

【疏】注“《周易》”至“士女”。正義曰：《易》之爻辭無二“亦”字，傳文加之，言男亦猶女，女亦猶男，其意同也。《易》言“血”，而此言“衁”，知衁是血也。“貺，賜”，《釋詁》文。刲，刺也。厨宰，男子之事，故刲羊，士之功也；筐筥，婦人所掌，故承筐，女之職也。上爻與三，其位相值，一陰一陽，乃爲相應。上三俱是陰爻，是爲無應。動而無人應之，所求無獲，故下刺無血，上承無實，是不吉之象。上爻變，則是震爲離。離爲中女，故稱"女承筐"。震爲長男，男稱士，故爲"士刲羊"。王弼以兑爲羊，羊謂三也。上六處卦之窮，仰無所承，下又無應。爲女而上承，則虛筐而莫之與；爲士而下命，則刲羊而無血，不應所命也。言士發命而莫之應，女承筐而莫之與，是不吉之象。服虔以離爲戈兵，兑爲羊，震變爲離，是用兵刺羊之象也。三至五有坎象，坎爲血，血在羊上，故刺無血也。震爲竹，竹爲筐，震變爲離，離爲火，火動而上，其施不下，故筐無實也。此"士刲羊""女承筐"是歸妹上六爻辭，直據上六之一爻，故杜云"上六無應，所求不獲，故下刲無血，上承無實"，與王輔嗣同，則不須變爲離卦，自有士女之義。今杜云"離爲中女"，便是據變之後始有女承筐之象。既爲離卦，則上九有應。所以與《易·説卦》不同者，但《易》之所論，當卦爲義；此既用筮法，震變爲離，故以離、震雜説其理，與《易》不同，故服虔亦稱離爲戈兵，用變爲説也。

【案】○杜注"上六無應"，尚秉和《〈左傳〉〈國語〉易象釋》："女承筐無實，震虛故也。震虛之象，祇《易林》知之。……若杜注，則祇以上六無應爲説，益浮泛矣。"[1]　○疏"上爻與三"，原作"上爻與二"，阮元《校勘記》："宋本'二'作'三'，不誤。"據改。○孔疏以爲，"士刲羊，亦無衁也；女承筐，亦無貺也""二句以外，皆史蘇自衍卦意而爲之辭，非《易》文也"，實可商榷。"衁""貺""償""相"四字一韻到底，在陽部，似屬同一首歌謡，蓋出於《易》之别本。

西鄰責言，不可償也。

【注】將嫁女於西，而遇不吉之卦，故知有責讓之言，不可報償。責，側介反，又如字。償，市亮反，又音常。

【疏】注"將嫁"至"報償"。正義曰：如杜此言，直以遇卦不吉，則知言不可償，不知其象何所出也。服虔以爲三至五爲坎，坎爲月，月生西方，故爲西鄰。坎爲水，兑爲澤，澤聚水，故坎責之澤，澤償水則竭，故責言不可償。此取象甚迂。杜言虛而不經，謂此類也。

---

① 尚秉和：《〈左傳〉〈國語〉易象釋》，《周易尚氏學》，張善文校理《尚秉和易學全書》第三卷，第五八五頁。

歸妹之睽，猶無相也。

【注】歸妹，女嫁之卦；睽，乖離之象，故曰“無相”。相，助也。相，息亮反，注同。

【疏】注“歸妹”至“助也”。正義曰：杜意嫁女而遇睽、離之爻，即是無相助也。不知其象所出。服虔云：“兌爲金，離爲火，金火相遇而相害，故無助也。”

【案】尚秉和《〈左傳〉〈國語〉易象釋》：“此二句杜注皆無當。兌爲西，互離爲鄰，故曰‘西鄰’。兌爲口，口向上，故曰‘責言’。《説文》：‘責，求也。’震爲言，變離言敗，故‘不可償’。歸妹之睽，睽上九曰‘睽孤’，孤則無相。相，助也。”①

震之離，亦離之震，

【注】二卦變而氣相通。

【疏】注“二卦”至“相通”。正義曰：爲震與離通也。震既與離通，則離亦與震通。言此二卦相通者，與下張本。震爲雷，雷是動。離爲火。震之離，是動來適火；離之震，是火往適動，欲明火之動熾之意。

【案】竹添光鴻《左傳會箋》：“震之離，爲雷爲火；離之震，亦爲雷爲火。欲極言火熾之意，故反復言之耳。”②

爲雷爲火，爲嬴敗姬。

【注】嬴，秦姓。姬，晉姓。震爲雷，離爲火，火動熾而害其母，女嫁反害其家之象，故曰“爲嬴敗姬”。嬴音盈。

【疏】注“嬴秦”至“敗姬”。正義曰：“震爲雷”“離爲火”，《説卦》文。服虔云：“離爲日，爲火。秦嬴姓，水位。三至五有坎象。水勝火，故爲嬴敗姬。”

【案】尚秉和《〈左傳〉〈國語〉易象釋》：“按震爲周，周姬姓，故亦

---

① 尚秉和：《〈左傳〉〈國語〉易象釋》，《周易尚氏學》，張善文校理《尚秉和易學全書》第三卷，第五八六頁。
② 〔日〕竹添光鴻會箋《左傳會箋》第五，第八四頁。

爲姬。猶巽爲齊，亦爲姜也。詳前筮公子完生。兌西故爲秦，秦嬴姓，故亦‘爲嬴’。‘爲嬴敗姬’者，兌如故而震象毀，故曰‘敗姬’。”①

車説其輹，火焚其旗，不利行師，敗于宗丘。

【注】輹，車下縛也。丘猶邑也。震爲車，離爲火。上六爻在震則無應，故車説輹；在離則失位，故火焚旗：言皆失車、火之用也。車敗旗焚，故不利行師。火還害母，故敗不出國，近在宗邑。説，吐活反，注同。輹音福，又音服。案：車旁著畐，音福，《老子》所云“三十輻共一轂”是也；車旁著复，音服，是車下伏兔。縛如字，又扶卧反。

【疏】注“輹車”至“宗邑”。正義曰：《子夏易傳》云：“輹，車下伏兔也。”今人謂之車屐，形如伏兔，以繩縛於軸，因名縛也。土之高者曰丘，衆之所聚爲邑，故丘猶邑也。《晉語》“震爲車也”。《説卦》“離爲火”。上爻在震則無應，故車説輹。三亦陰爻，是無應也。在離則失位，故火焚其旗。初、三、五奇爲陽位，二、四、上耦爲陰位，在離則變爲陽而居陰位，是失位也。師行必乘車而建旗，車敗旗焚，故不利行師也。火還害母，故敗不出國，近在宗邑也。服虔云：“五至三有坎，爲水象，震爲車，車得水而脱其輹也。震爲龍，龍爲諸侯旗，離之震，故火焚其旗也。震，東方木。兌，西方金。木遇金必敗。韓有先君之宗廟，故曰‘宗丘’。”

【案】○注、疏“故車説輹”，原作“故車脱輹”，阮元《校勘記》：“案：傳文‘脱’作‘説’，《釋文》同，又云‘注同’。則此亦當作‘説’也。”據改。○疏“《説卦》‘離爲火’”，阮元《校勘記》：“宋本‘火’下有‘也’字。”

歸妹睽孤，寇張之弧。

【注】此睽上九爻辭也。處睽之極，故曰“睽孤”；失位孤絶，故遇寇難而有弓矢之警，皆不吉之象。難，乃旦反。警音景。

【疏】注“此睽”至“之象”。正義曰：睽卦上九云：“上九：睽孤。

---

① 尚秉和：《〈左傳〉〈國語〉易象釋》，《周易尚氏學》，張善文校理《尚秉和易學全書》第三卷，第五八六頁。

見豕負塗，載鬼一車。先張之弧，後説之弧，匪寇昏媾。往遇雨則吉。"
彼文甚多，此略，取之"先張之弧"，謂見寇而張弓，故曰"遇寇難而有
弓矢之警，皆不吉之象"。服虔云："坎爲寇、爲弓，故曰'寇張之弧'。"

姪其從姑，

【注】震爲木，離爲火，火從木生，離爲震妹，於火爲姑。謂我"姪"
者，我謂之"姑"。謂子圉質秦。姪，待結反；《字林》丈一反。

【疏】注"震爲"至"質秦"。正義曰：《釋親》云："父之姊妹爲姑。
女子謂昆弟之子爲姪。"是"謂我姪者，我謂之姑"。

【案】〇注"於火爲姑"，阮元《校勘記》："諸本作'火'，沈彤云當
作'兑'。"〇杜注云"離爲震妹"，又云"於火爲姑"，此説不妥。王引
之《經義述聞》："火即離也，不得已爲姑而又爲姪，杜説非也。今案：震
以陽爻爲主而陽爻在下，離以陰爻爲主而陰爻在中。離之陰爻高於震之陽
爻一位，故震以男而爲姪，離以女而爲姑，是伯姬與子圉爲姑姪之象也。
此以爻之高下爲其行輩，與《説卦傳》所謂'震爲長子'、'離爲中女'
者殊義，何得以震兄離妹説之乎？凡卦變而之他則曰'從'。閔元年《傳》
畢萬筮仕於晉，遇屯之比。（引杜注文略）辛廖占之曰：'震爲土，車從
馬。'杜注曰：'震變爲坤，震爲車，坤爲馬'。襄二十五年《傳》崔武子
筮娶棠姜，遇困之大過。（引杜注文略）陳文子曰：'夫從風，風隕妻，不
可娶也。'杜注曰：'坎爲中男，故曰夫；變而爲巽，故曰從風'，是變而
之他則曰從也。然則'姪其從姑'亦取震變爲離之義，所從之卦當爲離，
從之之卦當爲震，離爲姑而震爲姪明矣。"[1] 王氏以主爻之位解震姪、離姑
之象；又，其説卦變之他曰"從"極爲獨到。

六年其逋，逃歸其國，而弃其家。

【注】逋，亡也。家，謂子圉婦懷嬴。逋，補吾反。

【疏】注"逋亡"至"懷嬴"。正義曰：桓十八年傳曰："女有家，男
有室。""室""家"通言耳。夫謂妻爲"家"，棄其家謂棄其妻，故爲懷

---

① （清）王引之：《經義述聞》，第九九六至九九七頁。

嬴也。子圉以十七年質于秦，二十二年逃歸，是六年乃逋也。

明年，其死於高梁之虛。"

【注】惠公死之明年，文公入，殺懷公于高梁。高梁，晉地，在平陽楊氏縣西南。凡筮者用《周易》，則其象可推；非此而往，則臨時占者，或取於象，或取於氣，或取於時日王相，以成其占。若盡附會以爻象，則構虛而不經，故略言其歸趣。他皆放此。虛，去魚反。王，于況反。相，息亮反。"構"本又作"講"，各依字讀。

【疏】注"惠公"至"放此"。正義曰：圍以二十二年歸，二十三年惠公死，二十四年二月殺懷公于高梁，是爲惠公死之明年也。此筮之意，言六年逋，明年死，則是逃歸之明年。而云惠公死之明年者，以二月即死，據夏正言之，猶是逃歸之明年也。但周正已改，故以惠公證之耳。《春秋》筮事既多，此占最少其象，故杜因而明之，云"用《周易》則其象可推"，非《周易》則不可得知本意，所取不在《周易》，若盡皆附會爻象，以求其事，則象非其類，事非其實，全構虛而不經，故略言歸趣而已，不能盡得其象也。《陰陽書》以爲春則爲木王、火相、土死、金囚、水休時日，"王相"謂此也。

【案】○傳文"爲嬴敗姬"以下，皆爲韻語："車說其輹，火焚其旗，不利行師，敗于宗丘。歸妹睽孤，寇張之弧，姪其從姑，六年其逋，逃歸其國，而弃其家，明年，其死於高梁之虛。"其中，"旗""丘"爲一韻，在之部；其餘"孤""弧""姑""家""虛"別爲一韻，在魚部。○注"或取於時日王相"，原作"或取於時日旺相"，阮元《校勘記》："各本'旺'作'王'，案《釋文》出'王'，于況反。是讀作旺，字當作'王'。"孔疏亦作"王"。據改。

及惠公在秦，曰："先君若從史蘇之占，吾不及此夫！"韓簡侍，曰："龜，象也；筮，數也。物生而後有象，象而後有滋，滋而後有數。先君之敗德，及可數乎？史蘇是占，勿從何益！

【注】言龜以象示，筮以數告，象數相因而生，然後有占。占，所以

知吉凶，不能變吉凶。故先君敗德，非筮數所生，雖復不從史蘇，不能益禍。夫音扶。"先君之敗德及"絶句。"可數乎"，一讀"及可數乎"。數，色主反。復，扶又反。

【疏】"韓簡"至"何益"。正義曰：卜之用龜，灼以出兆，是龜以金、木、水、火、土之象而告人；筮之用蓍，揲以爲卦，是筮以陰陽蓍策之數而告人也。凡是動植飛走之物，物既生訖而後有其形象，既爲形象而後滋多，滋多而後始有頭數。其意言龜以象而示人，筮以數而告人。惠公之意，以先君若從史蘇之占，不嫁伯姬於秦，己便不及此禍，尤先君不從卜筮也。韓簡之意，以爲惠公及禍，自由先君獻公廢適立庶之敗德，不由卜筮，故云：先君之敗德既定，致公今及此禍，可由筮數始生之乎？敗德有其象數，龜筮從後而知。因嫁女於秦，見於筮兆，故云"史蘇是占"。縱使當時不從，何能加益此禍？明禍敗既定，龜筮知之，從之不能損，不從不能益也。

【疏】注"言龜"至"益禍"。正義曰：謂象生而後有數，是數因象而生也。若《易》之卦象，則因數而生，故先揲蓍，而後得卦，是象從數生也。上云龜象、筮數，下直言數、不言象者，上總論卜筮，故龜筮並言；當時唯筮伯姬，故下直舉數耳。

【案】○傳文"及可數乎"，杜注以"及"連上爲句。洪亮吉《春秋左傳詁》："'及可數乎'，猶'數可及乎'，蓋倒字法也。今仍以'及'字屬下讀。"[1] ○傳文"史蘇是占，勿從何益"言從其占亦於事無補。注文"雖復不從史蘇，不能益禍"，此説不確切，孔疏又以"從之不能損""不從不能益"正反言之以圓其語義。王引之《經傳釋詞》："勿，語助也。《詩·節南山》曰：'弗問弗仕，勿罔君子。''勿罔'，罔也。言弗問而察之，則下民欺罔其上矣。（原注略）僖十五年《左傳》曰：'史蘇是占，勿從何益？''勿從'，從也。言雖從史蘇之言，亦無益也。（杜注曰：'雖復不從史蘇，不能益禍。'失之。）"[2] 又，據傳文惠公所言"先君若從史蘇之占"，知韓簡所對之語爲使惠公明先君敗德，從之亦於事無補之理。

① （清）洪亮吉：《春秋左傳詁》，第二九七頁。
② （清）王引之：《經傳釋詞》，第二三四頁。

《詩》曰：'下民之孽，匪降自天。傅沓背憎，職競由人。'"

【注】《詩·小雅》。言民之有邪惡，非天所降；傅沓面語，背相憎疾，皆人競所主作。因以諷諫惠公有以召此禍也。孽，魚列反。傅，尊本反。沓，徒合反。邪，似嗟反。諷，方鳳反。

【疏】"詩曰"至"由人"。正義曰：《詩·小雅·十月之交》篇也。下民之有邪惡妖孽，非是下自上天。今小人傅傅沓沓相對譚語，背則相憎，主於競逐爲惡者，由人耳。因以諷諫惠公，言善惡由公耳。

八　重耳筮有晉國

（《國語·晉語四》）

公子親筮之，曰："尚有晉國。"

【注】著曰筮。尚，上也，命筮之辭也。《禮》曰："某子尚享之。"

【案】尚：希冀。注云"尚，上也，命筮之辭也"不妥。徐元誥《國語集解》："吳曾祺曰：'尚，庶幾也。《左傳》："尚饗衛國。"與此同，不訓"上"。'"①

得貞屯、悔豫，皆八也。

【注】內曰貞，外曰悔。震下坎上，屯。坤下震上，豫。得此兩卦，震在屯爲貞，在豫爲悔。八，謂震兩陰爻，在貞在悔皆不動，故曰"皆八"，謂爻無爲也。

【案】○屯䷂下震☳上坎☵。○豫䷏下坤☷上震☳。○韋注不妥。其一，貞悔之説，有内、外分，有本、之論；然在本則筮例中，貞屯、悔豫當爲本卦、之卦論，非注謂"內曰貞，外曰悔。"其二，"皆八"，韋注謂"在貞在悔皆不動"誤，震在屯兩陰皆不動是也，然在豫惟上六不動，六五正是從屯九五變來。詳參尚秉和《〈左傳〉〈國語〉易象釋》。②○此則筮例言"八"者是因爲存在多爻變動而其不動之爻皆陰，故自其不變者言之。詳見本書《專論四：關於〈左傳〉〈國語〉易筮之"八"》。

---

①　徐元誥撰，王樹民、沈長雲點校《國語集解》，第三四〇頁。

②　尚秉和：《〈左傳〉〈國語〉易象釋》，《周易尚氏學》，張善文校理《尚秉和易學全書》第三卷，第五九二頁。

筮史占之，皆曰："不吉。

【注】筮史，筮人，掌以三《易》辨九筮之名。一夏《連山》；二殷《歸藏》；三周《易》。以《連山》《歸藏》占此兩卦，皆言不吉。

【案】"皆曰"謂筮史多人之言，皆以爲不吉，非如韋注所云以二《易》占皆不吉。韋注以爲先是"以《連山》《歸藏》占此兩卦，皆言不吉"，而後"以周《易》占之，二卦皆吉也"，實無理據，未可盡信。春秋時期是否以《連山》《歸藏》筮，乃至《連山》《歸藏》之書均實難考之。實際情形或是：重耳筮皆用《周易》，祇是筮史與司空季子對於筮占結果有不同的理解和解釋。

閉而不通，爻無爲也。"

【注】閉，壅也。震爲動，動遇坎，坎爲險阻，閉塞不通，無所爲也。

司空季子曰："吉。是在周《易》，皆'利建侯'。

【注】建，立也。以周《易》占之，二卦皆吉也。屯初九曰："利建侯。"豫大象曰："利建侯行師。"

【案】韋昭注引屯初九爻辭和豫卦辭"利建侯"，然屯卦卦辭亦有"利建侯"之語，焉知是用屯卦初九爻辭而必非用屯卦卦辭者？觀其下文明確提到屯卦和豫卦的完整卦辭，知用屯、豫兩卦卦辭也。言"皆"者，涉兩卦也，屯卦卦辭："屯：元亨，利貞。勿用有攸往；利建侯。"豫卦卦辭："豫：利建侯、行師。"

不有晉國，以輔王室，安能建侯？我命筮曰'尚有晉國'，筮告我曰'利建侯'，得國之務也，吉孰大焉！

【注】務，猶趨也。

"震，車也。

【注】《易》，坤爲大車，震爲雷。今云"車"者，車亦動，聲象雷，其爲小車也！

坎，水也。坤，土也。屯，厚也。豫，樂也。車班外内，順以訓之，

【注】車，震也。班，徧也。徧外内，謂屯之内有震，豫之外亦有震。坤，順也。豫内爲坤，屯二與四亦爲坤。

【案】注"屯二與四亦爲坤"爲互體之説，屯卦二至四爻互坤。

泉原以資之，

【注】資，財也。屯三至五，豫二至四，皆有艮象。豫三至五有坎象。艮山坎水。水在山上爲泉原，流而不竭。

【案】注"屯三至五，豫二至四，皆有艮象。豫三至五有坎象"亦爲互體釋象。

土厚而樂其實。不有晉國，何以當之？

【注】屯、豫皆有坤象，重坤故厚豫爲樂。當，應也。

【案】以上總論屯、豫卦名、卦象。

震，雷也，車也。坎，勞也，水也，衆也。

【注】《易》以坤爲衆，坎爲水。水亦衆之類。

主雷與車，

【注】内爲主也。

而尚水與衆。

【注】坎象皆在上，故上水與衆。

車有震，武也。

【注】震，威也。車聲隆，象有威武。

【案】尚秉和《〈左傳〉〈國語〉易象釋》："震車之象，兼見於《左傳》，人尚知之。震武之象，祇此一見，遂爾失傳。"[1]

---

① 尚秉和：《〈左傳〉〈國語〉易象釋》，《周易尚氏學》，張善文校理《尚秉和易學全書》第三卷，第五九二頁。

衆而順，文也。

【注】坤爲衆，爲順，爲文，象有文德，爲衆所歸也。

【案】注謂“坤爲衆”，按上文，此處是謂坎衆之象。

文武具，厚之至也，故曰‘屯’。

【注】屯，厚也。

【案】以上分釋屯卦卦名、卦象。

其繇曰：‘元亨，利貞，勿用有攸往，利建侯。’

【注】繇，卦辭也。亨，通也。貞，正也。攸，所也。往，之也。小人勿用有所之，君子則利建侯行師。

【案】○元，本義爲頭、首。《禮記·曲禮》注：“頭也。”吳澄《易纂言·乾》：“元，首也。”① 引申義爲大，朱子《周易本義》：“元，大也。”② ○亨，一訓爲享，高亨《周易古經今注》：“亨即享祀之享者。”③ “亨”亦可作“通”解，《釋文》：“训通也。”④ 《左傳·昭公四年》“以亨神人”注：“亨，通也。”由享祀而人神通，此二義不相礙。○利：利於、有利。高亨《周易古經今注》：“利即利益之利者。”⑤ 吳澄《易纂言·乾》：“利者，宜於事。”⑥ 朱子《周易本義》：“利，宜也。”⑦ ○貞：占問。《説文》：“貞，卜問也。”《周禮》鄭注：“貞，問也。”⑧ 黃玉順《易經古歌考釋》：“貞，問於神。”⑨ 高亨《周易古經今注》：“貞即貞卜之貞者。”⑩ 李鏡池《周易通義》：“《周易》的‘貞’都訓貞卜、貞

---

① （元）吳澄：《易纂言》，影印《文淵閣四庫全書》第二二册，第四一一頁。
② （宋）朱熹：《周易本義》，第三〇頁。
③ 高亨：《周易古經今注》，第一一一頁。
④ （唐）陸德明：《經典釋文》，張一弓點校，上海古籍出版社，二〇一二，第二五頁。
⑤ 高亨：《周易古經今注》，第一一二頁。
⑥ （元）吳澄：《易纂言》，影印《文淵閣四庫全書》第二二册，第四一一頁。
⑦ （宋）朱熹：《周易本義》，第三〇頁。
⑧ 《周禮注疏》，《十三經注疏》，第七七六頁。
⑨ 黃玉順：《易經古歌考釋》（修訂本），第三七頁。
⑩ 高亨：《周易古經今注》，第一一二頁。

問。"① 乾卦《彖傳》《象傳》《文言傳》皆訓"貞"爲"正",是其引申義。○"元亨,利貞"即謂:大通順,利於占問。

主震雷,長也,故曰'元'。

【注】内爲主,震爲長男,爲雷,爲諸侯,故曰"元"。元者,善之長。

【案】注"爲雷爲諸侯"此版原作"爲雷雷爲諸侯",衍一"雷"字,參《周易·説卦傳》"震一索而得男,故謂之長男""震爲雷……爲長子"諸語訂正之。

衆而順,嘉也,故曰'亨'。

【注】嘉,善也。衆順服善,故曰"亨"。亨者,嘉之會。

内有震雷,故曰'利貞'。

【注】屯内有震。賈侍中云:"震以動之,利也。侯以正國,貞也。利,義之和也。貞,事之幹也。"

車上水下,必伯。

【注】車,震也。水,坎也。車動而上威也,水動而下順也。有威而衆從,故必伯。

【案】○伯讀爲霸,"必伯"謂成就霸業。《荀子·儒效》"一朝而伯"楊倞注:"'伯'讀爲'霸',言一朝而霸也。"② ○注"車動而上威也,水動而下順也"整理者斷句爲"車動而上,威也。水動而下,順也"。誤。下句"有威而衆從"可證:"上威"即在上位者"有威","下順"即"衆從"。

小事不濟,壅也,故曰'勿用有攸往'。

【注】濟,成也。小事,小人之事。壅,震動而遇坎,坎爲險阻。故曰勿用有所往。

---

① 李鏡池:《周易通義》,第一頁。
② (清)王先謙:《荀子集解》,中華書局,一九八八,第一四一頁。

一夫之行也，

【注】一夫，一人也。《易》曰"震一索而得男"，故曰"一夫"。又曰"震作足"，故爲行也。

【案】○點校者以"一夫之行也"屬上，標點斷句爲："小事不濟，壅也。故曰'勿用有攸往'，一夫之行也。衆順而有武威，故曰'利建侯'。"誤。考其上下文，均以"故曰'某某'"結句。故此處亦當標點斷句爲："小事不濟，壅也，故曰'勿用有攸往'。一夫之行也，衆順而有武威，故曰'利建侯'。"此與上文"上威""下順""有威而衆從"相呼應：彼處之"上威""有威"，即此處之"武威"，乃言"建侯"之"一夫"，與"衆"相對；彼處之"下順""衆從"，即此處之"衆順"。○章注以《説卦傳》"震一索而得男"證"一夫"即一人之謂，未盡然，固然屯、豫皆有震，然此解於文義未竟。實則所謂"一夫"乃指君主，言重耳將得晉國之君位。古代所謂"一夫"，用法甚多。或指一人，如《尚書·君陳》："爾無忿疾于頑，無求備于一夫。"或指一介農夫，如《孟子·萬章下》："耕者之所穫，一夫百畝。"或指獨夫暴君，如《孟子·梁惠王下》："殘賊之人謂之一夫。聞誅一夫紂矣，未聞弑君也。"可見，"一夫"並無專一固定用法。此處稱國君爲"一夫"與國君自稱"孤""寡人"、周天子自稱"予一人"同義。

衆順而有武威，故曰'利建侯'。

【注】復述上事。

【案】以上分解屯卦卦辭。

坤，母也。震，長男也。母老子彊，故曰'豫'。

【注】豫，樂也。

【案】本例卦象豐富。震爲車、爲雷、爲武、爲長男、爲諸侯；坤爲土、爲母；坎爲衆、爲順、爲文、爲勞、爲水、爲泉。

其繇曰：'利建侯行師。'居樂、出威之謂也。

【注】居樂，母在內也。出威，震在外也。居樂，故利建侯。出威，

故利行師。

【案】以上分釋豫卦卦名、卦象，分解豫卦卦辭。

是二者，得國之卦也。"

【注】二，謂屯、豫。

九　董因筮重耳濟河

（《國語·晉語四》）

十月，惠公卒。十二月，秦伯納公子。

【注】《内傳》："魯僖二十三年九月，晉惠公卒。"而此云十月。賈侍中以爲閏餘十八，閏在十二月後，魯史閏爲正月，晉以九月爲十月而置閏也。秦伯以十二月始納公子，公子以二十四年正月入晉桑泉。案："魯史閏爲正月"，公序本作"魯失閏，以閏月爲正月"。

及河……董因迎公於河，

【注】因，晉大夫，周太史辛有之後。《傳》曰："辛有之二子，董之晉。"故晉有董史。

公問焉，曰："吾其濟乎？"

對曰："歲在大梁，將集天行。元年始受，實沈之星也。

【注】歲在大梁，謂魯僖二十三年，歲星在大梁之次也。集，成也。行，道也。言公將成天道也。公以辰出，晉祖唐叔所以封也；而以參入，晉星也。元年，謂文公即位之年。魯僖二十四年，歲星去大梁，在實沈之次。受，受於大梁也。自胃七度至畢十一度爲大梁，自畢十二度至東井十五度曰實沈。

【案】"行"讀如"航"（háng），與"梁"叶韻，在陽部。

實沈之墟，晉人是居，所以興也。

【注】墟，次也。是居，居其年次所主祀也。《傳》曰："高辛氏有季子曰實沈，遷于大夏，主祀參，唐人是因。成王滅唐而封叔虞。南有晉水，子燮改爲晉侯，故參爲晉星。"

【案】"墟""居"韻，在魚部。

今君當之，無不濟矣。

【注】當歲星在實沈之墟，故無不成。

君之行也，歲在大火。大火，閼伯之星也，是謂大辰。

【注】君之行，謂魯僖五年重耳出奔，時歲在大火。大火，大辰也。《傳》曰："高辛氏有子曰閼伯，遷于商丘，祀大火。"

辰以成善，后稷是相，唐叔以封。

【注】成善，謂辰爲農祥，周先后稷之所經緯，以成善道。相，視也。謂視農祥以成農事。封者，唐叔封，時歲在大火。

瞽史記曰：'嗣續其祖，如穀之滋。'必有晉國。

【注】瞽史記云：唐叔之世，將如商數。今有嗣續其祖，明趣同也。言子孫將繼續其先祖，如穀之蕃滋，故必有晉國。

【案】整理本標點作："瞽史記曰：嗣續其祖，如穀之滋，必有晉國。"句讀有誤。"必有晉國"當爲董因之語；"嗣續其祖，如穀之滋"乃屬瞽史所記之言。

臣筮之，得泰之八。

【注】乾下坤上，泰。遇泰無動爻無爲侯。泰三至五震爲侯。陰爻不動，其數皆八，故得泰之八，與"貞屯、悔豫皆八"義同。

【案】〇泰䷊下乾☰上坤☷。〇此則筮例言"八"是因爲存在多爻變動而其不動之爻皆陰，故自其不變者言之。按此，則"泰之八"就有一陰不動、二陰不動、三陰不動三類七種可能情況，詳見本書《專論四：關於〈左傳〉〈國語〉易筮之"八"》。〇注"泰三至五震爲侯"爲互體之說。

曰：是謂天地配亨，小往大來。

【注】陽下陰升，故曰"配亨"。小，喻子圉。大，喻文公。陰在外爲小往，陽在內爲大來。

【案】“小往大來”見於泰卦卦辭。

今及之矣，何不濟之有？且以辰出而以參入，皆晉祥也，

【注】辰，大火。參，伐也。參在實沈之次。

而天之大紀也。

【注】所以大紀天時。《傳》曰：“大火爲大辰，伐亦爲大辰。”辰，時也。

濟且秉成，必霸諸侯。

【注】秉，執也。

子孫賴之，君無懼矣。”
公子濟河……

一〇　晉侯使卜偃筮勤王

（《左傳·僖公二十五年》）

秦伯師于河上，將納王。

狐偃言於晉侯曰：“求諸侯，莫如勤王。

【注】勤，納王也。

諸侯信之，且大義也。繼文之業，而信宣於諸侯，今爲可矣。”

【注】晉文侯仇爲平王侯伯，匡輔周室。仇音求。

【疏】“繼文之業”。正義曰：言欲繼文侯之功業，而使信義宣布於諸侯，今日納王，是爲可矣。

【案】原版注文在傳文“今爲可矣”下，疏文在傳文“繼文之業”下。

使卜偃卜之，曰：“吉。遇黃帝戰于阪泉之兆。”

【注】黃帝與神農之後姜氏戰于阪泉之野，勝之。今得其兆，故以爲吉。

【疏】注“黃帝”至“爲吉”。正義曰：《大戴禮·五帝德》曰：黃帝與赤帝戰于阪泉之野。《晉語》云：“昔少典娶於有蟜氏，生黃帝、炎帝。黃帝爲姬，炎帝爲姜。二帝用師以相濟也。”韋昭注云：“濟當爲擠。擠，滅也。”《史記》稱“黃帝伐炎帝之後于阪泉之野”。炎帝即神農也。黃帝將戰，卜得吉兆。今卜復得彼兆，故以爲吉也。

公曰："吾不堪也。"

【注】文公自以爲己當此兆，故曰"不堪"。

對曰："周禮未改，今之王，古之帝也。"

【注】言周德雖衰，其命未改。今之周王自當帝兆，不謂晉。

公曰："筮之！"筮之，遇大有☲☰

【注】乾下離上，大有。

【案】大有☲下乾☰上離☲。

之睽☲，

【注】兌下離上，睽。大有九三變而爲睽。

【案】睽☲下兌☱上離☲。

曰："吉。遇'公用享于天子'之卦也。"

【注】大有九三爻辭也。三爲三公而得位，變而爲兌，兌爲説。得位而説，故能爲王所宴饗。

【案】○筮不取睽卦六三爻辭，而取大有卦九三爻辭，是取本卦、貞卦而不取之卦、悔卦者也，言己方徵兆。○傳文"公用享于天子"，《周易正義》作"公用亨于天子"。[1] 高亨《周易古經今注》："此'亨'字，當爲致貢之義""此殆古代故事，蓋某國某公致貢天子"。[2] 朱子《周易本義》："'亨'，《春秋傳》作'享'，謂朝獻也。"[3] "用亨于"爲《周易》古經文，常見於史料記載，黃玉順《易經古歌考釋》："類似的史記如《隨》'王用亨于西山'、《益》'王用亨于帝'、《升》'王用亨于岐山'等。"[4]

戰克而王饗，

【疏】"戰克而王饗"。正義曰：卜遇黃帝吉兆，是戰克也。筮得大有，

① 《周易正義》，《十三經注疏》，第三〇頁。
② 高亨：《周易古經今注》，第二〇三頁。
③ （宋）朱熹：《周易本義》，第八三頁。
④ 黃玉順：《易經古歌考釋》（修訂本），第一一九頁。

是王享也。

【案】○克：能。《尚書·洪範》“二曰剛克，三曰柔克”，注：“剛能立事，和柔能治。”① ○疏“是王享也”，阮元《校勘記》：“閩本、監本、毛本‘享’作‘饗’。”

吉孰大焉？

【注】言卜、筮協吉。

且是卦也，

【注】方更揔言二卦之義，不繫於一爻。

天爲澤以當日，天子降心以逆公，不亦可乎？

【注】乾爲天，兌爲澤，乾變爲兌，而上當離，離爲日。日之在天，垂曜在澤，天子在上，説心在下，是降心逆公之象。

大有去睽而復，亦其所也。”

【注】言去睽卦還論大有，亦有天子降心之象。乾尊離卑，降尊下卑，亦其義也。下，退嫁反。

【案】注云“言去睽卦還論大有，亦有天子降心之象”或可商榷。“大有去睽而復”者，大有之睽，内卦乾變爲兌，而復爲大有，是乾君復始之象。“亦其所”者，“所”爲處所，閔公二年傳“敬如君所”孔疏：“君之處所。”又，“所”爲位。② 乾爲君，爲天子，故傳云“大有去睽而復，亦其所也”，喻天子復歸其位，復歸其所。前文言“天子降心以逆公”，此云天子復歸，有始有終，勤王之事可成也。

晉侯辭秦師而下。

【注】辭讓秦師使還。順流，故曰“下”。

---

① 《尚書正義》，《十三經注疏》，第一九〇頁。
② 詳見第三則《卜楚丘之父筮成季之生》。

三月甲辰，次于陽樊。右師圍温，

【注】大叔在温故。

左師逆王。夏，四月，丁巳，王入于王城，取大叔于温，殺之于隰城。

一一　伯廖評鄭公子曼滿

（《左傳·宣公六年》）

鄭公子曼滿與王子伯廖語，欲爲卿。

【注】　二子，鄭大夫。曼音萬。廖，力彫反。

【案】　注"二子，鄭大夫"存疑。公子，謂諸侯之子，《儀禮·喪服》傳："諸侯之子稱公子。"① 言王子者，或爲周王子。沈欽韓《春秋左氏傳補注》云："王子似是周人，非鄭大夫。"② 又，俞樾《群經平議》③、竹添光鴻《左傳會箋》④ 等以伯廖爲楚王子。

伯廖告人曰："無德而貪，其在《周易》豐䷶

【注】　離下震上，豐。

【案】　豐䷶下離☲上震☳。

之離䷝，

【注】　豐上六變而爲純離也。《周易》論變，故雖不筮，必以變言其義。豐上六曰："豐其屋，蔀其家，闚其戶，闃其無人，三歲不覿，凶。"義取無德而大，其屋不過三歲必滅亡。蔀，步口反，又普口反。闚，古規反。闃，苦鵙反。覿，徒歷反。

【疏】　注"豐上"至"滅亡"。正義曰：豐卦震上離下，震爲動，離

---

① 《儀禮注疏》，《十三經注疏》，第一一一五頁。

② （清）沈欽韓：《春秋左氏傳補注》，《續修四庫全書》第一二五册，上海古籍出版社，二〇〇一，第六一頁。

③ （清）俞樾：《群經平議》，王其和整理，鳳凰出版社，二〇二一，第八七九頁。

④ 〔日〕竹添光鴻會箋《左傳會箋》第十，第三三頁。

爲明，動而益明。豐，大之義。豐卦上六變而爲純離之卦，故爲豐之離也。杜以筮得此卦，爻變而爲彼卦，可言遇觀之否、遇坤之比耳。此直口語，不是揲著；而亦言豐之離者，《周易》論變爲義，故雖不筮，論《易》者必以變言其義，故言豐之離也。杜又引“豐上六”至“不覿凶”，皆《周易》之文也。王弼以爲上六“以陰處極，而最在外，不復於位，深自幽隱，絕跡深藏者也”。蔀者，覆蔀之物也。豐大其屋，又蔀蔽其家，闇之甚也。以甚闇而處大屋，不能久享其利，其屋雖大，其室將空，故窺其戶而闃然無人也。經三歲而不能顯見，則凶。伯廖引此者，義取無德而居乃屋，不過三歲必滅亡。

【案】○離☲下離☲上離☲。○傳言“豐之離”，按其體例，爲徵引豐上六爻辭以論事明理，故杜注援引之。觀左氏易例，幾則引證例或援其文，或釋其名，或論其象，或兼而有之。第一二則，宣公十二年知莊子評晉師曰：“‘《周易》有之，在師☷之臨☱’曰：‘師出以律，否臧，凶。’”此引師初六爻辭。第一七則，襄公二十八年，告子展評楚子將死，曰：“《周易》有之，在復☳之頤☶，曰：‘迷復，凶。’”此引復上六爻辭。第一八則，醫和論晉侯之蠱疾：“在《周易》，女惑男、風落山，謂之蠱☶。”此論其象。第二五則，蔡墨論龍援引乾、坤繇辭。第二六則，史墨論季氏出其君曰：“在《易》卦，雷乘乾曰大壯☳，天之道也。”此釋卦名兼論卦象。按此，並觀下文徵驗之語，傳文似脫引《易》文或相關解釋。重澤俊郎《左傳賈服注擱逸》：“此蓋脫上下文，袁氏之說是也。”[1]劉文淇等《春秋左氏傳舊注疏證》：“《傳》言占筮，多援《易》文或繇辭。此口語，非占、筮比。然第舉‘豐之離’，下‘弗過’‘間一歲’之文無所蒙承，疑有軼脫。”[2]　○疏“故窺其戶而闃然無人也”，阮元《校勘記》：“宋本、閩本、監本、毛本‘窺’作‘闚’，不誤。”

弗過之矣。”

---

[1]　〔日〕重澤俊郎輯《春秋董氏傳·左傳賈服注擱逸》，崇文書局，二〇一八，第二二〇頁。

[2]　（清）劉文淇：《春秋左氏傳舊注疏證》，中國科學院歷史研究所第一、二所資料室整理，科學出版社，一九五九，第六五三頁。

【注】不過三年。

　間一歲，鄭人殺之。

【注】間，間厠之間。

【案】楊伯峻《春秋左傳注》引《漢書》顏師古注："間一歲者，中間隔一歲之謂。"①

---

①　楊伯峻：《春秋左傳注》（修訂本），第六九〇頁。

一二　知莊子評晉師

（《左傳·宣公十二年》）

夏，六月，晉師救鄭。⋯⋯及河，聞鄭既及楚平，桓子欲還⋯⋯隨武子曰：“善。⋯⋯”

【注】武子，士會。

彘子曰：“不可。

【注】彘子，先縠。

晉所以霸，師武、臣力也。今失諸侯，不可謂力。有敵而不從，不可謂武。由我失霸，不如死。且成師以出，聞敵彊而退，非夫也。

【注】非丈夫。

命以軍帥，而卒以非夫，唯羣子能，我弗爲也。”

【案】“命以軍帥”原作“命有軍師”，下文“正義”作“命爲軍帥”，阮元《校勘記》：“各本‘有’作‘以’，‘師’作‘帥’，與《釋文》《正義》合，此本誤也。”據改。

以中軍佐濟。

【注】佐，彘子所帥也。濟，渡河。帥，所類反，下及注有帥、元帥、三帥同。

【疏】“晉所”至“佐濟”。正義曰：言晉之所以得爲霸主者，由軍師之武，羣臣有力，以有武力成此霸功。今失諸侯，不可謂之爲力；見敵不能從，不可謂之爲武。"命爲軍帥"者，三軍將佐，皆受君命，爲軍之主帥。"以中軍佐濟"，謂一軍之內，將佐分之，各有所帥，故注云"佐，彘子所帥也"。僖二十八年"胥臣以下軍之佐"，與此同也。

知莊子曰："此師殆哉！

【注】莊子，荀首。知音智。

【疏】"知莊子"至"大咎"。正義曰：莊子見彘子逆命，必當有禍，乃論其事云：此師之行，甚危殆哉！《周易》之書而有此事。師之初六變而爲臨。初六爻辭云：軍師之出，當須以法；若不善，則致其凶。既引《易》文，以人從律，今者師出，乃以律從人，則有"不臧"之凶。又覆解"不臧"之義，云：執事上下，相順和成，則爲臧；若相違逆，則爲不臧。既釋"不臧"之事，又釋"以律"之意。坎爲衆，今變爲兌，兌爲柔弱，是"衆散爲弱"。坎爲川，今變爲兌，兌爲澤，是"川壅爲澤"。坎爲法象，今爲衆則弱，爲川則壅，是法律破壞從人之象，故曰"律否臧"，以釋《易》文"律否臧"之義。否臧，《易》注云："爲師之始，齊師者也。齊衆以律，失律則散。故師出以律，律不可失。失律而臧，何異於否？失令有功，法所不赦。故師出不以律，否臧皆凶。"釋"否臧"既了，又釋"凶"之一字，故云"且律竭"，言法律竭盡也。川水當盈，而以竭盡，且又被夭塞，不得整流，似法當嚴整，而以破壞，被人違逆，不得施行，所以致此凶禍。解釋"凶"義既了，以盡《易》意，然後論彘子之惡，當此初六之禍，故云水之不行，是謂臨矣。彘子有帥不從，欲論不行之臨事，誰甚於彘子？《周易》所言，是彘子之謂。若能違辟前敵，於事猶可；若果敢遇敵，必致禍敗也。此禍敗之事，彘子主受之，雖在敵免死而歸，必有大咎也。師，坎爲水，坤爲衆，衆行如水，師出之象，故名其卦爲"師"。服虔云："坎爲水，坤爲衆。又互體震，震爲雷。雷，鼓類，又爲長子。長子帥衆，鳴鼓巡水而行，行師之象也。臨，兌爲澤，坤爲地。居地而俯視於澤，臨下之義，故名爲'臨'。"

【案】疏"必有大咎也"，原作"必大咎也"，據阮元《校勘記》從宋本增"有"字。

《周易》有之，在師☷☵

【注】坎下坤上，師。

【案】師☷☵下坎☵上坤☷。

之臨☷☱，

【注】兌下坤上，臨。師初六變而之臨。

【案】臨☷☱下兌☱上坤☷。

曰：'師出以律，否臧，凶。'

【注】此師卦初六爻辭。律，法。否，不也。臧，子郎反。

【案】○師：眾。《周易·序卦傳》："師者，眾也。"○以：用。《説文》："㠯，用也。"段玉裁注："今字皆作以。"① 《漢書》"憂之久矣，不知所以"顏師古注："以，用也。"② ○律：軍紀，軍樂。黃玉順《易經古歌考釋》："《通義》：'律：紀律。'又'律'指六律，爲古軍樂，《類纂》引證甚詳，如引《史記·律書》：'六律爲萬事根本焉，其於兵戎尤所重也。'"③ 惠棟《周易述》："律者，同律也。《周禮·太師》：'大師，執同律以聽軍聲，而詔吉凶。'"④ ○否臧，言於事不善。否，《説文》："不也。"臧，《釋文》："善也。"⑤ 朱子《周易本義》："否臧，謂不善也。"⑥ ○凶：與吉相對，《周易》古經常見占辭。

執事順成爲臧，逆爲否。

【注】今彘子逆命不順成，故應否臧之凶。應，應對之應。

眾散爲弱，

【注】坎爲眾，今變爲兌，兌柔弱。

---

① （清）段玉裁：《説文解字注》，第七四六頁。
② （漢）班固撰，（唐）顏師古注《漢書》，中華書局，一九六二，第二八五四頁。
③ 黃玉順：《易經古歌考釋》（修訂本），第八一頁。
④ （清）惠棟：《周易述》，鄭萬耕點校，中華書局，二〇〇七，第六一頁。
⑤ （唐）陸德明：《經典釋文》，張一弓點校，第二八頁。
⑥ （宋）朱熹：《周易本義》，第六三頁。

【疏】注"坎爲"至"柔弱"。正義曰：《晉語》：文公筮"尚有晉國"，司空季子占之，曰："震，雷也，車也。坎，水也，衆也。主雷與車，而尚水與衆。"是坎爲衆也。《易·説卦》"兑爲少女"，故爲柔弱。衆聚則彊，散則弱。坎變爲兑，是衆散爲弱也。

川壅爲澤，

【注】坎爲川，今變爲兑。"兑爲澤"，是川見壅。壅，於勇反，本又作雍，注皆同。

【疏】注"坎爲"至"見壅"。正義曰：《説卦》"坎爲溝瀆"。溝瀆即是川也。《説卦》"兑爲澤"。川是流水，今變爲澤，是川見壅也。

有律以如己也，

【注】如，從也。法行，則人從法；法敗，則法從人。坎爲法象，今爲衆則散，爲川則壅，是失法之用，從人之象。

【疏】注"如從"至"之象"。正義曰：《釋詁》云："如，往也。""往"是相從之義，故訓爲"從"也。法行則人從之，率人以從法也；法敗則法從人，人各有心，棄法不用，是法從人也。《釋言》云："坎，律銓也。"樊光曰："坎卦，水也。水性平，律亦平，銓亦平也。"郭璞曰："《易》坎卦主法，法律皆所以銓量輕重。"是坎爲法象也。今坎變爲兑，爲衆則散而爲弱，爲川則壅而爲澤，是失法之所用，法敗從人之象也。

【案】疏"是法從人也"，原作"法從人也"，阮元《校勘記》："宋本'法'上有'是'字，是也。"據補。

故曰'律否臧'，且律竭也。

【注】竭，敗也。坎變爲兑，是法敗。

【疏】注"竭敗"至"法敗"。正義曰：竭是水涸之名。坎爲水、爲法。水之竭似法之敗，故云"竭，敗也"。坎變爲兑，則爲水不流，水不流則爲法不行，失得坎之用，是法敗之象。

【案】○此處應以"律否臧"連讀，言師出而無律，則"且律竭也"。章太炎《春秋左傳讀》："巳、且二字，向無明解。麟案：巳、且皆訓

'此'也。《釋詁》:'巳,此也。'戴東原説以《莊子》云:'巳而爲知者,巳而不知其然。'又《書·皐繇謨》:'邇可遠在兹。'《史記》作'近可遠在巳。'《詩·周頌·載芟》:'匪且有且。'傳:'且,此也。'"① ○疏"水不流則爲法不行",原作"則爲法不行"。阮元《校勘記》:"宋本'則'上有'水不流'三字。"據補。

盈而以竭,夭且不整,所以凶也。

【注】 水遇夭塞,不得整流,則竭涸也。夭,於表反。

【疏】 注"水遇"至"涸也"。正義曰:哀九年傳曰:"如川之滿,不可游也。"水當盈川而以壅,故竭,是"水遇夭塞,不得整流,則竭涸也"。夭遏是壅塞之義,故云"遇夭塞"也。

不行之謂臨。

【注】 水變爲澤,乃成臨卦。澤,不行之物。

【案】 焦循《春秋左傳補疏》:"《易》學至春秋時,淆於術士之傅會,孔子所以韋編三絶,以贊之也。然遺義尚有存而可繹者,如'知莊子舉師之臨'是也。師二宜進五成比,而後同人四來之初成屯,則順;師二不出而之五,而同人四來之初則成臨,所以成臨者由於二不行,故云'不行之謂臨'。"② 師☷☷同人☰☰旁通,師四、上爻已定,初、二、三、五爻未定,本卦二、五爻相易成比☷,而後同人四爻之師初爻,則比初爻陰變陽成屯☷;若師二、五爻不易,同人四爻之師初爻成臨☷,二爻未升爲五爻,是即"二不行",故謂"不行之謂臨"。

有帥而不從,臨孰甚焉?此之謂矣。

【注】 譬虒子之違命,亦不可行。

---

① 章太炎:《春秋左傳讀》,《章太炎全集》第二册,第三七五頁。
② (清)焦循:《春秋左傳補疏》,陳居淵主編《雕菰樓經學九種》(上),鳳凰出版社,二〇一五,第五六八頁。此版斷句作"則順師二不出而之五","則順"二字應連上結句,本書調整斷句爲"則順;師二不出而之五"。

果遇，

【注】遇敵。

必敗，彘子尸之，

【注】主此禍。

【疏】注"主此禍"。正義曰：《釋言》訓"尸"爲"主"，故云"主此禍"也。服虔亦云"主此禍也"。又引《易》師卦六五："長子帥師，弟子輿尸，凶。""長子帥師，以中行也。弟子輿尸，使不當也。"佐之於元帥，弟子也，而專以師濟，使不當也，軍必破敗而輿尸。案下句云"雖免而歸"，則謂彘子當在陳而死，師卦有"輿尸"之語，其言"尸之"，或容有此意，但"尸"字不可兩解，故杜略去之。

【案】疏引服虔云"主此禍也"，原作"此禍也"，阮元《校勘記》："宋本'此'上有'主'字，是也。"據補。

雖免而歸，必有大咎。"

【注】爲明年晉殺先縠傳。咎，其九反。

【案】注"爲明年晉殺先縠傳"。阮元《校勘記》："宋本、淳熙本'晉'下有'人'字。"

一三　晉侯筮擊楚師

（《左傳·成公十六年》）

甲午晦，楚晨壓晉軍而陳。

【注】壓，筰其未備。盍，户臘反。壓，於甲反；徐於輒反。陳，直覲反；下及注皆同。筰，側百反。

【案】壓：臨近、逼近。《史記》“今魯城壞即壓齊境”，《索隱》：“齊魯鄰接，今齊數侵魯，魯之城壞即壓近齊之境也。”[1] 知壓即近也。

……

伯州犂以公卒告王。

【注】公，晉侯。

苗賁皇在晉侯之側，亦以王卒告。

【注】賁皇，楚鬬椒子。宣四年奔晉。賁，扶云反。

皆曰：“國士在，且厚，不可當也。”

【注】晉侯左右皆以伯州犂在楚，知晉之情。且謂楚衆多，故憚合戰。與苗賁皇意異。憚，徒旦反。

【疏】注“晉侯”至“意異”。正義曰：服虔以此“皆曰”之文在州犂、賁皇之下，解云：“賁皇、州犂皆言曰，晉、楚之士皆在君側，且陳厚，不可當。”以爲州犂言晉彊，賁皇言楚彊，故云“皆曰”也。若如服

---

[1] （漢）司馬遷撰，（宋）裴駰集解，（唐）司馬貞索隱，（唐）張守節正義《史記》，第三〇五四頁。

言，賁皇既言楚不可當，何故復請分良以擊其左右？故杜不用其説。晉侯左右皆爲此言，以憚伯州犂耳。

【案】注、疏以"皆曰"之文爲晉侯左右所言，此解有誤，當爲楚、晉雙方皆言之意。臧琳《經義雜記》："'伯州犂'以下，是總叙晉、楚事；下文'苗賁皇言於晉侯'以下，又分叙晉事。此皆曰'國士在，且厚，不可當也'者，即所謂'伯州犂以公卒告王，苗賁皇亦以王卒告'也。"① 此説是。

苗賁皇言於晉侯曰："楚之良，在其中軍，王族而已。請分良以擊其左右，而三軍萃於王卒，

【注】萃，集也。萃，似醉反。

必大敗之。"

公筮之。史曰："吉。其卦遇復䷗，

【注】震下坤上，復，無變。

【疏】注"震下"至"無變"。正義曰：《説卦》："震爲雷"，"坤爲地"。復《象》曰："雷在地中，復。"服虔云："復，反也。陰盛於上，陽動於下，以喻小人作亂於上，聖人興道於下，萬物復萌，制度復理，故曰'復'也。其筮六爻無變者，故言其所遇之卦而已。"

【案】復䷗下震☳上坤☷。

曰：'南國蹙，射其元王中厥目。'

【注】此卜者辭也。復，陽長之卦。陽氣起子，南行推陰，故曰"南國蹙"也。南國勢蹙，離受其咎。離爲諸侯，又爲目。陽氣激南，飛矢之象，故曰"射其元王中厥目"。蹙，子六反。射，食亦反，注及下"射之"同。中，丁仲反，注同。長，丁丈反。激，古狄反。

【疏】注"此卜"至"厥目"。正義曰：此實筮也，而言"卜"者，"卜""筮"通言耳。此既不用《周易》，而别爲之辭，蓋卜筮之書，更有

---

① （清）臧琳撰，梅軍校補《經義雜記校補》，中華書局，二〇二〇，第一九二頁。

此類，筮者據而言耳。服虔以爲陽氣觸地射出，爲射之象；杜以陽氣激南，爲飛矢之象。二者無所依馮，各以意說，得失終於無驗，是非無以可明。今以杜言"離爲諸侯"者，案《禮器》云"大明生於東……君西酌犧象"，鄭玄云"象日出東方而西行也"，《詩·邶·柏舟》鄭箋云"日，君象也"，《説卦》"離爲日"，故爲諸侯。

【案】○"射其元王中厥目"連讀，"蹴""目"韻，在覺部。○蹴，又書作蹙，促狹貌。《詩·大雅·召旻》"日蹙國百里"毛傳："蹙，促也。"[1] 洪亮吉《春秋左傳詁》："《詩》毛傳：'蹙，促也。'鄭箋：'蹙蹙，縮小之貌。'《廣雅》：'蹴，縮也。'"[2] ○元：元首、君主。《廣雅》："元，君也。"[3]《尚書·益稷》"元首起哉"孔安國傳："元首，君也。"[4] ○中厥目：射中其目。按焦循旁通例，以離象南國，象目，卦象得解。○杜注云"此卜者辭也"，孔疏云"此既不用《周易》，而別爲之辭，蓋卜筮之書，更有此類，筮者據而言耳"，或可商榷。先秦筮書，遠非今本《周易》一種而已；而其同者，則在徵引歌謠也。黃玉順《左氏易傳注疏瑕疵》："此'南國蹙，射其元王中厥目'當屬別本《周易》之繇辭，而非卜者自爲之辭。"[5]

國蹙、王傷，不敗何待?"

【案】焦循《春秋左傳補疏》："蓋此即以旁通爲義，每卦以三、上爲戰伐之爻，晉與楚戰，故占此爻。姤、復旁通，姤上之復三，復成明夷，下離是南國也，南國而在明夷，夷者傷也，故云國蹙，王傷。姤成大過，上兑爲西，晉在西，楚在南，凡《易》言矢、言射皆指三、上，而三爲公侯，明夷上坤下離，下離爲南國，而三即南國之王，故射而中其離目也。"[6] 姤▤

---

① 《毛詩正義》，《十三經注疏》，第五八○頁。
② （清）洪亮吉：《春秋左傳詁》，第四七七頁。
③ （清）王念孫：《廣雅疏證》，張靖偉等校點，上海古籍出版社，二○一六，第七頁。
④ 《尚書正義》，《十三經注疏》，第一四四頁。
⑤ 黃玉順：《左氏易傳注疏瑕疵》，《時代與思想——儒學與哲學諸問題》，第二一頁。
⑥ （清）焦循：《春秋左傳補疏》，陳居淵主編《雕菰樓經學九種》（上），第五七八至五七九頁。

復☷旁通，姤上來復三，成明夷☷，下離，《周易·説卦傳》謂"南方之卦也"，故爲南國；又，《周易·序卦傳》云"夷者，傷也"，故云南國蹙而其王傷。復三來姤上，成大過☱，上兑，兑西爲晉，離南爲楚，離爲目，三爲公侯，故云"射其元王中厥目"。

公從之。

【注】從其言而戰。

……癸巳，潘尪之黨與養由基蹲甲而射之，徹七札焉。

【注】黨，潘尪之子。蹲，聚也。一發達七札，言其能陷堅。尪，烏黃反。之黨，一本作"潘尪之子黨"。案：注云"黨，潘尪之子也"，則傳文不得有"子"字。古本此及襄二十三年"申鮮虞之傅摯"，皆無"子"字。蹲，在尊反，徐又在損反，一音才官反。札，側八反，徐側乙反。

【疏】"潘尪之黨"。正義曰：潘尪之子，其名爲"黨"。襄二十三年"申鮮虞之傅摯"，辭與此同，古人爲文略言耳。

【案】注、疏引襄二十三年"申鮮虞之傅摯"，原作"申鮮虞之傳摯"，阮元《校勘記》："宋本、毛本'傳'作'傅'，是也。"據改。

以示王，曰："君有二臣如此，何憂於戰?"

【注】二子以射夸王。夸，苦瓜反。

王怒曰："大辱國！

【注】賤其不尚知謀。知音智。

詰朝爾射，死藝！"

【注】言女以射自多，必當以藝死也。詰朝，猶明朝，是戰日。朝如字，注同。女音汝。

吕錡夢射月，中之，退入於泥。

【注】吕錡，魏錡。射，食亦反，下至"使射吕錡"皆同。

　　占之，曰：“姬姓，日也；

【注】周世姬姓尊。

【案】此爲夢占，又涉物象，《漢書·藝文志》屬之“雜占”，李鏡池《周易探源》稱之爲“物占”，即以物象爲中心的占法：“由‘物’所顯示的‘象’，可以推知未來的善惡吉凶。”①

　　異姓，月也，

【注】異姓卑。

【案】章太炎《春秋左傳讀》：“姬姓何以象日？異姓何以象月？蓋最初古文日、月字即用爲内、外字。”② 内爲自，外爲他，晉爲姬姓故爲内，楚爲異姓故爲外，“射月”猶言射他，故下文云“必楚王也”。

　　必楚王也。射而中之，退入於泥，亦必死矣。”

【注】錡自入泥，亦死象。中，丁仲反，下及注皆同。

　　及戰，射共王中目。王召養由基，與之兩矢，使射呂錡，中項伏弢。

【注】弢，弓衣。項，户講反。弢，他刀反。

　　以一矢復命。

【注】言一發而中。

①　李鏡池：《周易探源》，第三八一頁。
②　章太炎：《春秋左傳讀》，《章太炎全集》第二册，第四三一頁。

一四　單襄公論晉筮成公之歸

(《國語·周語下》)

襄公有疾，召頃公而告之，

【注】頃公，單襄公之子也。

曰："必善晉周，將得晉國。……成公之歸也，吾聞晉之筮之也，

【注】成公，晉文公之庶子成公黑臀也。歸者，自周歸晉也。趙穿弒靈公，趙盾逆公子黑臀于周而立之。著曰筮，筮立成公也。

遇乾之否，曰：'配而不終，君三出焉。'

【注】乾下乾上，乾也。坤下乾上，否也。乾初九、九二、九三，變而之否也。乾，天也，君也，故曰"配"，配先君也。不終，子孫不終爲君也。乾下變而爲坤，坤，地也，臣也。天地不交曰否，變有臣象。三爻，故三世而終。上有乾，乾，天子也。五體不變，周天子國也。三爻有三變，故君三出於周也。案："乾，天子也"下，公序本有"五亦天子"四字。

【案】○乾☰下乾☰上乾☰。否☰下坤☷上乾☰。○"遇乾之否"亦可言"遇乾之七"，李道平《易筮遺占》："此三爻變之卦，書曰'乾之否'，常例也。若以變例書之，三陽不變，必曰'乾之七'矣。"[1] 其實不惟三爻變動，多爻變動而不變爻皆陽者皆可言"之七"。○"配而不終，

---

[1] （清）李道平：《易筮遺占》，《周易集解纂疏》，第七五三頁。

君三出焉", 尚秉和《〈左傳〉〈國語〉易象釋》: "配謂卦象, 非謂先君。 '配而不終'者, 言所配者三爻, 應有三君往就國, 今纔成公一人。'不 終'者, 言所應未畢也。下云'一既往矣, 後之不知', 即申不終之意也。 韋注謂'配'爲配先君, '不終'謂子孫不終爲君, 誤之遠矣。簡言之, 乾君也, 坤國也, 乾之坤即君往就國也。而乾九五不變, 是君而之國者, 咸出自周天子之下也。而坤之爻數三, 故決其必三往也。"①

一既往矣, 後之不知, 其次必此。

【注】一, 謂成公, 已往爲晉君。後之不知, 不知最後者在誰也。其 次必此, 次成公而往者, 必周子也。

且吾聞成公之生也, 其母夢神規其臀以墨, 曰: '使有晉國,

【注】規, 畫也。臀, 尻也。

'三而畀驩之孫。'

【注】畀, 予也。三世爲晉君, 而更予驩之孫也。驩, 晉襄公之名也。 孫, 曾孫周子也。自孫已下皆稱孫, 《詩》曰"周公之孫", 謂僖公也。

故名之曰'黑臀', 於今再矣。

【注】賈侍中云: "於今, 單襄公時也。晉厲公即黑臀之孫也, 黑臀之 後二世爲君, 與黑臀滿三世矣。"唐尚書云: "時晉景公在位, 成公生景 公, 故言'再'。"昭謂: 魯成十七年, 單襄公與晉厲公會於柯陵, 後三年 而單襄公卒。其歲厲公弒, 則襄公將死時, 非景公明矣。賈君得之。案: "魯成十七年",《攷異》卷一: "案'七'當作'六', 辨見前篇。"

襄公曰驩, 此其孫也。

【注】此周子者, 晉襄公之孫也。

---

① 尚秉和:《〈左傳〉〈國語〉易象釋》,《周易尚氏學》, 張善文校理《尚秉和易學全書》 第三卷, 第五九四頁。

而令德孝恭，非此其誰？且其夢曰：'必驪之孫，實有晉國。'其卦曰：'必三取君於周。'其德又可以君國，三襲焉。

【注】襲，合也。三合，德、夢、卦也。

【案】注"德、夢、卦也"，整理者標點誤作"德、夢卦也"，觀下文"今晉周德夢卦亦三合"標點可知。

吾聞之《大誓》，故曰：'朕夢協朕卜，襲于休祥，戎商必克。'

【注】《大誓》，伐紂之誓也。故，故事也。朕，武王自謂也。協，合也。休，美也。祥，福之先見者也。戎，兵也。言武王夢與卜合，又合美善之祥，以兵伐殷，必克之也。

以三襲也。

【注】言武王夢、卜、祥三合，故遂克商，有天下。今晉周德、夢、卦亦三合，將必得國也。

【案】○注"故遂克商，有天下"，整理者標點作"故遂克商有天下"，參考《左傳·昭公二十八年》"昔武王克商，光有天下"改動標點。○注"今晉周德、夢、卦亦三合"原版作"今晉周德夢、卦亦三合"。

晉仍無道而鮮胄，其將失之矣。

【注】仍，數也。鮮，寡也。胄，後也。晉厲公數行無道，晉公族之後又寡少，將失國也。

【案】注"數"讀如"鑠"（shuò），與"鮮"相反。

必早善晉子，其當之也。"

【注】晉子，周子也。

頃公許諾。

及厲公之亂，召周子而立之，是為悼公。

【注】亂，謂弒也。

【案】觀左氏易例，涉夢占者除了本例，還有第一三則晉侯筮擊楚師：

“呂錡夢射月，中之，退入於泥。占之，曰：‘姬姓，日也；異姓，月也，必楚王也。射而中之，退入於泥，亦必死矣。’”第二一則孔成子筮立元：“孔成子夢康叔謂己：‘立元……’”第二九則胥彌赦占衛侯之筮夢。《漢書·藝文志》以夢占屬“雜占”：“雜占者，紀百事之象，候善惡之徵。《易》曰：‘占事知來。’衆占非一，而夢爲大，故周有其官。”① 《周禮》云大卜掌三兆、三《易》、三夢之法，孫詒讓《周禮正義》云：“注‘鄭司農云，以此八事命卜筮蓍龜，參之以夢’者，欲見上八命之事，不徒命卜，兼有命筮。其卜筮之時，或適又有夢，抑或因感夢而有卜筮，則以八命之辭，兼卜、筮、夢三者相參互，以贊其占。”② 以夢協卜筮者，見佐於左氏易例。

① （漢）班固撰，（唐）顏師古注《漢書》，第一七七三頁。
② （清）孫詒讓：《周禮正義》，第一九三八頁。

一五　穆姜筮出東宮

（《左傳·襄公九年》）

穆姜薨於東宮。

【注】　太子宮也。穆姜淫僑如，欲廢成公，故徙居東宮。事在成十六年。

【案】　○穆姜：齊女，魯宣公夫人、成公母。○東宮，注稱"太子宮"是。《詩·衛風·碩人》"東宮之妹，邢侯之姨"毛傳："東宮，齊大子也。"則東宮即太子宮。○注"穆姜淫僑如"。"淫"猶"通"，如成公十六年傳文"齊聲孟子通僑如"之"通"，通姦之謂也。

始往而筮之，遇艮之八䷳。

【注】　艮下艮上，艮。《周禮》大卜掌三《易》。然則雜用《連山》《歸藏》《周易》。二《易》皆以七、八爲占，故言"遇艮之八"。艮，古根反。

【疏】　注"艮下"至"之八"。正義曰：《周禮》：大卜"掌三《易》之法：一曰《連山》，二曰《歸藏》，三曰《周易》"。鄭玄云："《易》者，揲蓍變易之數，可占者也。名曰《連山》，似山之出內雲氣也；《歸藏》者，萬物莫不歸而藏於其中也。"《洪範》言卜筮之法，云"三人占，則從二人之言"。孔安國云："夏、殷、周卜筮各異，三法並卜，從二人之言。"是言筮用三《易》之事也。大卜，周官，而職掌三《易》。然則周世之卜，雜用《連山》《歸藏》《周易》也。《周易》之爻，唯有九、六。此筮乃言"遇艮之八"，二《易》皆以七、八爲占，故此筮遇八，謂艮之第二爻不變者是八也。揲蓍求爻，《繫辭》有法，其揲所得，有七、八、九、六。說者謂七爲少陽，八爲少陰，其爻不變也；九爲老陽，六爲老陰，其爻皆變

— 110 —

也。《周易》以變爲占，占九、六之爻；傳之諸筮，皆是占變爻也。其《連山》《歸藏》以不變爲占，占七、八之爻。二《易》並亡，不知實然以否。世有《歸藏易》者，僞妄之書，非殷《易》也。假令二《易》俱占七、八，亦不知此筮爲用《連山》，爲用《歸藏》。所云"遇艮之八"，不知意何所道；以爲先代之《易》，其言亦無所據，賈、鄭先儒相傳云耳。先儒爲此意者，此言"遇艮之八"，下文穆姜云"是於《周易》"；《晉語》公子重耳筮得"貞屯、悔豫，皆八"，其下司空季子云"是在《周易》"：並於遇八之下，別言《周易》，知此遇八，非《周易》也。

【案】○艮☶下艮☷上艮☶。○注"艮下艮上，艮"，原作"艮下艮上"，阮元《校勘記》："宋本、淳熙本、岳本、足利本'上'字下有'艮'字，是也。"據補。○注"然則雜用《連山》《歸藏》《周易》。二《易》皆以七、八爲占，故言'遇艮之八'"，實可商榷。黃玉順《左氏易傳注疏瑕疵》："《連山》《歸藏》之究竟如何，實屬'文獻不足徵'，故此誠如孔疏所言：'所云"遇艮之八"，不知意何所道。以爲先代之《易》，其言亦無所據，賈、鄭先儒相傳云耳。'然而孔疏又言'知此"遇八"非《周易》也'，則未必然；其所謂'史疑古《易》遇八爲不利，故更以《周易》占'，於《傳》無據。"① ○疏引《尚書·洪範》"三人占，則從二人之言"，阮元《校勘記》："宋本'三'上有'云'字。"據補。

史曰："是謂艮之隨☳。

【注】震下兌上，隨。史疑古《易》遇八爲不利，故更以《周易》占，變爻，得隨卦而論之。

【疏】注"震下"至"論之"。正義曰：震爲雷，兌爲澤。《象》曰："澤中有雷，隨。"鄭玄云："震，動也。兌，說也。內動之以德，外說之以言，則天下之民慕其行而隨從之，故謂之'隨'也。"史疑古《易》遇八者爲不利，故更以《周易》占變，變其爻，乃得隨卦而論之，所以說姜意也。

【案】○隨☱下震☳上兌☱。○注云"史疑古《易》遇八爲不利，故

---

① 黃玉順：《左氏易傳注疏瑕疵》，《時代與思想——儒學與哲學諸問題》，第二二頁。

更以《周易》占"，孔疏從杜注，誤。觀上下文語境，此例並未再筮，史曰"是謂艮之隨"即前所謂"艮之八"是也。李道平《易筮遺占》："觀穆姜遇'艮之八'，向非史出一言以斷曰'是謂艮之隨'，則五爻變而一爻不變，千古莫能明其義。"①

隨，其出也。

【注】史謂隨非閉固之卦。

"君必速出！"姜曰："亡！

【注】亡，猶無也。亡如字，讀者或音無。

【案】王引之《經傳釋詞》："杜注曰：'亡，猶無也。'案：'亡'與'無'同，猶'否'也。"②

是於《周易》曰：'隨：元、亨、利、貞，无咎。'

【注】《易》筮皆以變者占，遇一爻變，義異，則論象，故姜亦以象爲占也。史據《周易》，故指言《周易》以折之。亨，許庚反，下同。象，吐亂反。折，之設反。

【疏】注"易筮"至"折之"。正義曰：《易》筮皆以變者爲占，傳之諸筮皆是也。若一爻獨變，則得指論此爻；遇一爻變以上，或二爻、三爻皆變，則每爻義異，不知所從，則當摠論象辭。故姜亦以象爲占。此"元、亨、利、貞，无咎"，是隨卦之象辭也。史言"是謂艮之隨"者，據《周易》而言，故姜亦指言《周易》以折之也。《周易》卦下之辭，謂之爲"象"。象者，統論一卦之體，明其所由之主。隨《象》云"元、亨、利、貞，无咎"者，元，長也，長亦大也；亨，通也；貞，正也。隨卦，震下兌上，以剛下柔動而適說，故物皆隨之，而不能大通於事，逆於時也。相隨而不爲利正，共適邪淫，則災之道也，必有此"元、亨、利、貞"四德，乃得无咎過耳。無此四德，則不免於咎。

---

① （清）李道平：《易筮遺占》，《周易集解纂疏》，第七五六頁。
② （清）王引之：《經傳釋詞》，第二三二頁。

【案】阮元《校勘記》："諸本'亡'字絕句。何焯云當以'是'字絕句，言必亡是理也。"何説亦於義不違。

元，體之長也；亨，嘉之會也；利，義之和也；貞，事之幹也。體仁足以長人，嘉德足以合禮，利物足以和義，貞固足以幹事。然故不可誣也，是以雖隨无咎，

【注】言不誣四德，乃遇隨无咎。明無四德者，則爲淫而相隨，非吉事。長，丁丈反，下同。"嘉德"，《易》作"嘉會"。

【疏】注"言不"至"吉事"。正義曰：不誣四德者，四德實有於身，不可誣罔，以無爲有也。如是乃遇隨卦，可得身无咎耳。明其無此四德，而遇隨卦者，乃是淫而相隨，非是善事，故得隨必有咎也。穆姜自以身無四德，遇隨爲惡。其意謂隨爲惡卦，故云"雖隨无咎"。

【案】○傳言"元、亨、利、貞"四德，非《周易》古義。四德之説亦見於《周易·文言傳》："元者善之長也，亨者嘉之會也，利者義之和也，貞者事之幹也。君子體仁足以長人，嘉會足以合禮，利物足以和義，貞固足以幹事。君子行此四德者，故曰乾：元亨利貞。"其異者，《左傳》"體之長"，《文言傳》作"善之長"；又，《左傳》"嘉德"，《文言傳》作"嘉會"。四德之説既出，後儒多從之。《周易正義》："《子夏傳》云：'元，始也。亨，通也。利，和也。貞，正也。'言此卦之德，有純陽之性，自然能以陽氣始生萬物而得元始亨通，能使物性和諧，各有其利，又能使物堅固貞正得終。此卦自然令物有此四種使得其所，故謂之四德。"①元、亨、利、貞，皆爲《周易》古經常用占辭。四字連用當斷爲"元亨，利貞"，即謂：大通順，占問有利。穆姜以四德解元、亨、利、貞，實爲《周易》筮占的人謀化、倫理化轉進之表徵。○傳文"然故不可誣也"，王引之《經傳釋詞》："故，本然之詞也。襄九年《左傳》曰：'然故不可誣也。'或作'固'，又作'顧'。"②○傳

---

① 《周易正義》，《十三經注疏》，第一三頁。
② （清）王引之：《經傳釋詞》，第一一五頁。

文"是以雖隨无咎"應連下讀，此處言雖然隨卦無咎，下文言自己無此四德，一正一反言其不相應。注、疏以此結句，杜注解"雖隨无咎"義纏繞而不直切，孔疏圓其説，皆未明朗。穆姜言"雖隨无咎"是啓下文而言，謂雖然筮得隨卦是吉卦無咎，然而……言其"不可誣"者，即下文穆姜所言"有四德者，隨而無咎；我皆無之，豈隨也哉"是也，知穆姜非以隨卦爲恶。

今我婦人，而與於亂：固在下位，

【注】婦人卑於丈夫。與音預。

而有不仁，不可謂元；不靖國家，不可謂亨；作而害身，不可謂利；弃位而姣，

【注】姣，淫之別名。姣，户交反，注同，徐又如字，服氏同，嵇叔夜音效。

【疏】注"姣淫之別名"。正義曰：服虔讀"姣"爲放效之"效"，言效小人爲淫。淫自出於心，非效人也。今時俗語謂淫爲"姣"，故以"姣"爲淫之別名。

【案】傳文"弃位而姣"。俞樾《群經平議》："《説文·女部》：'姣，好也。'《孟子·告子篇》曰：'至於子都，天下莫不知其姣也。'《荀子·非相篇》曰：'古者桀、紂長巨姣美，天下之傑也。'……古書'姣'字竝'美好'之義，而杜乃以爲淫之別名，正義又以俗語證之，陋矣。然如服子慎之説，實亦未安。姣當讀爲恔，《方言》曰：'逞、曉、恔、苦，快也。自關而東或曰曉，或曰逞。江淮陳楚之閒曰逞，宋、鄭、周、洛、韓、魏之閒曰苦，東齊海岱之閒曰恔，自關而西曰快。'然則恔與逞同義，'棄位而姣'與僖二十三年傳'淫刑以逞'、成十六年傳'疲民以逞'文義相近，言棄位而自快其意也。穆姜，齊女，習於齊之方言，故曰'恔'耳。"①

---

① （清）俞樾：《群經平議》，第八九五至八九六頁。

不可謂貞。有四德者，隨而無咎；我皆無之，豈隨也哉？我則取惡，能無咎乎？必死於此，弗得出矣！"

【注】傳言穆姜辯而不德。

【疏】"元體"至"出矣"。正義曰：自"幹事"以上，與《周易·文言》正同。彼云"元者善之長"，此云"體之長"；彼云"嘉會足以合禮"，此云"嘉德"，唯二字異耳，其意亦不異也。元者，始也，長也。物得其始，爲衆善之長；於人則謂首爲"元"，元是體之長；以善爲體，知亦善之長也。亨，通也。嘉，善也。物無不通，則爲衆善之會，故通者，善之會也。物得裁成，乃名爲"義"。義理和協，乃得其利。故利者，義之和也。貞，正也。物得其正，乃成幹用，故正者，事之幹也。體仁，以仁爲體也。君子體是仁人，堪得與人爲長，"體仁足以長人"也；身有美德，動與禮合，"嘉德足以合禮"也；以己利物，義事和協，"利物足以和義"也；正而牢固，事得幹濟，"貞固足以幹事"也。此四德者在身，必然固不可誣罔也，是以雖得隨卦，而其身无咎。今我婦人也，而與於僑如之亂：婦人卑於男子，固在下位，而有不仁之行，不可謂之"元"也；不安靖國家，欲除去季孟，不可謂之"亨"也；作爲亂事，而自害其身，使放於東宮，不可謂之"利"也；棄夫人之德位，而與僑如淫姣，不可謂之"貞"也。有此"元、亨、利、貞"四德，乃得隨而无咎。四德我皆無之，豈當隨卦也哉？我則自取此惡，其身能无咎乎？必死於此宮，不能出矣。

【案】孔疏"四德我皆無之，豈當隨卦也哉？"，據此可知其上文疏云"其意謂隨爲惡卦"以圓杜注者非。

專論四　關於《左傳》《國語》易筮之"八"*

《左傳》《國語》記載的易筮例，其中有三則言"八"者殊難理解。它們是《左傳·襄公九年》記載的"遇艮之八"，《國語·晉語四》"得貞

---

* 本篇專論已作爲單篇論文發表，發表版本的個別表述與本書有所差異。參見楊虎《解〈左傳〉〈國語〉易筮之"八"》，《孔子研究》二〇一八年第五期；《中國人民大學複印報刊資料·中國哲學》二〇一九年第二期全文轉載。

屯、悔豫，皆八也"以及"得泰之八"。由於"八"的突兀，歷來注解甚異。本書在前人研究的基礎上，提出一種新的觀點和系統的解釋。

（一） 兩項前提的討論

前人的爭論焦點其實在於兩個方面，一是"八"是否爲筮數，一是言"八"易例是否屬於《周易》系統。爲此，我們首先討論這兩個前提性問題。

第一，關於"八"是否爲筮數的問題。

觀歷來注解，從《左傳》杜預注、《國語》韋昭注至今，認爲"八"是筮數的學者居多。在此前提下，由於對其筮法無有定論，故衆解各異，終覺有疑。有鑒於此，有的學者如廖名春先生、俞志慧先生等人另闢蹊徑，認爲"八"不是筮數。但俞文僅解"得貞屯、悔豫，皆八也"一則，其解釋不能同時適用於"遇艮之八"和"得泰之八"，對此也衹説"二者不宜與貞屯悔豫皆八混爲一談"①。廖名春先生認爲：應當"跳出以'八'爲筮數的怪圈"②，並分別對三則筮例作出了相應的解釋。

在筆者看來，"八"是筮數，其理據如下。

首先，其中兩則的表達形式與表示變卦的基本形式"某卦之某卦"相近。且舉"遇艮之八"爲例，上文言"始往而筮之"遇到"艮之八"，筮史説這是"艮之隨"。按照《左傳》的易筮體例，凡言"某卦之某卦"者，要麼表示某卦的某爻，要麼表示某卦變爲另一卦。筮史的説法也證明了這一點，正如清代易學家李道平所説："觀穆姜遇'艮之八'，向非史出一言以斷曰'是謂艮之隨'，則五爻變而一爻不變，千古莫能明其義。"③在體例上，"艮之八"雖然不是"某卦之某卦"的直接形式，却以一種相近的形式表達了同樣的意思，觀其下文對隨卦的解釋，這裡的"之"應該

---

① 俞志慧：《〈國語·晉語四〉"貞屯悔豫皆八"爲宜變之爻與不變之爻皆半説》，《中國哲學史》二〇〇七年第四期。

② 廖名春：《〈左傳〉、〈國語〉易筮言"八"解》，方銘主編《〈春秋〉三傳與經學文化》，長春出版社，二〇〇九，第一三頁。

③ （清）李道平：《易筮遺占》，《周易集解纂疏》，第七五六頁。

是表示變卦。那麼，這裡的"八"是筮數的可能性較大。

其次，若不是筮數，則"八"（"皆八""之八"）就是贅言了。即便說"艮之八"如此，那麼另外兩處難道也恰恰多"八"嗎？"貞屯、悔豫"按照春秋易筮的一般體例其實就是"屯之豫"，這裡涉及卦變自不必說。至於"得泰之八"，下文雖然沒有另作解釋，但也應涉及卦變，否則何不直言"得泰"，如《左傳》成公十六年記載晉筮擊楚所云"其卦遇復"、昭公七年記載孔成子筮立元云"遇屯"，二卦皆無動爻，故直言本卦，而無"之某"的字樣。所以，這三則筮例應都有變爻。而如果說某一處"八"不是筮數，那麼衹能說三處所言的"八"都不是筮數；若如此，則必爲贅言。且看"泰之八"，廖名春先生認爲應當斷句爲："得泰，之八（別）曰：'是謂天地配，亨，小往大來。'"① 視"八"爲"別"，猶斷占也。若果真如此，則無須言"之八"，直接說"得泰"而斷（曰）即可。至於"得貞屯、悔豫，皆八也"，"八"若非筮數，亦無須言"皆八"，下文"筮史占之，皆曰……"承接之即可。此三則筮例，若其一處言"八"而非筮者，或可訓爲他義如"斷占"等，然而若三處言"八"皆贅，則難以説通。很多學者有感於《左傳》《國語》筮例言"八"者僅三處從而"無以會其同"②，實際上，考察其上下文語勢和語境，三則例證足矣。

再次，出土文獻中筮數"八"爲此提供了旁證。自張政烺先生在二十世紀七十年代末提出"數字卦"的問題以來，經過四十多年的討論，尤其是晚近整理出來的清華簡《筮法》③ 使得這一問題推進到了一個新的階段。在《筮法》中，常出現的筮數是：八、五、九、四。其中，筮數"八"代表陰爻。④ 加上在此之前的筮數易卦，説明了"八"作爲筮數出現並不足怪，證實了《左傳》《國語》筮例所言"八"是筮數的合理性。

要而言之，考慮到三則言"八"的筮例有明確的筮占語境，結合上下

---

① 廖名春：《〈左傳〉、〈國語〉易筮言"八"解》，方銘主編《〈春秋〉三傳與經學文化》，第一三頁。

② 尚秉和：《〈左傳〉〈國語〉易象釋》，《周易尚氏學》，張善文校理《尚秉和易學全書》第三卷，第五九二頁。

③ 參見李學勤主編《清華大學藏戰國竹簡（肆）》，中西書局，二〇一三。

④ 李學勤：《清華簡〈筮法〉與數字卦問題》，《文物》二〇一三年第八期。

文及其他筮例的體例，並佐以先秦易卦筮數“八”的使用情況，能夠證實“八”作爲筮數的可能性和合理性。

第二，關於三則言“八”的筮例是否屬於《周易》系統的問題。

筆者以爲，三則筮例應屬於《周易》系統，我們首當從《周易》系統入手而非往“二《易》”或其他筮術系統一推了之。

首先，最直接、最關鍵的理由是，這三則言“八”的筮例，均涉及《周易》的繇辭，説明是用《周易》筮占。然而，歷來就有學者舉穆姜筮例，指出穆姜説“是於《周易》”説明上文不是用《周易》系統。這個論證是不能成立的。考察《左傳》《國語》筮例，明言用《周易》筮占的僅四則，① 另有幾則引用《周易》以論事的易例也明言“是於《周易》”“其在《周易》”等，而其餘超過半數易筮例均未明言用《周易》筮占，但同樣涉及《周易》繇辭。可見，明言用《周易》筮占以及“是於《周易》”“是在《周易》”等説辭僅是一些具體的表達方式，並不具有原則性。

其次，關於“《周易》以九六占，《連山》《歸藏》以七八占”的説法也衹是一種猜度，杜預在“遇艮之八”下提到“二《易》皆以七、八爲占”，連一向維護杜預的孔穎達也不得不説：“二《易》並亡，不知實然以否。世有《歸藏易》者，僞妄之書，非殷《易》也。假令二《易》俱占七、八，亦不知此筮爲用《連山》，爲用《歸藏》。所云‘遇艮之八’，不知意何所道；以爲先代之《易》，其言亦無所據。”② 雖然一九九三年出土的王家臺戰國秦簡《歸藏》證實了輯本《歸藏》中的部分内容是早已存在的，③ 但考慮到其卦名和今本《周易》一部分是完全相同的——這同時説明了它與《周易》的親緣性，未必能夠認定戰國秦簡《歸藏》就是相傳的“殷之《歸藏》”。關於“傳世《歸藏》”，有的學者通過考證得出的結論

---

① 它們是（第一則）莊公二十二年陳侯使周史以《周易》筮，（第二〇則）昭公五年莊叔以《周易》筮穆子之生，（第二一則）昭公七年孔成子以《周易》筮立元，（第二七則）哀公九年陽虎以《周易》筮救鄭。

② 《春秋左傳正義》，《十三經注疏》，第一九四二頁。

③ 參見（清）馬國翰《玉函山房輯佚書》經編易類《歸藏》，廣陵社，二〇〇五。

是："所謂的傳世《歸藏》，其實就是汲塚所出的類似'清華簡《別卦》'、'王家臺《易占》'以及'北大簡《荆決》'、'清華簡《筮法》'等易類文獻的彙編，它包含了一種在戰國時非常流行的筮占理論體系，但不一定與《周禮》所說的《歸藏》有實際聯繫。"① 有的學者得出的結論更加直接："所謂的'傳本《歸藏》'衹是個虛構的概念。"② 據學者們考證，清華簡《筮法》又與《歸藏》具有親緣關係。③《筮法》與《歸藏》以及《周易》系統的關係，學界也有充分的討論。④ 大致説來，一種觀點認爲，《筮法》與《歸藏》具有密切關係（如李學勤、林忠軍文）；一種觀點認爲《筮法》是"三易"系統之外的筮占術（如王新春、程浩文）。總體來看，學者們更加傾向於認爲秦簡《筮法》《歸藏》等是不同於《周易》系統的，但其成書年代應該晚於《周易》，學界一般認爲是戰國時代甚至戰國較晚期的作品。⑤

回到春秋易筮的問題上來，既然並無決定性的理據説這三則言"八"的筮例屬於二《易》或別的筮術系統，而它們又明確用到了《周易》繇辭——這是最爲簡單却不無説服力的理由——筆者認同程二行等學者的觀點："用《周易》占不用《周易》占，其區別並不在於揲蓍以得卦的筮法，而在於用不用《周易》的卦爻辭。"⑥ 在《周易》系統内部，當

① 程浩：《輯本〈歸藏〉源流蠡測》，《周易研究》二〇一五年第二期。
② 汪顯超：《王家臺易簡〈歸藏〉是個錯誤結論——兼論正確識別先秦筮占資料的方法》，張新民主編《陽明學刊》第六輯，巴蜀書社，二〇一二，第四九五頁。
③ 李學勤：《〈歸藏〉與清華簡〈筮法〉、〈別卦〉》，《吉林大學社會科學學報》二〇一四年第一期；林忠軍：《清華簡〈筮法〉筮占法探微》，《周易研究》二〇一四年第二期。
④ 李學勤：《〈歸藏〉與清華簡〈筮法〉、〈別卦〉》，《吉林大學社會科學學報》二〇一四年第一期；林忠軍：《清華簡〈筮法〉筮占法探微》，《周易研究》二〇一四年第二期；王新春：《清華簡〈筮法〉的學術史意義》，《周易研究》二〇一四年第六期；廖名春：《清華簡〈筮法〉與〈説卦傳〉》，《文物》二〇一三年第八期；劉大鈞：《讀清華簡〈筮法〉》，《周易研究》二〇一五年第二期；程浩：《清華簡〈筮法〉與周代占筮系統》，《周易研究》二〇一三年第六期。
⑤ 李零：《中國方術考》，東方出版社，二〇〇一，第二五九頁；劉大鈞：《讀清華簡〈筮法〉》，《周易研究》二〇一五年第二期；廖名春：《清華簡〈筮法〉與〈説卦傳〉》，《文物》二〇一三年第八期。
⑥ 程二行、彭公璞：《〈歸藏〉非殷人之易考》，《中國哲學史》二〇〇四年第二期。

時可能存在不同的揲蓍法。^① 因此，我們仍然以《周易》系統審視之爲宜。如此，三則筮例至少其中兩則是明確屬於多爻變的情況，而"得泰之八"一則如前所論也應當屬於多爻變動的情況——若無動爻祇需直言"得泰"；若是一爻變，祇需直言"得泰之某卦"即可。我們發現，因其多爻變動，無法僅以某爻占，考察三則筮例，皆是以本卦或之卦卦辭解占。^② 這裡可以提出初步的看法：凡言"八"的筮例皆屬於多爻變動的情況，不僅可以排除無動爻的情況，也可以排除一爻變的情況。以下就三則筮例更進一步驗説之。

(二)"遇艮之八"

即本例第一五則。

這則筮例顯示，言"遇艮之八"存在多爻變動的情況。當然，這個判斷是基於"艮之八"是指"艮之隨"得出的。杜預注認爲，這裡的筮例記載了分別用二《易》和《周易》兩次進行筮占的情況。這種説法是不能成立的。首先，關於此筮是否屬於《周易》系統的問題前文已經説明；其次，《左傳》易筮例，遇到再筮的情況是有明確記載的，例如，第二一則，孔成子筮立元的情況：

> 孔成子以《周易》筮之，曰："元尚享衛國，主其社稷。"遇屯䷂。又曰："余尚立縶，尚克嘉之。"遇屯䷂之比䷇。

觀其上下文，這裡的"又曰"是關鍵語詞，説明要再筮一番。先筮立元"遇屯"，再筮立縶"遇屯之比"，言"又曰……"，這是再筮的命辭。觀穆姜筮往東宫的上下文並無再筮的意味，所以筮史接着説"是謂艮之隨"。再者，雖然穆姜和筮史的理解和解釋向度有所不同，但都是以隨卦爲中心的解釋，説明穆姜對筮史的説法並無異議，祇有在"艮之八"即是

---

① 李學勤：《周易經傳溯源》，第一七二頁。
② "遇艮之八"一則，穆姜以隨卦卦辭解。"得泰之八"一則涉泰卦卦辭。"貞屯、悔豫，皆八也"一則，韋昭注謂用屯卦初九爻辭，然而屯卦卦辭自有"利建侯"語，觀其下文言"皆曰"，接下來又明確提到屯、豫的完整卦辭，知用本、之兩卦卦辭。

"艮之隨"的前提下，纔會涉及隨卦。誠如廖名春先生所說："'是謂艮之隨'之'是'即'此'，指代上文'艮之八'。"① "艮之八"顯示的結果就是"艮之隨"。本例中穆姜和筮史的解釋均沒有涉及艮卦和隨卦的爻辭，正如前文所說，既然遇到多爻變的情況，則爻無定爻，故不能僅從某一爻爻辭占。②

在確定了"遇艮之八"屬於多爻變動的前提下，既言"八"則其必有陰爻不變者，故多爻變的情況也必須排除六爻全變的情形。最困難的問題還是它的變卦之法。今人高亨先生總結的變卦法無疑是最具系統性和原則性的。按高亨先生的解釋，筮得純九、六或純七、八的遇卦，求得宜變之爻爲九、六則變爻得之卦，宜變之爻爲七、八則不變。但是，筮得雜以九、六、七、八的遇卦，其變卦法則複雜一些：以"天地之數"（五十五）減去卦之營數求得宜變之爻爲七、八時，則需遇卦的九、六互變而得之卦。且看其論"艮之八"的變卦法：

> 初、三、四、五、上爻皆變者也。當其筮時，蓋得䷳《艮》卦，其營數爲四十四。自五十五減四十四，餘十一。依法數之，至二爻而十一盡，故二爻爲宜變之爻。而二爻爲八，乃不變之爻，故曰"遇艮之八"。不得以《艮》之六二爻辭占之矣，遂變《艮》之九爲六，六爲九，則得䷐隨卦，故曰"是謂《艮》之《隨》"。引隨之卦辭曰"元亨，利貞，無咎"，是以"之卦"卦辭占之也。此《變卦法》中六之（二）之類也。③

"變卦法"六之（二）類是指一爻爲七、八，其他五爻皆爲九、六的情況，"如其五爻均非宜變之爻，則變五爻之'九'爲'六'、'六'爲

---

① 廖名春：《〈左傳〉、〈國語〉易筮言"八"解》，方銘主編《〈春秋〉三傳與經學文化》，第七頁。
② 《左傳》、《國語》的易筮例，除了這三則言"八"的筮例，排除引用《周易》以論事者，僅有《國語·周語》記載的晉筮成公之歸"遇乾之否"一則屬於多爻變的情況，於相應卦辭、爻辭均未提及。
③ 高亨：《周易筮法新考》，《周易古經今注》，第一五七至一五八頁。

'九'，而得'之卦'"①。應當指出，三則言"八"的筮例按照高亨先生給定的條件皆能得到相應的結果，有學者批評道："以其法祇能求得一個宜變之爻，而卦中其他九、六之爻皆爲不宜變之爻，與高氏自己承認之'九爲宜變之陽爻'、'六爲宜變之陰爻'之説，形成'二律背反'，即陷入無法解決的矛盾境地。若以高氏所定之法數之，得出宜變之爻，而其爻適爲七或八，又屬不變之爻，不變而又宜變，此又一'二律背反'也。"② 需要説明一點，高亨先生的變卦法之所以優先"求得一個宜變之爻"是不難理解的，因爲有專變之爻易於斷占。還有的學者雖然提出了一些獨到的見解，但並不具有原則性，例如，程迥説：

> 遇艮之八，史曰："是謂艮之隨。"蓋五爻皆變，唯八二不變也，劉禹錫謂"變者五，定者一，宜從少占"是也。然謂"八非變爻，不曰有所之，史謂艮之隨，爲苟悦於姜"者非也。蓋他爻變，故之隨，惟之隨，然後見八二之不變也。③

有學者從"八二"説進行引申："見程氏之説，過去稱不變之爻有'八二'之説，而此處之八，正指卦占中不變之陰爻。"④ 此説不够確切，因爲《左傳》《國語》記載的其他筮例中也有"卦占中不變之陰爻"，何不亦言"某卦之八"？又"貞屯、悔豫，皆八"爲三爻不變、另三爻變者，知"八"並非特指某爻。有的學者不從卦變的角度，而是從爻位的角度來解："艮之八實艮之第二爻耳。"⑤ 但是，筮史和穆姜皆從隨卦論，应是卦變，又何況，這也不能解釋"得貞屯、悔豫，皆八也"一則。

我們説這三則言"八"的筮例應都存在多爻變動的情況，在這一點上，清儒李光地的説法不無見地："蓋三占者，雖變數不同，然皆無專動之爻。則其爲用卦一也，卦以'八'成，故以'八'識卦。"⑥ 惠棟説：

---

① 高亨：《周易筮法新考》，《周易古經今注》，第一四九頁。
② 章秋農：《周易占筮學——讀筮占技術研究》，浙江古籍出版社，一九九九，第二〇三頁。
③ （宋）程迥：《周易古占法》，影印《文淵閣四庫全書》第一二册，第六〇三頁。
④ 韓慧英：《〈左傳〉、〈國語〉筮數"八"之初探》，《周易研究》二〇〇二年第五期。
⑤ （清）毛奇齡：《春秋占筮書》，影印《文淵閣四庫全書》第四一册，第五三四頁。
⑥ （清）李光地：《御纂周易折中》，影印《文淵閣四庫全書》第三八册，第五四三頁。

"穆姜筮往東宮遇'艮之隨'則云'艮之八',是亂動不變。"① 也是强調它與一爻變相區别的情况。但對於爲何以"八"言之,筆者不能同意他們的解釋。這裏可以得出進一步的結論:言"八"的筮例顯示存在多爻變動的情况,没有專變之爻,但至少有一陰爻不變。以下於"貞屯、悔豫,皆八也"一則更進一步説之。

(三)"得貞屯、悔豫,皆八也"

詳見本書第八則。

關於這則筮例,首先要明確一點,就是儘管它的形式比較特殊,但仍是一次筮占的結果。很多學者認爲這裏是兩次筮占的結果,例如,朱子説:"據本文語勢,似是連得兩卦,而皆不值老陽老陰之爻,故結之曰'皆八也'。"② 有的學者口氣更加堅定:"貞屯悔豫,其爲再筮得兩卦,而非遇屯之豫明矣。"③ 但這種説法是有問題的。不惟如前文所説,若遇到再筮的情况有明確記載,今觀上下文並無再筮的意味;而且,即便如朱子等人説爲再筮,然而如朱子自己所疑慮的:"兩卦之中亦有陽爻,又不爲徧言'皆八'。"④ 况且,既言"貞悔"則非指前後筮得兩卦,誠如劉大鈞先生所説:"通觀古人注釋,從未見有人解初筮之卦爲'貞',再筮之卦爲'悔'者。"⑤ 此處言"貞悔"者當指遇卦和之卦,而韋昭注則把"貞悔"解釋爲内卦、外卦:

> 内曰貞,外曰悔。震下坎上,屯。坤下震上,豫。得此兩卦,震在屯爲貞,在豫爲悔。八,謂震兩陰爻,在貞在悔皆不動,故曰"皆

① (清) 惠棟:《易例》,影印《文淵閣四庫全書》第五二册,第三八一頁。
② 朱熹:《答程可久》,《晦庵集》卷三十七,影印《文淵閣四庫全書》第一一四三册,第五六頁。
③ (清) 王鳴盛著《蛾術編》卷七十四,顧美華整理標校,上海書店出版社,二〇一二,第一〇八九頁。
④ 朱熹:《答程可久》,《晦庵集》卷三十七,影印《文淵閣四庫全書》第一一四三册,第五六頁。
⑤ 劉大鈞:《周易概論》(增補本),第八三頁。

八"，謂爻無爲也。①

韋昭的説法是不能成立的。"貞悔"之説，當然可以指内卦、外卦而言，但於此例中表示遇卦和之卦，"貞屯、悔豫"其實就是"遇屯之豫"。又且，按韋昭注，震兩陰爻在屯卦和豫卦皆不變是謂"皆八"。他所説的"兩陰爻"不外乎兩種理解，要麼是指屯卦六二爻、六三爻和豫卦六二爻、六三爻，要麼是指屯卦内卦（震卦）的六二爻、六三爻和豫卦外卦（震卦）的六五爻和上六爻。若是前者，則如劉大鈞先生所批評的："屯☷☳卦的上六爻，其筮數也是八而未變，若按此解，何以獨指六二、六三兩爻，而不及上六爻呢？"② 若是後者，震卦兩陰爻在屯卦確實不變，但在豫卦僅上六爻不變，而六五爻正是從屯卦的九五爻變來的，很明確有一陰爻動，正如尚秉和先生所説："震在屯兩陰爻未動，若在豫祇上六未動耳。若六五，正由屯九五變來，坎之震，亦震之坎，胡言未動乎？觀下云是在《周易》，則所謂'皆八'者，用二《易》可知也。"③ 但其論韋注誤則是，説用二《易》就未必如此了。

以《周易》變卦求之，説之詳者自然莫如高亨先生的"變卦法"，其論"得貞屯、悔豫，皆八也"云：

初、四、五爻皆變者也。當其筮時，蓋得☷☳《屯》卦。其營數爲四十八。自五十五減四十八餘七。依法數之，至上爻而七盡，故上爻爲宜變之爻。而上爻爲"八"，乃不變之爻，是得《屯》之八也。不得以《屯》之上六爻辭占之矣，遂變《屯》之九爲六，六爲九，則得☳☷《豫》卦。《屯》卦上爻之八，亦即《豫》卦上爻之八，故曰'貞《屯》悔《豫》，皆八也'。貞者，'本卦'；悔者，'之卦'也；故以《屯》《豫》兩卦卦辭合占之。此變卦法中四之（二）之類也。④

---

① 詳見本書第八〇頁。
② 劉大鈞：《周易概論》（增補本），第八三頁。
③ 尚秉和：《〈左傳〉〈國語〉易象釋》，《周易尚氏學》，張善文校理《尚秉和易學全書》第三卷，第五九二頁。
④ 高亨：《周易筮法新考》，《周易古經今注》，第一五六頁。

　　“變卦法”四之（二）是指三爻爲九、六且均非宜變之爻的情況下，九、六互變而成之卦。姑且不論前文已説的其變卦法之方法限制，就此例而言，其解“皆八”爲屯卦和豫卦的上爻營數皆爲八，然而屯卦和豫卦的二爻、三爻亦皆爲八，何以但指上爻爲八者？此與韋昭注例同。

　　按照春秋易筮的一般體例，“貞屯、悔豫”就是“屯之豫”，所以很多學者均提出何以不直言“屯之豫”或“屯之八，是謂屯之豫”而别爲言“貞屯、悔豫，皆八也”的問題。其實這個問題的提出有一個前提，就是認爲“之八”和“皆八”是不同的。如果説，“八”指不變者而言，那麽，“皆”是指什麽呢？

　　關於這一點，宋代易學家趙汝楳有如下解釋：

　　　《左傳》《國語》載筮得“八”者凡三，艮、泰得八可以意推，唯“貞屯、悔豫，皆八”難曉……二書所載三爻變而稱八者，雖止此，然有五爻變而稱八者，亦可例考穆姜遇艮之八凡五爻變，三上以九變，初四五以六變，第二爻不變，此爻在艮爲八，在隨亦八，正與“貞屯、悔豫”之占同，乃不云“貞艮、悔隨，皆八”，而云“艮之八”何邪？蓋凡稱八者，皆主不變爻爲言。此有兩説：其一則七、八不變，今有八无七，謂不變者皆八而非七也；其二則“艮之八”，一爻不變，在下卦之二，“泰之八”一爻不變在上卦之五，故但稱之八，此占二、三、上不變，涉上下卦，下卦不變者八，上卦不變者亦八，謂上下卦之不變者皆八而非七，以別於上卦得八而下卦否，或下卦得八而上卦否者，使他占得八而涉上下卦則亦云“皆八”矣，“貞屯悔豫”句絶，“皆八”自爲一句。①

　　趙氏的説法甚是詳細也很獨到。按照這一説法，則言“之八”者爲不變之爻祇在内卦或祇在外卦，而言“皆八”者爲不變者内外卦中皆有之。因爲“八”所代表的不變之爻，在“艮”之八是在内卦，而“泰之八”

————————

　　① （宋）趙汝楳：《筮宗》，《周易輯聞》，影印《文淵閣四庫全書》第一九册，第三四五至三四六頁。

的不變之爻如我們下文將看到的是在外卦，所以説"之八"的不變爻是在內卦或外卦一處，而"皆八"不變爻六二、六三、上六涉內外卦而言。就三則筮例而言，這不能不説是一種自洽的解釋，但它是在這樣一個前提下纔能成立的，亦即，"皆八"和"之八"是不同的。

事實上，"皆八"和"之八"並無實質上的不同。這是因爲，"艮之八"不變爻在內卦，"泰之八"不變爻必在外卦，而"貞屯、悔豫，皆八也"不變爻涉內外卦，可見"八"所代表的不變爻在卦中任何位置皆可。這裡的"皆八"其實可以作一個最爲簡單的理解，就是：屯卦的不變爻都是陰爻。"貞屯、悔豫"，屯卦六二、六三、上六爻不變，不變者皆陰，所以緊隨其後進一步斷言它的不變爻皆陰。前文提到的俞志慧的説法，認爲"皆八"是指本卦中宜變和不變之爻皆半。俞文是承唐代學者畢中和"貞屯悔豫，變與定均也"之説。① 僅從此例來看，或可如此説，但不能同時適用於"遇艮之八"和"得泰之八"。"艮之八"和"貞屯、悔豫，皆八也"不過是具體言説方式的不同，並無實質上的不同。

趙汝楳的説法有兩點是可取的。其一，凡言"八"者，皆取不變爻言之。其原因在於，如前所論，存在多爻變的情況，沒有專動之爻，所以取不變者言之。其二，言"八"而非"七"者，不變之爻皆是陰爻。歷來就有學者對此表示疑問，然今觀兩例皆如此，"艮之八"不變爻皆陰，"貞屯、悔豫"不變爻亦皆爲陰，何得言七？於此，我們暫且得出進一步的結論：

首先，如前已論，言"八"的筮例顯示存在多爻變的情況，沒有專動之爻，但至少有一陰爻不變。

其次，言"八"是以不變者説之。其原因在於存在多爻變的情況，無專動之爻，而不變之爻皆陰，所以從不變者説爲"八"。

我们以之驗解"得泰之八"一則，更進一步闡説。

---

① 俞志慧：《〈國語·晉語四〉"貞屯悔豫皆八"爲宜變之爻與不變之爻皆半説》，《中國哲學史》二〇〇七年第四期。

（四）“得泰之八”

是爲第九則。

首當明確的是，此則筮例存在多爻變動的情況。而先哲時賢多以爲泰卦不動，例如韋昭注云：“遇泰無動爻，無爲侯。泰三至五震爲侯。陰爻不動，其數皆八，故得泰之八，與‘貞屯、悔豫皆八’義同。”尚秉和先生①、高亨先生②等人也將“泰之八”歸爲六爻不動者。觀韋注其意是謂泰卦無動爻，而陰爻不動者故稱“八”。李道平認爲：“此筮若如韋注，凡不動之卦有陰爻者，皆可名八。獨不思此卦陰陽爻皆有，何必言少陰八，而不言少陽七乎？”③ 若果如韋昭所説泰卦無動爻，則李道平的批評是對的。但若撇開這一前提，就不能成立了，因爲若是屬於多爻動的情況，按照前兩例其不動者都是陰爻而沒有陽爻，這纔稱“八”而非“七”。前文提到，李光地和惠棟關於爲何衹言“八”而未有言“七”者的解釋是有問題的，惠棟又説：“《春秋》内外兩傳從無遇某卦之七者，以七者筮之數，卦之未成者也。”④ 此説並非確定的理據，衹可視爲一種猜度。

李光地“無專動之爻”説已爲我們所取，但他所説的言“八”的理由並不充分，他説“泰之八”没有動爻也不對。在筆者看來，泰卦應存在多爻動的情況。就此而言，筆者贊同先賢趙汝楳、李道平之意。劉大鈞先生也認爲：“‘泰之八’當有變爻。”⑤ 六爻皆不變者，《左傳》筮例中也有，如僖公十五年秦筮伐晉云“其卦遇蠱”（第六則）、成公十六年晉筮擊楚云“其卦遇復”（第一三則）、昭公七年孔成子筮立元“遇屯”（第二一則），此三則皆無動爻而且都有陰爻，故陰爻不動，若按韋昭注，則何不亦言“之八”也？若按李光地釋例，也屬於“皆無專動之爻”，何不亦言“之八”也？這樣看來，“泰之八”應當有動爻，且存在多爻動的情況。若非

① 尚秉和：《周易古筮攷》，張善文校理《尚秉和易學全書》第一卷，第一九頁。
② 高亨：《周易筮法新考》，《周易古經今注》，第一五〇至一五一頁。
③ （清）李道平：《易筮遺占》，《周易集解纂疏》，第七五六頁。
④ （清）惠棟：《易例》，影印《文淵閣四庫全書》第五二册，第四一〇頁。
⑤ 劉大鈞：《周易概論》（增補本），第八八頁。

如此，則祇須直言“得泰”或“得泰之某卦”即可，無須言“得泰之八”也。

然而，又有很多學者提出，觀下文引用泰卦卦辭知泰卦不變，這個説法也是不能成立的。考察《左傳》筮例，遇到卦變的情況，也有未引用之卦而僅以本卦解占的情況，如第一則莊公二十二年“遇觀之否”未見言否卦卦辭或爻辭，第七則僖公十五年“歸妹之睽”、第一〇則僖公二十五年“遇大有之睽”、第一六則襄公二十五年“遇困之大過”、第二一則昭公七年“遇屯之比”等都是這樣的情況，都用到了本卦卦辭或爻辭。順便指出，這也説明了春秋筮占的解釋學化、人謀化，相比於筮占，“人事”更爲重要，觀晉筮嫁伯姬於秦（第七則）、穆姜筮往東宫（第一五則）、南蒯筮叛（第二二則）等例可知。可見，從“泰之八”例未見用到他卦卦辭或爻辭，並不足以説明泰卦無動爻。

那麽，接下來的問題是，考慮到“泰之八”和“艮之八”的體例相同，其不動爻、動爻情況必然相同嗎？

首先，“艮之八”不動爻在六二，顯然“泰之八”不動爻必在四、五、上三個陰爻中無疑，這與“艮之八”不動爻在内卦是不同的。正如上文所説，“八”並不局限於某一個爻位，在六爻任意位置皆可。

其次，“艮之八”一陰不動、五爻動，“泰之八”是否也是一陰不動、五爻動呢？這種可能性當然是有的。但是，由上第一條不同也可推論“泰之八”和“艮之八”未必盡同；進一步，由“貞屯、悔豫，皆八也”得知，其不動爻不必爲一陰，數陰不動的情況也是可能的。因此，雖然“泰之八”和“艮之八”的體例相同，但不必均是一陰不動而其他爻皆動的情況。

在此前提下，進一步探討“泰之八”的動爻情況是怎樣的。前文説凡言“八”爲多爻變動，而不動爻爲陰爻，故稱“八”。今遍考《左傳》《國語》所載筮例，除了這三則言“八”者，並未有多爻動但不動之爻皆陰的情況，所以並未見到他筮言“八”者並不是偶然的。

按此，則泰之八至少有一陰爻不動，且不動者皆陰。那麽，這就有三類七種可能的情況：一陰不動，其他皆動，有三種情況；二陰不動，其他皆動，有三種情況；三陰不動，其他皆動，祇有一種情況。一陰不動的可能情況是：六四不動，則"泰之八"是爲"泰之觀"；六五不動，則爲"泰之晉"；上六不動，則爲"泰之萃"。二陰不動的可能情況是：六四、六五不動，是爲"泰之剥"；六四、上六不動，是爲"泰之比"；六五、上六不動，則爲"泰之豫"。三陰不動則爲"泰之坤"。列爲簡表四。

表四　"得泰之八"變動情況

一陰不動			二陰不動			三陰不動
泰䷊之觀䷓	泰䷊之晉䷢	泰䷊之萃䷬	泰䷊之剥䷖	泰䷊之比䷇	泰䷊之豫䷏	泰䷊之坤䷁

由於"得泰之八"並無另斷的記載，故不知其確切的動爻情況，但應超不出表四所列者。言其一陰不動五爻動者有之，如趙汝楳説爲六五不動，按此則是"泰之晉"，這自然是一種可能情況，但這同時也有六四不動得"泰之觀"以及上六不動得"泰之萃"的可能，緣何就説一定是六五不動？也有學者説："'艮之八'和'泰之八'則是五爻變，僅一陰爻不變的筮例。"[1]　其文未説明緣由及其可能的動爻情況，不知是否爲承趙氏之説。言其二陰不動四爻動者，則未見有之。言其三陰不動三爻動者，如李道平所説："此當是泰䷊之坤䷁。……今據彖辭觀之，知此筮用八，決爲泰之坤。惟泰之坤，則是三陰不動，故曰'泰之八'。一陰不動，'貞屯悔豫皆八'，三陰不動，其義一也。且三爻動，占兩卦之卦象辭，仍以不動者爲主。故占者，止援泰象義。"[2]　三陰不動當然也是一種可能。但是，遇到多爻動的情況，其占無定法，穆姜筮往東宮（第一五則）、重耳筮有國（第八則）例皆是也。

由於下文並無另斷，"泰之八"究竟爲何不得而知，但必爲表四所列情形之一。順便説明，按此推衍，則（第一四則）《國語·周語》所載晉筮成公之歸"遇乾之否"爲三陽不動、三陰動，不動者皆陽，所以也可斷

---

① 王化平：《"艮之八"、"泰之八"和"貞屯悔豫"新解》，《學行堂文史集刊》二〇一二年第一期。
② （清）李道平：《易筮遺占》，《周易集解纂疏》，第七五六頁。

爲"乾之七",但並無另斷的記載。筆者以爲,這是容易理解的,正如同"得泰之八"後並無另斷爲"得泰之某卦","遇乾之否"前也無先斷"遇乾之七"一語。至如穆姜筮而筮史斷其詳,今兩處未見斷其詳不足爲怪。

綜上,《左傳》《國語》所載三則言"八"的易筮例均屬於多爻變動而其不動之爻皆陰的情況,所以自其不動者言之,故言"八"。按此,"得泰之八"就有一陰不動、二陰不動、三陰不動三類七種可能的動爻情況。

以上所見三則易筮例皆從不動者言之,就自然引出了如下問題:"《周易》筮數中'九''六'變,'七''八'不變的原則,是否是春秋時代人們以《周易》占筮的原則?或是還有別的什麼原則?"① 或許,正如顧炎武所説:"占變者,其常也;占不變者,其反也。"② 這些相關問題尚待進一步探討。

---

① 劉大鈞:《周易概論》(增補本),第八八頁。
② (清)顧炎武:《日知録(一)》,《顧炎武全集》第一八册,第八七頁。

一六　陳文子評崔武子筮娶齊棠姜

(《左傳·襄公二十五年》)

齊棠公之妻，東郭偃之姊也。

【注】棠公，齊棠邑大夫。

【疏】注"棠公"至"大夫"。正義曰：楚僭號稱"王"，故縣尹稱"公"。齊不僭號，亦邑長稱"公"者，蓋其家臣僕呼之曰"公"。傳即因而言之，猶伯有之臣云"吾公在壑谷"也。

【案】○齊棠公，如注、疏之説。又或，楊寬《西周史》云："《春秋》記載列國諸侯，有嚴格的公、侯、伯、子、男五等爵，但是叙述到葬的時候就一律稱'公'。"① 傳稱"齊棠公"者，蓋棠嘗爲諸侯。○注"齊棠邑"，洪亮吉《春秋左傳詁》："襄六年齊人滅棠，故棠遂爲齊邑。"② 事見襄公六年傳文："晏弱圍棠，十一月丙辰而滅之。"楊伯峻《春秋左傳注》："棠，江永《考實》謂即十八年傳之垂棠，疑在今山東平度縣東南。《大事表》則以爲今之堂邑鎮（堂邑廢縣治）。《列女傳·孽嬖》有《東郭姜傳》。"③

東郭偃臣崔武子。棠公死，偃御武子以弔焉。見棠姜而美之，

【注】美其色也。

---

① 楊寬：《西周史》，上海人民出版社，二〇一六，第三六〇頁。
② （清）洪亮吉：《春秋左傳詁》，第五七一頁。
③ 楊伯峻：《春秋左傳注》（修訂本），第一〇九五頁。

使偃取之。

【注】爲己取也。取，如字，又七住反，注同，注或作"娶"字。

偃曰："男女辨姓，

【注】辨，別也。別，彼列反。

【案】姓：乃謂同宗同族。《説文》："姓，人所生也。"顧炎武《日知録》："姓之所從來，本於五帝；五帝之得姓，本於五行，則有相配相生之理。"[1] 周代貴族同宗不婚，《禮記·大傳》云："繫之以姓而弗別，綴之以食而弗殊，雖百世而昏姻不通者，周道然也。"除了本例，這也反映於《左傳》其他地方，例如，昭公元年傳子産云："男女辨姓，禮之大司也。"而族内不能通婚的原因，子産解釋爲："其生不殖，美先盡矣，則相生疾。"類似的説法還有僖公二十三年傳叔詹語："男女同姓，其生不蕃。"本例説明，一者，春秋時期仍然繼承了"同姓不婚"的宗法觀念；二者，崔武子並不顧忌這一點，或者説敢於違背這一點，反映了其時宗法觀念和制度開始了逐漸瓦解的進程。

今君出自丁，

【注】齊丁公，崔杼之祖。

【疏】注"丁公"。正義曰：謚法：遠義不克曰丁。

臣出自桓，不可。"

【注】齊桓公小白，東郭偃之祖。同姜姓，故不可昏。

【案】注"故不可昏"，"昏"同"婚"，阮元《校勘記》："淳熙本'昏'作'婚'。"

武子筮之，遇困☲

【注】坎下兌上，困。坎，苦敢反。兌，徒外反。

【案】困☲下坎☵上兌☱。

---

[1] （清）顧炎武：《日知録（一）》，《顧炎武全集》第一八册，第二六八頁。

之大過☰。

【注】巽下兑上，大過。困六三變爲大過。巽音孫。

【疏】“遇困之大過”。正義曰：坎下兑上爲困。兑爲澤，坎爲水。水在澤下，則澤中無水也。《易》困《象》曰：“澤無水，困。”澤以鐘水潤生萬物，今澤無水，則萬物困病，故名其卦爲“困”也。巽下兑上爲大過，《象》曰：“大過，大者過也。”陽大陰小，二陰而夾四陽，大者過也。

【案】大過☰下巽☰上兑☰。

史皆曰“吉”。

【注】阿崔子。

【疏】“史皆曰吉”。正義曰：史者，筮人也。史有多人皆言爲“吉”，阿崔子之意也。服虔云：“皆，二卦。”妄也。

示陳文子。文子曰：“夫從風，

【注】坎爲中男，故曰“夫”。變而爲巽，故曰“從風”。中，丁仲反。

風隕妻，不可娶也。

【注】風能隕落物者，變而隕落，故曰“妻不可娶”。隕，于敏反。娶，亦作取，七住反，注同。

【案】○傳文“娶”，上下文作“取”，洪亮吉《春秋左傳詁》云《釋文》作“取”，[1] 應從之正。○注“故曰‘妻不可娶’”，則其斷句爲：“風隕，妻不可娶也。”當斷句爲：“風隕妻，不可娶也。”聯繫上句來看，坎取象夫，巽取象風，兑取象妻。

且其繇曰：‘困于石，據于蒺藜，入于其宮，不見其妻，凶。’

【注】困六三爻辭。繇，直又反。蒺音疾。藜，力利反。

‘困于石’，往不濟也；

【注】坎爲險、爲水。水之險者，石，不可以動也。

---

① （清）洪亮吉：《春秋左傳詁》，第五七二頁。

【疏】注"坎爲"至"以動"。正義曰：坎，《象》云："習坎，重險也。"《説卦》"坎爲水"。水之險者爲石也，石不可動，往而遇石，是往不濟也。

'據于蒺棃'，所恃傷也；

【注】坎爲險。兑爲澤。澤之生物而險者，蒺棃，恃之則傷。

【疏】注"坎爲"至"則傷"。正義曰："兑爲澤"，《説卦》文也。《釋草》云："茨，蒺藜。"郭璞曰："布地蔓生，細葉，子有三角，刺人。"蒺藜有刺，是草之險者，踐之則被刺，故恃之則傷也。

【案】傳文"蒺棃"，孔疏作"蒺藜"，《釋文》作"蒺棃"。① "棃"，"藜"的異體字，下同。

'入于其宫，不見其妻，凶'，無所歸也。"

【注】《易》曰："非所困而困，名必辱；非所據而據，身必危。既辱且危，死期將至，妻其可得見邪？"今卜昏而遇此卦，六三失位無應，則喪其妻，失其所歸也。應，應對之應。喪，息浪反。

【疏】注"易曰"至"所歸"。正義曰：所引《易》曰，《易·下繫辭》文也，孔子引此爻之辭，而以此言述之。"非所困而困"者，謂六三是坎，"坎爲水"，水之險者爲石，遇石當須辟之，非合所困而困之，故"名必辱"也；"非所據而據"，謂六三在坎之上，澤之下，於蒺藜之間，應當辟之，非合所據而乃據之，故"身必危"也。石未即害身之物，所以云"名必辱"；蒺藜害體之物，故云"身必危"。既有困辱，且復傾危，此死時期將至矣，妻其可得見乎？孔子述此爻之義如是。今卜昏而遇此卦，是不吉之象也。六三以陰居陽位，是失位也。三應在上，上亦陰爻，是無應也。動而無應，是喪失所歸，故"不見其妻"也。劉炫云："困卦六三上承九四，四非三應，而三欲附之，附之不入，自取其困，不應爲此困而爲之，名必辱也；六三失位，而下乘九二，以柔乘剛，非安身之道，不應據而據之，身必危也。"

---

① （唐）陸德明：《經典釋文》，張一弓點校，第三九頁。

【案】"此死時期將至矣"原作"此死時其將至矣",阮元《校勘記》："浦鏜《正誤》'其'作'期',是也。"據改。

崔子曰:"嫠也,何害?先夫當之矣。"

【注】寡婦曰嫠。言棠公已當此凶。嫠,本又作釐,力之反。

遂取之。

【案】崔武子以一句"嫠也,何害?先夫當之矣"直接把筮占的吉凶斷定撇開,可見,在崔武子的觀念中,人的意願優先於筮占顯示的吉凶。這其實是對神意的懸擱,亦可見春秋易筮的解釋學化、人謀化特徵,亦即,相比於對神意的揣測,人對於自身生存的理解和籌劃成爲易筮的主導原則。

一七　告子展評楚子將死

（《左傳·襄公二十八年》）

蔡侯之如晉也，鄭伯使游吉如楚。

及漢，楚人還之，曰：“宋之盟，君實親辱。

【注】君，謂鄭伯。還音環。

【案】辱：至，臨。昭公七年傳“嘉惠未至，唯襄公之辱臨我喪”杜注：“襄公二十八年，如楚臨康王喪。”

今吾子來，寡君謂吾子姑還，吾將使駟奔問諸晉，而以告。”

【注】問鄭君應來朝否。駟，人實反。

子大叔曰：“宋之盟，君命將利小國，而亦使安定其社稷，鎮撫其民人，以禮承天之休，

【注】休，福祿也。休，許虯反，注同。

此君之憲令，而小國之望也。

【注】憲，法也。

寡君是故使吉奉其皮幣，

【注】聘用乘皮束帛。乘，繩證反。

以歲之不易，聘於下執事。

【注】言歲有饑荒之難，故鄭伯不得自朝楚。易，以豉反。難，乃旦反。

今執事有命曰：‘女何與政令之有？必使而君棄而封守，跋

— 136 —

涉山川，蒙犯霜露，以逞君心。’小國將君是望，敢不唯命是聽？無乃非盟載之言，以闕君德，而執事有不利焉，小國是懼。不然，其何勞之敢憚？”

【注】女音汝。何與，音預。跋涉，白木反，草行爲跋，水行爲涉。憚，徒旦反。

【疏】“今執”至“敢憚”。正義曰：執事，謂楚也。楚人詰大叔，唯有止還之語耳。令游吉還使鄭伯來，故游吉原其意爲此辭作甚之言耳。“而執事有不利焉”，違盟，言“闕君德”，是於楚爲不利也。“小國是懼”，懼楚不利耳，不敢自憚勞也。

【案】○傳文“小國是懼”，楊伯峻《春秋左傳注》：“‘小國懼是’之倒裝。”① ○此節注文原在傳文“《周易》有之，在復䷗”注中。

子大叔歸，復命。告子展曰：“楚子將死矣。不脩其政德，而貪昧於諸侯，以逞其願，欲久，得乎？《周易》有之，在復䷗

【注】震下坤上，復。

【案】復䷗下震☳上坤☷。

之頤䷚，

【注】震下艮上，頤。復上六變得頤。頤，以之反。

【案】頤䷚下震☳上艮☶。

曰：‘迷復，凶。’

【注】復上六爻辭也。復，反也。極陰反陽之卦，上處極位，迷而復反，失道已遠，遠而無應，故凶。應，應對之應。

【疏】注“復上”至“故凶”。正義曰：卦從下起，從下而畫，陰爻至上六爲純坤，又將從下變之，故復爲極陰反陽之卦也。上處極位，位極更无所往，故爲迷也。既迷而後反本，從下積而至迷，是爲失道已遠。上應在三，三亦陰爻，遠而無應，故凶也。復，《易》注云：“復，反也，還也。”陰

① 楊伯峻：《春秋左傳注》（修訂本），第一一四三頁。

氣侵陽，陽失其位，至此始還，反起於初，故謂之"復"。陽，君象。君失國而還反，道德更興也。頤，養也。《易》注云："頤者，口車輔之名。"震動於下，艮止於上，口車動而上因輔嚼物以養人，故謂"頤"爲"養"也。

【案】疏"輔嚼物以養人"，"嚼"原作"爵"，阮元《校勘記》："宋本、毛本'爵'作'嚼'。"據改。

其楚子之謂乎！欲復其願，

【注】謂欲得鄭朝，以復其願。

【疏】注"謂欲"至"其願"。正義曰：楚子本意願鄭伯來朝，全不顧道理，唯欲復其本願。

而棄其本，

【注】不脩德。

復歸無所，是謂迷復，

【注】失道已遠，又无所歸。

能無凶乎？君其往也，送葬而歸，以快楚心。

【注】言楚子必死，君往當送其葬。

楚不幾十年，未能恤諸侯也。

【注】幾，近也。言失道遠者，復之亦難。幾，居依反，又音祈。

【疏】注"幾近"至"亦難"。正義曰："幾，近"，《釋詁》文也。十者，數之小成。言"失道遠者，復之亦難"，故舉成數以言之。《周易》復卦上六爻云："迷復，凶，有災眚。用行師，終有大敗，以其國君凶，至于十年不克征。"是《易》有"十年"之語，故游吉期之以十年。服虔云：此行也，楚康王卒。至昭四年楚靈王合諸侯于申，距今八年，故曰"不幾十年"。是謂"十年不克征"也。

吾乃休吾民矣。"

【注】休，息也。言楚不能復爲害。復，扶又反，下復顧同。

一八　醫和論晉侯之蠱疾

（《左傳·昭公元年》）

晉侯求醫於秦。秦伯使醫和視之。曰："疾不可爲也，是謂近女室，疾如蠱。

【注】蠱，惑疾。近，附近之近。蠱音古。

【疏】"是謂"至"如蠱"。正義曰：女在房室，故以室言之。"是謂近女室"，説此病之由，由近女定爲此病也。又言"疾如蠱"，言此疾似蠱疾也。蠱者，心志惑亂之疾。若今昏狂失性，其疾名之爲"蠱"。公惑於女色，失其常性，如彼惑蠱之疾也。蠱是惑疾，公心既惑，是蠱疾。而云"如蠱"者，蠱是失志之疾名，志之所失，不獨爲女。宣八年傳"胥克有蠱疾"者，直是病而失性，不由近女爲之。此公淫而失志，未全爲蠱，故云"如蠱"。

【疏】注"蠱惑疾"。正義曰：和言公疾如蠱，下云"惑以喪志"，知蠱是心志惑亂之疾。

【案】○傳文"是謂近女室，疾如蠱"，王念孫云當作"是謂近女，生疾如蠱"。説詳王引之《經義述聞》。[1] 阮元《校勘記》："王念孫云'室'乃'生'之誤，'近女'爲句，'生疾如蠱'爲句。女、蠱爲韻，下文食、志、祐爲韻。"今不改原版，引其説於此。○疏"公心既惑，是蠱疾"，阮元《校勘記》："宋本'是'上有'即'字。"

非鬼非食，惑以喪志。

【注】惑女色而失志。喪，息浪反。

---

① （清）王引之：《經義述聞》，第一〇九三頁。

【疏】“非鬼”至“喪志”。正義曰：此説公病之狀。病有鬼爲之者，有食爲之者。此病非鬼非食，淫於女色，情性惑亂，以喪失志意也。

良臣將死，天命不祐。”

【注】良臣不匡救君過，故將死而不爲天所祐。祐音右。

公曰：“女不可近乎？”

對曰：“節之。……六氣曰陰、陽、風、雨、晦、明也，分爲四時，序爲五節，

【注】六氣之化，分而序之，則成四時，得五行之節。

【疏】注“六氣”至“之節”。正義曰：六氣並行，無時止息。但氣有溫、暑、涼、寒，分爲四時，春、夏、秋、冬也。序此四時，以爲五行之節，計一年有三百六十五日。序之爲五行，每行得七十二日有餘。土無定方，分主四季，故每季之末有十八日，爲土正王日也。

【案】○注“五行之節”，楊伯峻《春秋左傳注》：“後人解爲金木水火配秋春冬夏，每時七十二日，餘日配土，是爲五節。此解甚牽強，非傳意，依上文，似應爲五聲之節。”① ○疏“爲土正王日也”，原作“爲土正主日也”，阮元《校勘記》：“‘主’當作‘王’，音旺。”據改。

過則爲菑：陰淫寒疾，

【注】寒過則爲冷。菑音災，下同。

陽淫熱疾，

【注】熱過則喘渴。喘，昌充反。

風淫末疾，

【注】末，四支也。風爲緩急。

【疏】注“末四”至“緩急”。正義曰：人之身體，頭爲元首，四支

---

① 楊伯峻：《春秋左傳注》（修訂本），第一二二二頁。

爲末。故以“末”爲四支，謂手足也。風氣入身，則四支有緩急。賈逵以末疾爲首疾，謂風眩也。

【案】○傳文“末”，注謂“四支”。章太炎《春秋左傳讀》：“末爲木顚，故于人爲首。惠氏《補注》引《逸周書·武順》曰：‘元首曰末。’是也。《素問·風論》曰：‘風氣循風府而上，則爲腦風；風入係頭，則爲目風眼寒；新沐中風，則爲首風。’又云：‘首風之狀，頭面多汗，惡風。當先風一日則病甚，頭痛不可以出内。至其風日，則病少愈。’此皆風淫而首疾之事。言眩，略擧其一耳。預以‘四支’爲説。案：《管子·内業》云：‘飽不疾動，氣不通於四末。’是即四支也。預説亦有據，但非此《傳》古誼。”①　○注“四支”。阮元《校勘記》：“毛本‘支’字作‘肢’，正義同。按《説文》：‘胑，體四胑也。從肉，只聲。胑或從支。’”○此節，正義總入傳文“晦淫惑疾”下。

雨淫腹疾，

【注】雨濕之氣爲洩注。洩，息列反，下如字。

晦淫惑疾，

【注】晦，夜也。爲宴寢過節，則心惑亂。

明淫心疾。

【注】明，晝也。思慮煩多，心勞生疾。思，息利反。

【疏】“過則”至“心疾”。正義曰：上云“淫生六疾”，揔謂氣、味、聲、色。此云“過則爲菑”，獨謂六氣過耳。過即淫也，故歷言六氣之淫，各生疾也。此六者，陰、陽、風、雨，有多時，有少時；晦、明，則天有常度，無多少時也。今言“淫”者，謂人受用此氣有過度者也。陰過則冷，陽過則熱，風多則四支緩急，雨多則腹腸泄注。此四者，雖各以其氣與人爲病，若其能自防護，受之不多則得無此病也。其晦、明亦是天氣，不以病人，但人用晦、明過度，則人亦爲病。晦是夜也，夜當安身，女以宣氣，近女過度，則心散亂也。明是晝也，晝以營務，營務當用心思，慮

---

① 章太炎：《春秋左傳讀》，《章太炎全集》第二冊，第五五一至五五二頁。

煩多則心勞散也。陰、陽、風、雨當受之有節，晦、明當用之有限，無節、無限，必爲蓄害，故"過則爲蓄"也。

女，陽物而晦時，淫則生內熱惑蠱之疾。

【注】女常隨男，故言"陽物"。家道當在夜，故言"晦時"。

【疏】"女陽"至"之疾"。正義曰：男爲陽，女爲陰。女常隨男，則女是陽家之物也，而晦夜之時用之。若用之淫過，則生內熱惑蠱之疾。以女陽物，故內熱；以晦時，故惑蠱也。《晉語》云："文子問醫和曰：'君其幾何？'對曰：'若諸侯服，不過三年。不服，不過十年。過是，晉之殃也。'"孔晁云："人雖有命，荒淫者，必損壽。無外患，則并心於內，故三年死。諸侯不服，則思外患，損其內情，故十年。無道之君，久在民上，實國之殃也。"

【案】○孔疏謂"女是陽家之物"是也。又，焦循《春秋左傳補疏》："女謂少陰，少陰爲君火，君火陽物也，故女爲陽物，其陽宜深藏，故爲陽物而晦時。不能深藏而淫則陽不潛，故生內熱。"① ○疏"故惑蠱也"，原作"惑蠱也"，阮元《校勘記》："宋本'惑'上有'故'字。"又據"故內熱"例，補"故"字。○疏"若用之淫過，則生內熱惑蠱之疾"所言甚是，謂過之則生疾，故後文言"不節不時"謂不節制、不分晦明。焦循《春秋左傳補疏》："腎藏志，腎氣充則智慧生。腎氣不蟄，則志氣衰，不能上通於心，故迷惑善忘，所謂腎氣不以時上，則言變而志亂也。"②

今君不節不時，能無及此乎？"

出，告趙孟。趙孟曰："誰當良臣？"

對曰："主是謂矣。主相晉國，於今八年，晉國無亂，諸侯無闕，可謂良矣。和聞之：國之大臣，榮其寵祿，任其寵節。有蓄禍興，而無改焉，

【注】改，改行以救蓄。相，息亮反。行，下孟反。

───────────────

① （清）焦循：《春秋左傳補疏》，陳居淵主編《雕菰樓經學九種》（上），第五九九頁。
② （清）焦循：《春秋左傳補疏》，陳居淵主編《雕菰樓經學九種》（上），第六〇〇頁。

【案】傳文"寵節"，阮元《校勘記》云各本"寵"作"大"。

必受其咎。今君至於淫以生疾，將不能圖恤社稷，禍孰大焉？主不能禦，吾是以云也。"

【注】云主將死。咎，其九反。禦，本亦作"御"，魚吕反。

趙孟曰："何謂蠱？"

對曰："淫溺惑亂之所生也。

【注】溺，沈没於嗜欲。溺，乃狄反。嗜，時志反。

【疏】"淫溺"至"生也"。正義曰：此"淫"謂淫於女也。没水謂之溺。没於嗜欲，與溺水相似，故"淫""溺"連言之。此論晉侯將蠱疾，故言淫溺惑亂之所生耳。人自有無故失志、志性恍惚不自知者，其疾名爲"蠱"，蠱非盡由淫也。以毒藥藥人，令人不自知者，今律謂之"蠱毒"。

【案】○疏"此論晉侯將蠱疾"，阮元《校勘記》："宋本'將'下有'爲'字。"○疏"人自有無故失志"，阮元《校勘記》："閩本、監本、毛本'無'作'欲'。"

於文：皿蟲爲蠱。

【注】文，字也。皿，器也。器受蠱害者爲"蠱"。皿，命景反，《説文》讀若"猛"，《字林》音猛。

【案】注"器受蠱害者爲'蠱'"，阮元《校勘記》："宋本、淳熙本、纂圖本、明翻刻岳本、閩本、監本、毛本'蠱書'作'蠱害'也。"

穀之飛亦爲蠱。

【注】穀久積則變爲飛蟲，名曰"蠱"。

【案】傳文"穀之飛亦爲蠱"非謂穀變成飛蟲。楊伯峻《春秋左傳注》："《論衡·商蟲篇》：'穀蟲曰蠱，蟲若蛾矣。'積穀生蟲而能飛者爲蠱。"①

---

① 楊伯峻：《春秋左傳注》（修訂本），第一二二三頁。

在《周易》，女惑男、風落山，謂之蠱䷑。

【注】巽下艮上，蠱。巽爲長女，爲風。艮爲少男，爲山。少男而説長女，非匹，故惑。山木得風而落。巽音遜。艮，古恨反。長，丁丈反，下同。少，詩照反，下同。説音悦。

【案】蠱䷑下巽☴上艮☶。

皆同物也。"

【注】物，猶類也。

趙孟曰："良醫也。"厚其禮而歸之。

【注】贈賄之禮。

一九　晉韓宣子聘魯觀《易象》

（《左傳・昭公二年》）

二年，春，晉侯使韓宣子來聘，

【注】公即位故。

【疏】注“公即位故”。正義曰：傳言“且告爲政而來見”，則其來非獨爲爲政，故知主爲公即位故也。襄元年傳曰：“凡諸侯即位，小國朝之，大國聘焉。”是也。

且告爲政而來見，禮也。

【注】代趙武爲政。雖盟主，而脩好同盟，故曰“禮”。見，賢遍反。好，呼報反。

【疏】注“代趙武爲政”。正義曰：五年傳曰“韓起之下”，有“趙成、中行吳、魏舒、范鞅、知盈”，則六者，三軍之將佐也。韓起代趙武將中軍。趙成繼父爲卿，代韓起也。

觀書於大史氏，見《易象》與魯《春秋》，曰：“周禮盡在魯矣！

【注】《易象》，上下經之象辭。《魯春秋》，史記之策書。《春秋》遵周公之典以序事，故曰“周禮盡在魯矣”。

【疏】“觀書”至“王也”。正義曰：大史之官職掌書籍，必有藏書之處，若今之祕閣也。觀書於大史氏者，氏猶家也，就其所司之處，觀其書也。見《易象》，《易象》魯無增改，故不言“魯易象”。其《春秋》用周公之法，書魯國之事，故言“《魯春秋》”也。魯國寶文王之書，遵周公之典，故云“周禮盡在魯矣”。文王、周公能制此典，因見此書而追歎周德：吾乃於今日始知周公之德，以周公制《春秋》之法故也；與周之所以得王天下之由，由文王有聖德、能作《易象》故也。此二書，晉國亦應有之，韓子舊應經見，而至魯始歎之，乃云“今知”者，因味其義而善其人，非爲素不見也。

【疏】注“易象”至“魯矣”。正義曰：《易》有六十四卦，分爲上、下二篇。及孔子，又作《易傳》十篇以翼成之。後世謂孔子所作爲“傳”，謂本文爲“經”，故云“上下經”也。《易》文推演爻卦，象物而爲之辭，故《易·繫辭》云：“八卦成列，象在其中。”又云：“易者，象也。”是故謂之“易象”。孔子述卦下揔辭，謂之爲“彖”。述爻下別辭，謂之爲“象”。以其無所分別，故別立二名以辨之。其實卦下之語，亦是象物爲辭，故二者俱爲象也。定四年傳稱“分魯公以備物典策”，所言“典策”，則史官書策之法，若發凡言例，皆是周公制之。周衰之後，諸國典策各違舊章，唯《魯春秋》遵此周公之典，以序時事，故云“周禮盡在魯矣”。

【案】○注“《易象》，上下經之象辭”，以《易象》爲《周易》象辭亦即爻辭總集。《易象》或爲當時《周易》的一種版本。歷來多以《易象》爲一書。又，以《易》《象》讀爲兩書，如黃玉順《左氏易傳注疏瑕疵》，詳見專論五。○本節，正義總入傳文“吾乃今知周公之德與周之所以王也”下。○注、疏以《魯春秋》爲書名，存疑。“春秋”一名可有廣狹之分，狹義的“春秋”是指魯國史書。春秋時各國史書名號不同，如晉國史書稱爲《乘》，楚國史書稱爲《檮杌》，魯國史書稱爲《春秋》，故言《春秋》者知是魯國史書，毋庸言《魯春秋》。廣義的“春秋”則是泛指史書，然此觀念的形成已是後話，蓋注、疏稱之爲《魯春秋》，以別於他國史書。

吾乃今知周公之德與周之所以王也。”

【注】《易象》《春秋》，文王周公之制。當此時，儒道廢，諸國多闕，唯魯備，故宣子適魯而説之。以王，于況反，周弘正依字讀。説音悦。

【疏】注“《易象》《春秋》，文王”至“而説之”。正義曰：《易象》，文王所作；《春秋》，周公垂法。故杜雙舉，釋之云：“《易象》《春秋》，文王、周公之所制也。”《易·繫辭》云：“《易》之興也，其當殷之末世、周之盛德邪！當文王與紂之事邪！”鄭玄云：“據此言，以《易》是文王所作，斷可知矣。且史傳讖緯，皆言文王演《易》，演謂爲其辭以演説之，《易經》必是文王作也。”但《易》之爻辭，有箕子之“明夷利貞”，箕子明傷，乃在武王之世，文王不得言之。又云“王用亨于岐山”，又云“東鄰殺牛不如西鄰之禴祭，實受其福”，二者之意，皆斥文王。若是文王作經，無容自伐其德，故先代大儒鄭衆、賈逵等，或以爲卦下之象辭，文王所作；爻下之象辭，周公所作。雖復紛競大久，無能決當是非。杜今雙舉並釋，以同鄭説也。然據傳先言《易象》，後言《春秋》，則應先云周之所以王，與周公之德也。今傳乃先云“周公之德”者，《易象》諸國同有，其《春秋》獨遵周公典法，韓子美周禮在魯，故先云周公之德。

專論五　關於《易象》其書

晉國韓宣子觀書於魯國太史處，見到了《易象》與魯《春秋》而發出“周禮盡在魯矣！吾乃今知周公之德與周之所以王也”的感歎。魯《春秋》是記史之書，其中所記自然不乏典章制度，所以確乎與“周禮”有關。關於魯《春秋》之書，歷來無爭議，而《易象》其書爲何，歷來注家意見不一。杜預認爲《易象》即《周易》象辭亦即爻辭總集，孔穎達亦持此説。

按照孔氏的説法，韓宣子所贊歎的是魯《春秋》與其他諸侯國相比“獨遵周公典法”，而《易象》是各國皆有的《周易》，魯國版本也無增減。尚秉和先生説：“韓宣子適魯，見《易象》與《魯春秋》。夫不曰見《周易》，而曰見《易象》，誠以《易》辭皆觀象而繫。”[①] 此説也認爲《易象》即是《周易》。《易象》就是《周易》的説法遭到了一些學者的質疑，

---

① 尚秉和：《周易尚氏學》，張善文校理《尚秉和易學全書》第三卷，第一一頁。

例如，李學勤先生認爲："《周易》經文當時爲列國所俱有，韓起沒有必要到魯太史處觀覽，也不會爲之贊歎。"① 這一說法是有道理的，觀左氏易例，當時列國通行運用《周易》筮占。

還有的學者認爲傳文所言"易象"應當分開讀，象與《易》是兩回事，如楊伯峻從王應麟《困學紀聞》中所說，認爲："《象》即哀三年傳'命藏《象魏》'之《象魏》，因其懸掛于象魏，故以名之，亦省稱《象》。象魏亦名象闕，亦名魏闕，又曰觀，爲宮門外懸掛法令俾衆周知之地。"② 还有的學者認爲韓宣子所見爲《易·象》，高亨先生則不同意這一說法："韓宣子見《易象》一書，絕非《象傳》。"③ 其理據是韓宣子並舉《易象》以贊"周禮"，而《象傳》兼儒法思想，但據孔穎達之說，舉《易象》乃是贊"周之所以王"，亦即言文王之德。

黃玉順先生認爲："注云：'《易象》，上下經之象辭。'疏亦云：'《易》文推演爻卦，象物而爲之辭……是故謂之'易象'。'意謂《易象》乃指六爻之辭。此說其實不合情理：安得有如此之《周易》古經之書，僅具爻辭而無象辭？而疏乃曲爲之解云：'其實卦下之語，亦是象物爲辭，故二者俱爲象也。'如此一來，杜注之意相矛盾矣。吾意：所謂'易象'，當爲《易》《象》二書。《易》即《周易》古經。《象》當指《象傳》，《史記·孔子世家》載：'孔子晚而喜《易》，序《彖》《繫》《象》《說卦》《文言》。'即傳世《易傳》中之《彖傳》《繫辭傳》《象傳》《說卦傳》《文言傳》。至於諸書是否孔子親撰，則屬另一問題。"④

姜廣輝先生認爲，當時有兩種《周易》版本："有秘府之《周易》，有方術之《周易》。秘府之《周易》用於'演德'，方術之《周易》用於占筮；秘府之《周易》爲文王、周公所作，方術之《周易》與文王、周公無涉；秘府之《周易》謂何？韓宣子聘魯所見之《易象》是也，而今本《周易》大象部分略當之；方術之《周易》謂何？今本《周易》卦、爻辭

---

① 李學勤：《周易經傳溯源》，第四六頁。
② 楊伯峻：《春秋左傳注》（修訂本），第一二二六至一二二七頁。
③ 高亨：《〈周易大傳〉通說》，《周易大傳今注》，清華大學出版社，二〇〇四，第一五頁。
④ 黃玉順：《左氏易傳注疏瑕疵》，《時代與思想——儒學與哲學諸問題》，第二二至二三頁。

部分是也。"① 陳居淵先生認爲："'易象'是《周易》的早期名稱，它的基本内容与今本《周易》相似。《易象》与今本《象傳》（大象）尚無直接聯繫。"② 陳居淵先生考證了以古禮釋《易》的傳統，認爲韓宣子所説"周禮盡在魯矣"，不僅是指魯《春秋》，而且包括《易象》，這與古禮釋《易》相應。

《易象》肯定是與《周易》有關的書，但應與當時其他諸侯國尤其是晉國的《周易》有不同的地方，所以韓宣子纔會贊歎。按照孔穎達的説法，韓宣子先贊歎"周禮"是指魯《春秋》而言，"易象諸國同有"，所以"周所以王"的贊歎在後。如果説，《易象》是當時諸侯國通行的《周易》；那麼，韓宣子確實没有必要贊歎之。韓宣子之所以贊歎，蓋是因爲魯國保存的是周初的古本《周易》，與他所見到的通行本《周易》有不同之處。也正因如此，《易象》其名在左氏易例中僅一見，而其他明言《周易》或《易》的有十餘處。這種情況並不奇怪，春秋時應當存在不同版本的《周易》，觀左氏易例，有幾處或引同類筮書繇辭，其中或有《周易》的不同版本。例如，第三則，閔公二年，卜楚丘之父筮成季之生，遇大有之乾曰："同復于父，敬如君所。"父、所韻，此或爲筮書所引之古歌謠。第六則，僖公十五年，卜徒父筮秦伯伐晉，其卦遇蠱曰："千乘三去，三去之餘，獲其雄狐。"例同。第一三則，成公十六年，晉侯筮擊楚師，其卦遇復曰："南國蹙，射其元王中厥目。"例同。今本《周易》古經中也有大量古歌謠。綜上，蓋《易象》爲魯國保存的較古老的《周易》版本。

---

① 姜廣輝：《"文王演〈周易〉"新説——兼談境遇與意義問題》，《哲學研究》一九九七年第三期。
② 陳居淵：《"易象"新説——兼論〈周易〉原有〈象經〉問題》，《周易研究》二〇一二年第一期。

二〇　卜楚丘論莊叔筮穆子之生

（《左傳·昭公五年》）

　　初，穆子之生也，莊叔以《周易》筮之，

【注】莊叔，穆子父得臣也。

　　遇明夷䷗

【注】離下坤上，明夷。坤，苦門反。

【案】明夷䷗下離☲上坤☷。

　　之謙䷎，

【注】艮下坤上，謙。明夷初九變爲謙。艮，古根反。

【疏】"遇明夷之謙"。正義曰：離下坤上爲明夷。離爲日，坤爲地。《象》曰："明入地中，明夷。"夷者，傷也。日在地中，光不外發，則爲明傷也。艮下坤上爲謙。艮爲山。《象》曰："地中有山，謙。"以高下下，謙虛之義。

【案】謙䷎下艮☶上坤☷。

　　以示卜楚丘，

【注】楚丘，卜人姓名。

【案】竹添光鴻《左傳會箋》："卜楚丘之父占季友於文姜胎内，見閔二年。自桓公薨，至宣五年莊叔卒，九十一年也。父子皆長壽矣。"[1]

---

① 〔日〕竹添光鴻會箋《左傳會箋》第二十一，第二七至二八頁。

曰："是將行，

【注】行，出奔。

而歸爲子祀。

【注】奉祭祀。

【案】本卦、之卦三爻至五爻皆互震，震爲長子，主祭，故曰"奉子祀"。説詳尚秉和《〈左傳〉〈國語〉易象釋》。①

以讒人入，其名曰'牛'，卒以餒死。

【疏】"楚丘"至"餒死"。正義曰：此先署言卦意有此四事也。"是"者，是此子也。將出奔，而歸爲國卿，奉子叔孫之祭祀也。并以讒人入，而其名曰"牛"。然此子終以餒死也。牛在國生，云以"入"者，去時未有，來而有之，以讒人入其家，非從外國入。既已署論此意，乃復具釋爻辭云："明夷于飛，垂其翼；君子于行，三日不食。有攸往，主人有言。"此三辭之間，無爲祀之意。但卦名《明夷》，故先推卦名，求爲祀之義也。先行後歸，始得爲祀。然後推演爻辭，得其行去之象，又論不食讒言之事。爻辭之内，亦無名"牛"，故别於離卦以求"牛"名。推演爻之三辭既訖，乃復更推卦體，以終爲祀之言，故曰"其爲子後"，以揔結前言也。

【案】此節，正義總入傳文"自王已下，其二爲公，其三爲卿"下。

明夷，日也。

【注】離爲日。夷，傷也。日明傷。餒，奴罪反，餓也。

日之數十，

【注】甲至癸。

故有十時，亦當十位。自王已下，其二爲公，其三爲卿。

【注】日中當王，食時當公，平旦爲卿，雞鳴爲士，夜半爲皁，人定

---

① 尚秉和：《〈左傳〉〈國語〉易象釋》，《周易尚氏學》，張善文校理《尚秉和易學全書》第三卷，第五八九頁。

爲輿，黃昏爲隸，日入爲僚，晡時爲僕，日昳爲臺。隅中日出，闕不在
第，尊王公，曠其位。皁，才早反。輿音餘。僚，力彫反。晡，布吴反。
昳，田結反。隅，遇俱反。

【疏】注“日中”至“其位”。正義曰：七年傳曰：“天有十日，人有
十等。”彼即歷言從王至臺十等之目。此傳既云“十時”“十位”，位以
王、公、卿爲三，日以中、食、旦爲三。“日上其中”，知從中而右旋配之
也。晡，謂食也。晡時謂日西食時也。日昳，謂蹉跌而下也。隅，謂東南
隅也。過隅未中，故爲隅中也。若據時之先後，則從旦至食，乃至於中，宜
以左旋爲次。今傳以配十位，從中而右旋者，以人之道，高以下爲基，貴以賤
爲本，欲從賤而漸至於貴也。若從中左旋，則位乃漸退，非進長之義，故右
旋也。

【案】○傳文“自王已下”，阮元《校勘記》：“毛本‘已’作‘以’。”
“已”“以”同。○惠棟《春秋左傳補注》曰：“古言時，皆謂四時。此言十
時，謂分一日爲十時，以當王至臺之十位。杜注用十二時，與《傳》
不合。”①

日上其中，

【注】日中盛明，故以當王。

食日爲二，

【注】公位。

旦日爲三。

【注】卿位。

明夷之謙，明而未融，其當旦乎？

【注】融，朗也。離在坤下，日在地中之象。又變爲謙，謙道卑退，
故曰“明而未融”。日明未融，故曰“其當旦乎”。

---

① （清）惠棟：《春秋左傳補注》卷五，影印《文淵閣四庫全書》第一八一册，第六頁。

【疏】注"融朗"至"旦乎"。正義曰：明而未融，則融是大明，故爲朗也。《釋言》云："明，朗也。"樊光云："《詩》云'高朗令終，日月光明'，是朗爲大明也。"據卦，離下坤上，日在地中之象。又爻變爲謙，謙是卑退之意。日未出而又卑退，故曰"明而未融"。日明未融，故曰"其當旦也"。若於《易》之明夷，據日入之後，故明夷《象》云："初登于天，照四國也。後入于地，失則也。"此傳明夷據日未出前者，以日未出與日已入，皆日在地下，其明不見，故各取象爲義。

【案】疏"日未出而又卑退"，原作"日未出而又卑"，阮元《校勘記》："宋本'卑'下有'退'字。"據補。

故曰‘爲子祀’。

【注】莊叔，卿也。卜豹爲卿，故知爲子祀。

日之謙，當鳥，故曰‘明夷于飛’。

【注】離爲日、爲鳥，離變爲謙，日光不足，故當鳥。鳥飛行，故曰"于飛"。

【疏】注"離爲"至"于飛"。正義曰：《説卦》離"爲日""爲雉"。雉爲鳥也。離之一卦，爲日、爲鳥，日爲高明，鳥爲微細。今日之謙退，不得高明，下當爲細，是日光不足，故當鳥也。

【案】○傳文"明夷于飛"，明夷初九爻辭。○注"離爲日、爲鳥"，尚秉和《〈左傳〉〈國語〉易象釋》："日之謙，即離變艮。艮爲鳥，故曰'當鳥'。杜注不知艮鳥象，以離爲鳥，即離當離矣。於變艮何涉乎？其誤可知也。"①

明之未融，故曰‘垂其翼’。

【注】於日爲未融，於鳥爲垂翼。

【案】"垂其翼"，明夷初九爻辭。

---

① 尚秉和：《〈左傳〉〈國語〉易象釋》，《周易尚氏學》，張善文校理《尚秉和易學全書》第三卷，第五八九頁。

象日之動，故曰'君子于行'。

【注】明夷初九，得位有應，君子象也。在明傷之世，居謙下之位，故將辟難而行。應，應對之應。謙下，如字，又退嫁反。難，乃旦反。

【疏】注"明夷"至"而行"。正義曰：卦有六位，初、三、五奇數，爲陽位也；二、四、上耦數，爲陰位也。初與四、二與五、三與上，位相值爲相應。陽之所求者陰，陰之所求者陽。陽陰相值爲有應；陰還值陰、陽還值陽爲無應。明夷初九，陽爻在奇，是得位也。所應在四，四爲陰爻，是有應也。居得位而物應之，是君子象也。初九在明傷之世，有大難也。居謙下之位，宜卑退也。以此知將辟難而行也。

【案】"君子于行"，明夷初九爻辭。

當三在旦，故曰'三日不食'。

【注】旦位在三，又非食時，故曰"三日不食"。

【疏】注"旦位"至"不食"。正義曰：位當三而時在旦，是三日象也。旦又未至食時，非食時則無可食，故曰"三日不食"也。

【案】"三日不食"，明夷初九爻辭。黃玉順《易經古歌考釋》："'不食'，也兼二義：既指缺乏飲食，也指不食俸禄，不做官。《正義》王注：'志急於行，飢不遑食。故曰"三日不食"也。'這是第一義。《象傳》：'君子于行，義不食也。'《集解》引荀爽：'不食者，不食君禄食也。''暗昧在上，有明德者，義不食禄也'。這是第二義。"①

離，火也；艮，山也。離爲火，火焚山，山敗。

【注】離、艮合體故。敗，必邁反，又如字，注同。

於人爲言。

【注】艮爲言。

【疏】注"艮爲言"。正義曰：《説卦》云："成言乎艮。"故艮爲言也。

---

① 黃玉順：《易經古歌考釋》（修訂本），第二二〇頁。

敗言爲讒，

【注】爲離所焚，故言“敗”。

故曰‘有攸往，主人有言’。言必讒也。

【注】離變爲艮，故言“有所往”。往而見燒，故“主人有言”。言而見敗，故必讒言。攸音由。

【案】〇傳文“有攸往，主人有言”，明夷初九爻辭。“言”爲《周易》古經常見占辭，需九二“小有言”，黃玉順《易經古歌考釋》：“‘言’，通‘愆’，過失，罪過。與占辭‘咎’義近。《類纂》：‘《易》凡言“有言”，讀爲“有愆”，揆諸辭義，無不允洽。’”① 〇以上傳文逐句分解明夷初九爻辭。

純離爲牛，

【注】《易》，“離上離下，離，畜牝牛，吉”，故言“純離爲牛”。牝，頻忍反，舊扶死反。

【疏】注“易離”至“爲牛”。正義曰：純離者，言上體、下體皆是離也。《易》離卦云：“畜牝牛，吉。”故言“純離爲牛”。明夷初九，無此牛象。但明夷初卦，下體是離，故轉於純離之卦，求牛象也。

【案】焦循《春秋左傳補疏》：“《易》以坤爲牛，不以離爲牛也。明夷上坤下離，以坤配離故云‘純離’，純耦也，謂與離相耦者，坤也，即牛也。”②

世亂讒勝，勝將適離，故曰‘其名曰牛’。

【注】離焚山則離勝，譬世亂則讒勝。山焚則離獨存，故知名“牛”也。豎牛非牝牛，故不吉。

【案】“適離”另有一解，謂與離相合，尚秉和《〈左傳〉〈國語〉易象釋》：“‘適離’者，言與離相同也。離爲牛，艮亦爲牛也。艮陽在上爲

---

① 黃玉順：《易經古歌考釋》（修訂本），第六八頁。
② （清）焦循：《春秋左傳補疏》，陳居淵主編《雕菰樓經學九種》（上），第六〇二頁。

名，故曰‘其名曰牛’。……《焦氏易林》遇艮即言牛也。"①

謙不足，飛不翔；

【注】謙道沖退，故飛不遠翔。

垂不峻，翼不廣。

【注】峻，高也。翼垂下，故不能廣遠。

故曰‘其爲子後乎’。

【注】不遠翔，故知不遠去。

【疏】"謙不"至"後乎"。正義曰：其爻辭唯云"君子于行"，無還之義。故復推此爻於鳥，爲飛不用，翼不大，知其不能遠去，行必當歸，故曰"其爲子後乎！"

【案】尚秉和《〈左傳〉〈國語〉易象釋》："震爲後，遇卦、之卦皆有震，故曰‘爲子後’。"②

吾子，亞卿也，抑少不終。"

【注】旦日，正卿之位。莊叔父子，世爲亞卿，位不足以終盡卦體，蓋引而致之。

【案】本例二卦取象：離卦取象火，又或牛、鳥；艮卦取象山、言、牛，又或鳥。

---

① 尚秉和：《〈左傳〉〈國語〉易象釋》，《周易尚氏學》，張善文校理《尚秉和易學全書》第三卷，第五九〇頁。
② 尚秉和：《〈左傳〉〈國語〉易象釋》，《周易尚氏學》，張善文校理《尚秉和易學全書》第三卷，第五九一頁。

二一　孔成子筮立元

(《左傳·昭公七年》)

衛襄公夫人姜氏無子，

【注】姜氏，宣姜。

嬖人婤姶生孟縶。

【案】○《説文》：“婤，女字也。”“姶，女字也。”○孟：庶長子。《白虎通·姓名》：“適長稱伯，庶長稱孟。”①

孔成子夢康叔謂己：“立元，

【注】成子，衛卿，孔達之孫烝鉏也。元，孟縶弟。夢時元未生。婤音周，又直周反，徐敕周反。姶，烏荅反。縶，張立反。烝，之承反。

【疏】注“夢時元未生”。正義曰：知者，傳曰“婤姶生孟縶”，即云“成子夢”，若已生訖，當云“婤姶生孟縶及元”，然云“孔成子夢”，且説夢已下，乃云晉韓宣子聘歲生元，明未生也。

【案】康叔：衛國始祖康侯，名封，見《尚書·周書·康誥》。

余使羈之孫圉與史苟相之。”

【注】羈，烝鉏子。苟，史朝子。羈，居宜反。相，息亮反，下同。朝如字。

史朝亦夢康叔謂己：“余將命而子苟，與孔烝鉏之曾孫圉相

---

① （清）陳立：《白虎通疏證》，中華書局，一九九四，第四一六頁。

— 157 —

元。"史朝見成子，告之夢，夢協。

【注】協，合也。

　　晉韓宣子爲政，聘于諸侯之歲，

【注】在二年。

　　嫻姶生子，名之曰"元"。孟縶之足不良能行。

【注】跛也。跛，波我反。

【疏】"之足不良"。正義曰：當斷"不良"爲句，"能行"向下讀之。知者，案二十年杜注云"縶足不良，故以官邑還豹"是也。

【案】"不良能行"，孔疏以"不良"爲句。當斷爲"不良能行"，謂不善於行、不便於行也。阮元《校勘記》："石經此處缺，監本、毛本'能'作'弱'。按'不良能行'猶言不善於能行也，《正義》欲於'不良'斷句，非也。"俞樾《群經平議》："'良能'二字相連成義。《孟子·盡心篇》'人之所不學而能者，其良能也'，趙岐注曰：'良，甚也。'即可説此傳'良能'之義，蓋古語也。《二十年傳》杜解曰'縶足不良'，是誤於'良'字絶句，監本、毛本遂改'能行'爲'弱行'矣。"①

　　孔成子以《周易》筮之，曰："元尚享衛國，主其社稷。"

【注】令著龜。

【案】尚：希冀。"元尚享衛國"猶"尚元享衛國"，與下文再筮曰"尚立縶"同。

　　遇屯䷂。

【注】震下坎上，屯。屯，張倫反。

【案】屯䷂下震☳上坎☵。

　　又曰："余尚立縶，尚克嘉之。"

【注】嘉，善也。

---

① （清）俞樾：《群經平議》，第九二三頁。

【案】這是再筮的命辭，先筮立元遇屯，再筮立縶遇屯之比。

遇屯☳☵之比☷☵。

【注】坤下坎上，比。屯初九爻變。比，毗志反，注同。

【疏】"之比"。正義曰：所以上屯無變者，皆遇少爻故也。

【案】比☷☵下坤☷上坎☵。

以示史朝。史朝曰："'元亨'，又何疑焉?"

【注】《周易》曰："屯，元亨。"亨，許庚反，注"元亨"皆同。

成子曰："非長之謂乎?"

【注】言屯之"元亨"謂年長，非謂名"元"。長，丁丈反，注同。

對曰："康叔名之，可謂'長'矣。

【注】善之長也。名，如字，徐武政反。

孟非人也，將不列於宗，不可謂'長'。

【注】足跛非全人，不可列爲宗主。

且其繇曰：'利建侯。'

【注】繇，卦辭。繇，直又反。

【案】屯卦卦辭和初九爻辭皆有"利建侯"語。

嗣吉，何建? 建非嗣也。

【注】嗣子有常位，故無所卜，又無所建。今以位不定，卜嗣得吉，則當從吉而建之也。言"何建"，本或作"可建"。

二卦皆云，

【注】謂再得屯卦，皆有"建侯"之文。

【疏】"二卦皆云"。正義曰：謂前卜元之二卦，非謂後卜縶之卦也。

【案】孔疏"謂前卜元之二卦，非謂後卜縶之卦也"有誤。傳文筮立元，唯言"遇屯"，並無二卦。又筮立縶"遇屯之比"。今本《周易》屯卦卦辭：“屯：元亨，利貞。勿用有攸往；利建侯。”有“利建侯”語。比卦卦辭：“比：吉，原筮元永貞無咎，不寧方來，後夫凶。”無“利建侯”語。然屯初九爻辭有“利建侯”語，所謂“二卦”必涉此兩筮無疑。黃玉順《左氏易傳注疏瑕疵》：“注、疏皆誤。案《左傳》文，卜元並無二卦，僅有‘遇屯’一卦，並未‘再得屯卦’，亦無‘前卜元之二卦’。吾意：‘二卦皆云’意謂：其一，卜元之卦爲屯：‘屯：元亨，利貞。勿用有攸往；利建侯。’其二，卜繫之卦乃屯初九爻變：‘初九：磐桓利居貞，利建侯。’二卦皆有‘建侯’之文。”① 又，顧炎武《左傳杜解補正》：“初卜得屯，其象曰‘利建侯’；次卜得屯初九，其爻辭亦曰‘利建侯’。”②

子其建之！康叔命之，二卦告之；筮襲於夢，武王所用也：弗從何爲？

【注】《外傳》云：“《大誓》曰：‘朕夢協朕卜，襲於休祥，戎商必克。’”此武王辭。

【疏】注“外傳云”。正義曰：“《外傳》云”者，《國語》引《大誓》也。《古文尚書·大誓》具有此文。此傳之意，取《大誓》也。杜不見古文，故引《外傳》解之。

弱足者居。

【注】跛則偏弱，居其家，不能行。

侯主社稷，臨祭祀，奉民人，事鬼神，從會朝，又焉得居？各以所利，不亦可乎？”

【注】孟跛利居，元吉利建。焉，於虔反。

故孔成子立靈公。

【注】靈公，元也。

---

① 黃玉順：《左氏易傳注疏瑕疵》，《時代與思想——儒學與哲學諸問題》，第二三頁。
② （清）顧炎武：《左傳杜解補正》，《顧炎武全集》第一冊，第八八頁。

二二　惠伯論南蒯筮

（《左傳·昭公十二年》）

南蒯之將叛也，其鄉人或知之，過之而歎，

【注】鄉人過蒯而歎。

且言曰："恤恤乎，湫乎攸乎！

【注】恤恤，憂患。湫，愁隘。攸，懸危之貌。湫，子小反，徐又在酒反，一音秋。攸如字，徐以帚反。隘，於賣反。懸音玄，本又作縣。

【疏】注"恤恤"至"之貌"。正義曰：《釋詁》云："恤，憂也。"故以"恤恤"爲憂患之意也。湫是湫隘，故以"湫"爲愁隘之意也。《詩》云"攸攸旆旌"，故以"攸"爲縣危之貌也。言南蒯之心若此。

【案】疏"縣危之貌"，原作"縣之貌"，阮元《校勘記》："宋本'之'上有'危'字，是也。"又據杜注，補"危"字。

深思而淺謀，邇身而遠志，家臣而君圖，

【注】家臣而圖人君之事，故言思深而謀淺，身近而志遠。思，息嗣反，注同。

【疏】"深思"至"君圖"。正義曰："深思而淺謀"，思慮深而知計淺，言其知小而謀大也。"邇身而遠志"，身卑近而志高遠，言其越分以求通也。"家臣而君圖"，爲家臣而謀君事，言其非己所當爲也。上二句言其心，下一句指其事。爲下句而發上句，故注倒言之。

【案】其時南蒯爲季孫氏的費邑宰，是季孫氏的家臣。古代家臣掌事者稱"宰"，主要有家宰和邑宰兩種，例如，定公十二年傳"仲由爲季氏宰"，這當是指家宰；南蒯爲邑宰。身爲季孫氏的家臣而圖謀"張公室"，昭公十四年傳齊國大夫子韓晳云"家臣而欲張公室，罪莫大焉"，此所以鄉人諷南蒯"家臣而君圖"，而左氏稱其爲"叛"者也。

有人矣哉！"

【注】言今有此人。微以感之。

【案】注"微以感之"，原作"微以戒之"，阮元《校勘記》："閩本、監本'感'誤'戒'。"據改。

南蒯枚筮之，

【注】不指其事，汎卜吉凶。枚，武囘反。汎，芳劍反。

【疏】"南蒯枚筮之"。正義曰：禮有銜枚，所銜之木大如箸也。今人數物，云"一枚""兩枚"，則"枚"是籌之名也。《尚書·大禹謨》：舜禪禹，禹讓不受，請帝"枚卜功臣，惟吉之從"。孔安國云："枚謂歷卜之，而從其吉。"彼謂人下一籌，使歷卜之也。此則不告筮者以所筮之事，空下一籌，而使之筮，故杜云"不指其事，汎卜吉凶"也。或以爲杜云"汎卜吉凶"謂枚雷摠卜。《曲禮》云："無雷同。"是摠衆之辭也。今俗諺云"枚雷"，則其義理或然也。

【案】○此言"枚筮"，《左傳》又有"枚卜"之説，哀公十七年傳"王與葉公枚卜子良以爲令尹"杜注曰："枚卜，不斥言所卜以令龜。""枚"義另有一解，俞樾《群經平議》："古卜筮不下籌，謂空下一籌而使筮，臆説也。枚雷之語，于古未聞，乃據唐時俗語以説經，更爲失之。今按：枚當讀爲微，《詩·東山篇》'勿士行枚'，毛傳曰：'枚，微也。'是其證也。《襄十九年傳》'崔杼微逆光'，服虔曰：'微，隱匿也。'《哀十六年傳》'其徒微之'，杜曰：'微，匿也。'匿其事而使之筮。《哀十七年傳》'王與葉公枚卜子良以爲令尹'，義亦同此。東晉《古文尚書》竊取其語，而僞傳以爲歷卜，然則楚所卜者止子良一人，何歷卜之有乎？"[①] ○疏"則'枚'是籌之名也"，原作"是籌之名也"，阮元《校勘記》："宋

[①]　（清）俞樾：《群經平議》，第九二九頁。

本‘是’上有‘則枚’二字，是也。”據補“則枚”二字。

遇坤䷁

【注】坤下坤上，坤。坤，苦門反。

【案】坤䷁下坤☷上坤☷。

之比䷇，

【注】坤下坎上，比。坤六五爻變。比，毗志反，注同。

【案】比䷇下坤☷上坎☵。

曰：“黄裳元吉。”

【注】坤六五爻辭。

【案】《周易正義》引王弼注：“黄，中之色也；裳，下之飾也。”[①] 與《傳》下文説同。黄，一説爲黄色，高亨《周易古經今注》：“古人貴黄金，故以黄爲貴色。”[②] 黄裳：黄色的下衣。元吉，占辭，吴澄《易纂言》“占也”，[③] 大吉利。傳文所訓非《周易》古經義，賦予了其濃厚的倫理色彩。

以爲大吉也。

【疏】“以爲大吉”。正義曰：筮遇比爻而辭云“黄裳元吉”，南蒯自以爲所謀之事必大吉。

【案】○此節，正義總入傳文“外彊内温，忠也”下。○疏“筮遇比爻”，阮元《校勘記》：“閩本、監本、毛本‘比’作‘此’。”此本作“比爻”，意謂坤之六五，於義不誤。

示子服惠伯曰：“即欲有事，何如?”

【案】王引之《經傳釋詞》：“言若欲有事也。”[④] 竹添光鴻《左傳會

---

① 《周易正義》，《十三經注疏》，第一八頁。
② 高亨：《周易古經今注》，第一六八頁。
③ （元）吴澄：《易纂言》，影印《文淵閣四庫全書》第二二册，第四一三頁。
④ （清）王引之：《經傳釋詞》，第一八三頁。

箋》："'即'字無義，聊且欲有事之意。"①

> **惠伯曰："吾嘗學此矣：忠信之事則可；不然，必敗。外彊内溫，忠也；**

【注】坎險，故彊；坤順，故温。彊而能温，所以爲忠。

【疏】注"坎險"至"爲忠"。正義曰：坎《象》云"習坎，重險"，是坎爲險也。《説卦》云："坤，順也。"六五爻變，則上體爲坎。坎有險難，故爲剛彊也；坤道和順，故爲温柔也。剛彊以禦難，柔順以事主，故外彊而能内温，所以爲忠也。

【案】○傳文"吾嘗學此矣"，楊伯峻《春秋左傳注》："謂學《易》。"②○傳文"忠信之事則可"，楊伯峻《春秋左傳注》："可如筮也。"③ 此説同下文"參成可筮"杜注"吉可如筮"，或可商榷，"可"謂可行占筮，非謂可如筮。

> **和以率貞，信也。**

【注】水和而土安正。和、正，信之本也。

【疏】注"水和"至"本也"。正義曰：坎爲水，水性和柔。坤爲土，土性安正。率，循也。貞，正也。用和柔之性以循安正道，既和且正，信之本，故爲信也。

【案】此節，正義總入傳文"中不忠，不得其色"下。

> **故曰：'黄裳元吉。'**

【疏】"故曰黄裳元吉。正義曰：天下之事，雖則萬端，揔之諸法，大歸忠信而已。能忠能信，無施不可。以有忠信，故曰"黄裳元吉"，解此爻辭之意。

【案】此節，正義總入傳文"中不忠，不得其色"下。

---

① 〔日〕竹添光鴻會箋《左傳會箋》第二十二，第四六頁。
② 楊伯峻：《春秋左傳注》（修訂本），第一三三七頁。
③ 楊伯峻：《春秋左傳注》（修訂本），第一三三七頁。

黄，中之色也；裳，下之飾也；元，善之長也。中不忠，不得其色；

【注】言非黄。長，丁丈反。

下不共，不得其飾；

【注】不爲裳。

事不善，不得其極。

【注】失中德。

【疏】注“失中德”。正義曰：“極”訓爲“中”。不得其忠，言其失中德也。此文以上二句類之，當云“善不極，不得爲長”。文不然者，惠伯之語雖反覆相疊，不可字字相對，隨便而言，故與上不類。

外内倡和爲忠，

【注】不相違也。倡，昌亮反。和，户卧反。

率事以信爲共，

【注】率猶行也。

【疏】注“率猶行也”。正義曰：“率”訓“循”，循道而行，故率猶行也。

【案】疏“循道而行”，原作“循而行”，阮元《校勘記》：“宋本‘循’下有‘道’字，是也。”據補。

供養三德爲善，

【注】三德，謂正直、剛克、柔克也。供，九用反。養，餘亮反。

【疏】注“三德”至“克也”。正義曰：《洪範》：“三德：一曰正直，二曰剛克，三曰柔克。”孔安國云：正直者，“能正人之曲直”；剛克者，“剛能立事”；柔克者，“和柔能治”。三者皆人之性也。剛則失之於彊，柔則失之於弱，故貴其能剛能柔，謂剛不苛酷，柔不滯溺也。“供養三德爲善”者，剛則抑之，柔則進之，以志意供給長養之，使合於中道，各成其德，乃爲善也。董遇注本爲“共養”，解云：“盡共，所以養成三德也。”

【案】三德當指上文所云黃、裳、元。注、疏引《尚書·洪範》釋爲“正直、剛克、柔克”。阮元《校勘記》：“《正義》引董遇注本爲‘共養’，解云‘盡共所以養成三德也’。案：惠棟云：‘古“供”字作“共”，董季直本是也。訓爲“盡共”恐未然，三德謂黃、裳、元也，注亦誤。’”馬宗璉《春秋左傳補注》：“惠定宇訓‘三德’爲黃、裳、元甚精，‘非此三者’，言非有黃、裳、元三德不足以當此卦，杜解非。”[1]

非此三者弗當。

【注】非忠、信、善，不當此卦。當，如字，注同，或下浪反。

【疏】“黃中”至“弗當”。正義曰：既言爻爲此醉之意，又解此醉所言之義也。五方則爲五色，黃是中央之色也。衣裳所以飾身，裳是在下之飾也。元者，始也，首也，於物爲初始，於人爲頭首，元是諸善之長也。五方之中，猶人之心中。心中不忠，則不得其黃之召也。身體之下，猶名位之下。爲下不共，則不得其裳之飾也。舉事不善，則不得其善之中，言爲事不中，則非善之長也。更覆言忠、共、善三者之義：“外内倡和爲忠”，言君在内，臣在外，君倡臣和，不相乖違，是名爲“忠”也；行事以信，無有虛詐，是名爲“共”也。人之爲德，有正直、剛柔、供養，此三者之德，使其德無愆，乃名爲“善”也。非此三者，忠也、共也、善也，則於此卦不當也。不當此卦，雖吉不可。

且夫《易》，不可以占險。將何事也？且可飾乎？

【注】“夫《易》”，猶“此《易》”，謂“黃裳元吉”之卦。問其何事，欲令從下之飾。夫音扶，注同。令，力呈反。

【疏】“且夫”至“事也”。正義曰：“且夫《易》”，謂此“黃裳元吉”之《易》也，唯可以占忠信之事，不可以占危險之事也。問南蒯今將欲爲何事也，且可飾乎，言此《易》所占，唯且可爲在下之飾乎，不可爲

---

[1] （清）馬宗璉：《春秋左傳補注》，《續修四庫全書》第一二四册，第七五三頁。

餘事也。"中美能黄"，忠則黄也；"上美爲元"，善則元也；"下美則裳"，共則裳也。忠、善、共三者皆成，可如此筮之言吉也。三者猶有所闕，筮雖吉，未可用也。

【疏】注"夫易"至"之飾"。正義曰：惠伯指論此卦而言"夫《易》"，非是漫言《易》，故知"夫《易》"猶言"此《易》"，謂此"黄裳元吉"之《易》卦也。險謂危險，言此卦不可以占厄險之事。心疑南蒯事險，故問"將何事也"？且可爲下之飾也？欲令南蒯從下之飾爲共。

【案】"且夫《易》"，注、疏皆以爲指此卦而言。然泛稱《易》亦無不可，謂《易》不可占不義之事。夫，發語詞；且夫，更進言之也，如隱公三年傳文"且夫賤妨貴，少陵長"語者。李道平《易筮遺占》云："凶人而獲吉占，不惟不祥，且有咎。姜氏筮隨，猶能識此。南蒯之智，不逮婦人，其及於亂宜矣。"①

中美能黄，上美爲元，下美則裳，參成可筮。

【注】參美盡備，吉可如筮。參，七南反，又音三。

【案】○傳文"中美能黄"，王引之《經傳釋詞》："能，猶'乃'也。亦聲相近也。家大人曰：昭十二年《左傳》曰：'中美能黄，上美爲元，下美則裳。''能'、'爲'、'則'三字相對爲文。能者，乃也。言中美乃黄，上美爲元，下美則裳也。"② ○傳文"可筮"恐非杜注所謂"吉可如筮"。乃謂可行占筮，是相對"《易》不可以占險"而言。

猶有闕也，筮雖吉，未也。"

【注】有闕，謂不參成。

專論六　關於"《易》不可以占險"之説

南蒯筮叛遇"黄裳元吉"，以爲大吉，惠伯評論道：

① （清）李道平：《易筮遺占》，《周易集解纂疏》，第七五一頁。
② （清）王引之：《經傳釋詞》，第一二五頁。

吾嘗學此矣：忠信之事則可；不然，必敗。……黄，中之色也；裳，下之飾也；元，善之長也。中不忠，不得其色；下不共，不得其飾；事不善，不得其極。外内倡和爲忠，率事以信爲共，供養三德爲善，非此三者弗當。且夫《易》，不可以占險。

"且夫《易》"，杜預、孔穎達皆以爲指"黄裳元吉"而言，其實也可以一般地説《周易》不可以占險，這是"左氏易傳"的重要易學觀念。那麽，何謂險呢？孔疏："險謂危險，言此卦不可以占厄險之事。"這尚不够確切，因爲危險之事形式多樣，叛有危險，平叛也可能有危險。這裡的險可以理解爲險惡，古有"險陂"之説，謂陰險邪僻，《荀子·成相》"讒人罔極，險陂傾側此之疑"，楊倞注："陂與詖同。"[①] 險陂也就是險詖。《詩經·周南·卷耳序》："内有進賢之志，而無險詖私謁之心。"孔穎達疏："險詖者，情實不正、譽惡爲善之辭也。"[②] 故"不可以占險"謂不可以占陰險邪僻之事，縱然筮吉而於事無補。

與"《易》不可以占險"之説相關，孔穎達在另外一處有一種説法："卜筮者，聖人所以定猶豫，決疑似，因生義教者也。《尚書·洪範》通龜筮以同卿士之數。南蒯卜亂而遇元吉，惠伯苔以忠信則可。臧會卜僭，遂獲其應。丘明故舉諸懸驗於行事者，以示來世，而君子志其善者、遠者。"[③]《易》不可以占險之説，懸擱了吉與不吉的斷占，而以正義與否爲先行的原則，不能不説是易學史上的一次重大觀念轉進。

---

① （清）王先謙：《荀子集解》，第四五九頁。
② 《毛詩正義》，《十三經注疏》，第二七七頁。
③ 《春秋左傳正義》，《十三經注疏》，第一七七六頁。

二三　左史倚相能讀三墳

（《左傳·昭公十二年》）

左史倚相趨過，

【注】倚相，楚史名。復，扶又反。倚，於綺反；徐其綺反。相，息亮反。

王曰：“是良史也，子善視之！是能讀《三墳》《五典》《八索》《九丘》。”

【注】皆古書名。墳，扶云反。索，所白反，本又作“素”。

【疏】注“皆古書名”。正義曰：孔安國《尚書序》云：“伏犧、神農、黃帝之書，謂之《三墳》，言大道也。少昊、顓頊、高辛、唐、虞之書，謂之《五典》，言常道也。”“八卦之說，謂之《八索》，求其義也。九州之志，謂之《九丘》。丘，聚也。言九州所有，土地所生，風氣所宜，皆聚此書也。”“楚左史倚相能讀《三墳》《五典》《八索》《九丘》，即謂上世帝王遺書也。”《周禮》外史“掌三皇五帝之書”，鄭玄云“楚靈王所謂《三墳》《五典》”是也。賈逵云：“《三墳》，三王之書。《五典》，五帝之典。《八索》，八王之法。《九丘》，九州亡國之戒。”延篤言張平子説：《三墳》，三禮，禮爲大防。《爾雅》曰：“墳，大防也。”《書》曰：“誰能典朕三禮。”三禮，天、地、人之禮也。《五典》，五帝之常道也。《八索》，《周禮》八議之刑。索，空，空設之。《九丘》，《周禮》之九刑。丘，空也，亦空設之。馬融説：《三墳》，三氣，陰陽始生，天、地、人之氣也。《五典》，五行也。《八索》，八卦。《九丘》，九州之數也。此諸家者，各以意言，無正驗，杜所不信，故云“皆古書名”。

【案】○疏引"《三墳》三王之書"。阮元《校勘記》："宋本'王'作'皇'。"○疏"此諸家者，各以意言，無正驗"，阮元《校勘記》："宋本'言'下有'皆'字。"

專論七　關於《八索》其書

昭公十二年傳楚靈王說左史倚相能讀懂"《三墳》《五典》《八索》《九丘》"，杜預注云"皆古書名"。佐之下文子革所說"臣問其詩而不知也；若問遠焉，其焉能知之"，可知確如杜預所說皆古書。

其中，《八索》其書，孔安國謂："八卦之說，謂之《八索》，求其義也。"① 馬融云："《八索》，八卦。"② 觀左氏易例可知，春秋時期應該存在《周易》多種版本或同類筮書，如第六則，僖公十五年，秦筮伐晉遇蠱卦云"千乘三去，三去之餘，獲其雄狐"。第一三則，成公十六年，晉筮擊楚遇復卦云："南國蹙，射其元王中厥目。"卦名都與今本《周易》一樣，但其繇辭不同，這些應是與《周易》同類的筮書或不同的版本。雖《連山》《歸藏》不可確信，然先秦易說不取今本《周易》者有之。這樣看來，《八索》其書也可能是一種易筮類古書。索字的甲骨文字形，由"中"加上組成，人們把草的莖葉做成繩索，易筮所用蓍草，也是用其莖。"八索"可能是指八卦符號，以其名書，則是《周易》同類筮書。也有學者不同意把八索和易學聯繫起來，例如，靳青萬先生從字源學考證，認爲《三墳》《五典》《八索》《九丘》都是"以其存在形態而得名的"，而不是因書中內容得名的，八索就是當時"結繩記事的書"。③

就其對於觀念史的影響而言，把八索和八卦聯繫起來的說法，造就了觀念史的普遍認知。孔安國《尚書序》說孔子"贊《易》道以黜《八

① 《春秋左傳正義》，《十三經注疏》，第二〇六四頁。
② 《春秋左傳正義》，《十三經注疏》，第一七七六頁。
③ 靳青萬：《釋"三墳、五典、九丘、八索"》，《漳州師範學院學報》二〇〇五年第二期。

索》"① 的説法，後世多從之。例如，曾有人問程子："《易》亦有過乎？"
程子曰："如《八索》之類，亂《易》者多矣。"② 這也是基於孔子"贊
《易》道以黜《八索》"的説法。

---

① 《尚書正義》，《十三經注疏》，第一一四頁。
② （宋）程顥、程頤：《二程集》，中華書局，一九八一，第一二二九頁。

二四　晉國卜筮走望鄭災

(《左傳·昭公十八年》)

火之作也，子産授兵登陴。

子大叔曰："晉無乃討乎？"

【注】辭晉公子、公孫而授兵，似若叛晉。陴，婢支反。

子産曰："吾聞之：'小國忘守則危。'況有災乎？國之不可小，有備故也。"

既，晉之邊吏讓鄭曰："鄭國有災，晉君、大夫不敢寧居，卜筮走望，不愛牲玉。

【疏】"卜筮"至"牲玉"。正義曰：言爲鄭卜筮，何故有災，宜禱何神，奔走而望祭之。祭山川，故爲望也。莊二十五年傳云："天災有弊無牲"，而云"不愛牲玉"者，天之見異，非求人飲食。隨時告請，則有幣無牲。若祭求弭災者，則當有牲。《雲漢》之詩，美宣王爲旱禱神，云："靡愛斯牲，圭璧既卒。"亦是用牲玉也。

【案】○傳文"小國忘守則危"，阮元《校勘記》："《周禮·宮正》鄭衆注引作'必危'，賈公彥曰：'"彼"爲"則"，先鄭云"必"，讀字不同也。'"○此節，《正義》總入傳文"今執事攔然授兵登陴"下。

鄭之有災，寡君之憂也。今執事攔然授兵登陴，

【注】攔然，勁忿貌。守，手又反，一音如字。攔，遐板反。勁，吉政反。

【疏】注"攔然勁忿貌"。正義曰：服虔云："攔然，猛貌也。"《方

言》云："攔，猛也。晉、魏之間曰攔。"杜言"勁忿貌"，亦是猛也。但述晉人責鄭之意，故以"勁忿"解之。

【案】阮元《校勘記》："錢大昕云：'攔'當爲'㨉'字之譌。《說文》：'㨉，武貌。'《荀子‧榮辱》篇'陋者俄且㨉'楊倞注：'㨉與懰同，猛也。'《方言》'晉、魏之間謂猛爲㨉'，今本《方言》亦從手旁。"

將以誰罪？邊人恐懼，不敢不告。"

【疏】"將以誰罪"。正義曰：將以誰爲罪，而欲授兵？疑其畏晉襲之，欲禦晉擊之。

【案】○傳文"將以誰罪"猶"將以罪誰"之謂。○此節，正義總入傳文"薦爲敝邑不利"下。

子產對曰："若吾子之言，敝邑之災，君之憂也。敝邑失政，天降之災，又懼讒慝之間謀之，以啓貪人，荐爲敝邑不利，

【注】薦，重也。恐，丘勇反。慝，他得反。間，間厠之間。荐，在遍反。重，直用反，下文同。

【案】"荐爲敝邑不利"，阮元《校勘記》："《釋文》亦作'荐'，毛本作'薦'，注同，非也。"

以重君之憂。幸而不亡，猶可說也。

【注】說，解也。

不幸而亡，君雖憂之，亦無及也。鄭有他竟，望走在晉。

【注】言鄭雖與他國爲竟，每瞻望晉歸赴之。竟音境。

【疏】"望走在晉"。正義曰：其所瞻望奔走而歸之者，唯在晉耳。

【案】顧炎武《日知録》："言鄭有他竟之憂也。"[①]　又有一說，竹添光鴻《左傳會箋》："言若晉之讒匿啓貪人以襲我，則是與晉接刃速罪也。故

---

① （清）顧炎武：《日知録（二）》，《顧炎武全集》第一九册，第一○二八頁。

備以禦姦矣。不備他竟而獨備晉者，以是也。"①

既事晉矣，其敢有二心？"

【注】傳言子産有備。

【疏】注"傳言子産有備"。正義曰：國有火災，懼被人襲，登陴遷
守，是有備也。

---

① 〔日〕竹添光鴻會箋《左傳會箋》第二十四，第八頁。

二五　蔡墨論龍

（《左傳·昭公二十九年》）

秋，龍見于絳郊。

【注】絳，晉國都。見，賢遍反，下“見龍”“朝夕見”皆同。

魏獻子問於蔡墨……

【注】蔡墨，晉太史。

對曰：“……龍，水物也。水官弃矣，故龍不生得。

【注】弃，廢也。

【疏】“龍水”至“生得”。正義曰：漢氏先儒説《左氏》者，皆以爲五靈配五方，龍屬木，鳳屬火，麟爲土，白虎屬金，神龜屬水。其五行之次，木生火，火生土，土生金，金生水，水生木。王者脩其母則致其子，水官脩則龍至，木官脩則鳳至，火官脩則麟至，土官脩則白虎至，金官脩則神龜至，故爲其説云：視明禮脩而麟至，思睿信立而白虎擾，言從文成而神龜在沼，聽聰知正而名川出龍，貌共體仁則鳳皇來儀，皆脩其母而致其子也。解此“龍，水物”者，言龍爲東方之獸，是此方水官之物也。“水官廢矣，故龍不生得”，言母不脩，故子不至也。杜氏既無其説，未知與舊同否。此下不注，似與舊説異，或當以爲龍是水內生長，故爲水官之物，水官廢矣，故龍不生得，言水官不脩，故無水內之靈獸也。若如此解，則上云“物有其官”，當謂五靈之物，各各自有其官，官能脩理，各自致物。龍是水內之物，可令水官致龍。其鳳、皇、麟、虎之輩共在天地之間，不是寢金、食火、木生、土出，未知何官致鳳？何官致虎？未測杜旨，不可强言，是用闕疑，以俟來哲。

【案】黄玉順《左氏易傳注疏瑕疵》："所謂龍之'不生得'，非謂其'不復生育，乃令無有此物'，乃謂其不可豢而畜之，是因'職業不脩，則物不至'，然毕竟'物雖不至，尚有物在'，故蔡墨於下文引《周易》以証之。獻子問今何故無龍。蔡墨對曰：今非無龍，惟水官棄矣，故龍不生得而已。於是引《周易》以証之，以爲龍乃朝夕出現之物。"[1]

不然，《周易》有之，

【注】言若不爾，《周易》無緣有龍。

在乾䷀

【注】乾下乾上，乾。乾，其連反；本亦作"乹"。

【案】乾☰下乾☰上乾☰。

之姤䷫

【注】巽下乾上，姤。乾初九變。姤，古豆反。

【疏】"之姤"。正義曰：巽下乾上，姤。乾之初九爻變而成姤卦也。其《象》曰："姤，遇也，柔遇剛也。"乾爲天，爲剛。巽爲風，爲柔。風行必有所遇，猶女行而遇男，故名此卦爲"姤"也。

【案】○姤䷫下巽☴上乾☰。○乾之姤，此處謂乾卦初九爻，以下例同，惟"其坤"雖仍指一爻，却非指卦之某爻而言，詳見下文所引尚秉和《周易古筮攷》之説。○原版各節，正義總入傳文"龍戰于野"后，今分節提前。以下例同。

曰'潛龍勿用'，

【注】乾初九爻辭。爻，户交反。

【疏】注"乾初九爻辭"。正義曰：蔡墨此言取《易》有"龍"字而已，無取於《易》之義理，故杜注唯指其辭之所在，不解其辭之意。其説《易》者，自具於此，不復煩言也。

---

[1] 黄玉順：《左氏易傳注疏瑕疵》，《時代與思想——儒學與哲學諸問題》，第二四頁。

其同人䷌

【注】離下乾上，同人。乾九二變。

【疏】“同人”。正義曰：離下乾上，同人。乾之九二爻變而成同人之卦也。其《象》曰：“天與火，同人。”天體在上，火性炎上，同于天也，猶君設政教而臣民從之，和同之義，故名此卦爲“同人”也。服虔云：“天在上，火炎上，同于天，天不可同，故曰‘同人’。”

【案】同人䷌下離☲上乾☰。

曰‘見龍在田’，

【注】乾九二爻辭。

其大有䷍

【注】乾下離上，大有。乾九五變。

【疏】“大有”。正義曰：乾下離上，大有。乾之九五爻變而成大有之卦也。其《象》曰：“大有，柔得尊位大中，而上下應之，曰大有。”“柔得尊位”謂六五也。五位尊而柔居之，處尊以柔，居中以大，體無二陰，以分其應，上下應之，無所不納，大有之義，故名此卦爲“大有”。

【案】大有䷍下乾☰上離☲。

曰‘飛龍在天’，

【注】乾九五爻辭。

其夬䷪

【注】乾下兌上，夬。乾上九變。夬，古快反。兌，徒外反。

【疏】“夬”。正義曰：乾下兌上，夬。乾之上九爻變而成夬卦也。其《象》曰：“夬，決也，剛決柔也。”此卦五陽而決一陰，乾爲天，爲剛，爲健。兌爲澤，爲柔，爲説。以剛正決柔邪，故名此卦爲“夬”。

【案】夬䷪下乾☰上兌☱。

曰‘亢龍有悔’，

【注】乾上九爻辭。亢，苦浪反。

其坤☷☷

【注】坤下坤上，坤。乾六爻皆變。坤，本又作"巛"，空門反。

【案】○坤☷下坤☷上坤☷。○阮元《校勘記》："《釋文》'坤'作'巛'，云'本又作巛'。案：《説文》無'巛'字，即'☷'之變耳。"洪亮吉《春秋左傳詁》："案《大戴禮記》《易》之乾坤並作'巛'字。王肅《家語》注：'巛'，古坤字。象六斷之形。陸氏《周易·坤卦》'坤'字注云：'本又作"巛"。"巛"今字也。'今攷《説文》無'巛'字。《五經》《周易》已皆作'坤'，則此《傳》作'坤'爲得，不必從《釋文》改也。惟陸氏斥以爲今字，恐非。"①

曰'見羣龍無首，吉'；

【注】乾用九爻辭。

【疏】注"乾用九爻辭"。正義曰：乾之六爻皆陽，坤之六爻皆陰，以二卦其爻既純，故別揔其用而爲之辭，故乾有"用九"，坤有"用六"；餘卦其爻不純，無揔用也。六爻皆變，乃得揔用。乾之六爻皆變，則成坤卦，故謂"用九"之辭爲其坤也。六爻既變，而不用卦下之辭者，《周易》用變，卦下之辭非變，又無"龍"文，史墨指説於龍，故以"用"爲語。

【案】○傳文"無首"，黃玉順《易經古歌考釋》引朱駿聲《六十四卦經解》："无首，猶言循環無端。"② 故乾《象傳》云："用九，天德不可爲首也。"○注"乾用九爻辭"説不妥。尚秉和《周易古筮攷》："夫用九若爲爻，則卦有七爻矣，古今豈聞有七爻之卦哉？"③ 尚氏又云："夫墨非爲人筮也，所言乾之坤即陽變陰，仍指一爻言也。墨于姤、于同人、于大有、夬皆指一爻言，于坤亦指一爻可知。"④ 尚氏所説"仍指一爻言"之意乃是陰變陽或陽變陰。○"用九"猶"通九"。帛書《周易》

---

① （清）洪亮吉：《春秋左傳詁》，第七九五頁。
② 黃玉順：《易經古歌考釋》（修訂本），第四一頁。
③ 尚秉和：《周易古筮攷》，張善文校理《尚秉和易學全書》第一卷，第一五頁。
④ 尚秉和：《周易古筮攷》，張善文校理《尚秉和易學全書》第一卷，第一五頁。

"用"作"迵"①，《太玄》"迵迵不屈"注："迵，通也。"② 朱子《周易本義》："用九，言凡筮得陽爻者，皆用九，而不用七，蓋諸卦百九十二陽爻之通例也。"③

坤之剝䷖

【注】坤下艮上，剝。坤上六變。剝，邦角反。艮，古恨反。

【疏】"坤之剝"。正義曰：坤下艮上，剝。坤之上六爻變而成剝卦也。其《彖》曰："剝，剝也，柔變剛也。"剝卦五陰而一陽，陰漸長而滅陽，猶邪長而剝損正道，故名此卦爲"剝"也。

【案】剝䷖下坤☷上艮☶。

曰'龍戰于野'。

【注】坤上六爻辭。

【疏】"在乾"至"于野"。正義曰：傳例上下雖不用筮，但指此卦某爻之義者，即以某爻之變，更別爲卦，即云"此卦之某卦"，則此"乾之姤"，宣十二年"師之臨"是也。劉炫云："杜以'之'爲'適'。炫謂《易》之爻變則成一卦，遂以彼卦名爻：乾之初九，姤卦；爻九二，同人；爻九五，大有；爻上九，夬卦；爻用九全變，則成坤卦，故謂"用九"爲坤。蔡墨此意取《易》文耳，非揲著求卦，安有'之適'之義？若以'之'爲之適，則其非之適之意，何以言'其同人''其大有'？此本當言'初九''九二'，但以爻變成卦，即以彼卦名爻，其意不取於之、適。所言'其同人''其大有'，猶引《詩》言'其二章''其三章'。先引初九，故言乾卦之姤，爻初九；言乾以下，不復須云'乾'，故言'其同人''其大有'，就乾卦而'其'之，其此同人爻，其此大有爻，以下文勢悉皆若是也。"

【案】○注"坤上六爻辭"，原作"上爻辭"，阮元《校勘記》："宋

---

① 于豪亮：《馬王堆帛書〈周易〉釋文校注》，上海古籍出版社，二〇一三，第二九頁。

② （漢）揚雄撰，（宋）司馬光集注《太玄集注》，劉韶軍點校，中華書局，二〇一三，第三八頁。

③ （宋）朱熹：《周易本義》，第三二頁。

本、淳熙本、岳本、纂圖本、監本、毛本作‘坤上六爻辭’，是也。”據改。○孔疏“即以彼卦名爻，其意不取於之、適”説是。左氏易例，單純引證《周易》以論事之例皆如是。這説明了兩點：其一，春秋時期《周易》文本尚未完全擺脱筮占而作出獨立解釋，因此仍保留使用“某卦之某卦”這種變占形式指稱《周易》卦爻；其二，這已然顯出了與之前唯有先筮占再解説的程式之不同，它畢竟是對《周易》文本的解釋，亦即撇開筮占的過程而直接以《周易》文本説事明理。這種引易例的出現實爲《周易》人謀化、解釋學化進程的重要表現。

若不朝夕見，誰能物之?”

【注】物，謂上六卦所稱“龍”各不同也。今説《易》者皆以龍喻陽氣，如史墨之言，則爲皆是真龍。

【疏】“若不”至“物之”。正義曰：蔡墨言，古者龍可生得，人皆見之，故《周易》之辭以龍爲喻；若使龍不朝夕出見，誰能知其動静，而得以物名之？《易》言“潛龍”、“飛龍”及“龍戰”之等，明是見其飛、潛，見其戰鬬，而得以物名之。是知龍可生得，古人見龍形也。

【案】竹添光鴻《左傳會箋》：“潛、見、飛、亢，其物不同。‘物之’猶曰形容之也。”[1]

專論八　關於“龍”與“易”之關係

蔡墨論龍，認爲龍在古代是常見之物，當時有專掌“畜龍”的官職和人員，到了春秋時期其官不存，龍就不常見了。蓋因如此，《左傳·昭公二十九年》特意記載了這次見龍事件。蔡墨認爲龍是水中的動物，水官不立而龍不得見，徵引《周易》乾卦和坤卦，説明龍原是常見之物。

有種觀點認爲“龍”可能就是“易”，亦即蜥蜴。《説文》：“易，蜥易、蝘蜓、守宮也。”《周易集解》引沈驎士云：“龍之爲物，能飛能潛。”[2] 蔡墨

---

① 〔日〕竹添光鴻會箋《左傳會箋》第二十六，第三一頁。
② （清）李道平：《周易集解纂疏》，第二八頁。

所説的"水物"即是能潛者，爲"潛龍"，可能就是水蜥，能飛者即"飛龍"。《周易》古經中關於龍的描述確實是對某種動物形象的描述，正如《周易·繫辭下傳》所説："古者包犧氏之王天下也，仰則觀象於天，俯則觀法於地，觀鳥獸之文與地之宜，近取諸身，遠取諸物，於是始作八卦，以通神明之德，以類萬物之情。"《周易·説卦傳》取象"乾爲馬，坤爲牛，震爲龍，巽爲雞，坎爲豕，離爲雉，艮爲狗，兑爲羊"。這些取象都是某種動物的形象，"潛龍""飛龍"等描述也應當是根據某種動物形象而來的。

龍的甲骨文𥄂，像是大口的曲身動物，説是蜥蜴也説得通，但是"易"的甲骨文𣇭反倒没那麼像蜥蜴。聞一多先生認爲龍是由蛇圖騰發展而來的①，李鏡池先生認爲龍是指龍星②，章太炎先生釋龍爲鱷③。易字的甲骨文像是兩個器皿，從一個器皿中向另一個器皿中倒東西，所以有的學者認爲易的本義是指傾倒，這與《周易》"交易"（交換）之義比較接近。"龍"和"易"可能並無直接的語詞關聯，其關聯義主要在於《周易》大傳的"龍德"方面，例如《乾·文言傳》云："德而正中者也。庸言之信，庸行之謹，閑邪存其誠，善世而不伐，德博而化。《易》曰'見龍在田，利見大人'，君德也。"易道與龍德的哲學和文化學關聯纔是龍與易之關係的重心所在。④

---

① 聞一多：《伏羲考》，《聞一多全集》第一卷，生活·讀書·新知三聯書店，一九八二，第六九頁。
② 李鏡池：《周易通義》，第二頁。
③ 章太炎：《説龍》，《章太炎全集》第九册，第八三至八四頁。
④ 關於易道與龍德的關聯，參見張克賓《龍德與易道》，《社會科學戰綫》二〇一二年第八期。

二六　史墨論季氏出其君

（《左傳·昭公三十二年》）

趙簡子問於史墨曰：“季氏出其君，而民服焉，諸侯與之。君死於外，而莫之或罪，何也？”

【案】“莫之或罪，何也”原作“莫之或罪也”，楊伯峻《春秋左傳注》增“何”字，[1] 其據金澤文庫本，於義爲切，今從之。

對曰：“物生有兩、有三、有五、有陪貳。故天有三辰，

【注】謂有三。陪，蒲回反。

地有五行，

【注】謂有五。

體有左右，

【注】謂有兩。

各有妃耦。

【注】謂陪貳。妃音配。

王有公，諸侯有卿，皆有貳也。天生季氏，以貳魯侯，爲日久矣。民之服焉，不亦宜乎！魯君世從其失，季氏世脩其勤，民忘君矣。雖死於外，其誰矜之？社稷無常奉，

【注】奉之無常人，言唯德也。從，才用反；本亦作“縱”。

---

① 楊伯峻：《春秋左傳注》（修訂本），第一五一九頁。

【案】○傳文"魯君世從其失"。"從"作"縱"。"失"同"佚"，"佚"同"逸"，此以魯君之"失"與季氏之"勤"對言。《淮南子·汜論訓》："秦穆公出遊而車敗，右服失，野人得之。"王念孫："失与佚同。"①《荀子·性惡》"骨體膚理好愉佚"注："佚与逸同。"② 王引之《經義述聞》："家大人曰：'失'讀爲'佚'（'佚'，字又作'逸'），佚與勤正相反，言魯君世縱其佚以失民，季氏世修其勤以得民也。古多以'失'爲'佚'。（見《九經古義》。)"③ ○傳文"其誰矜之"。矜：顧惜、憐憫。宣公十五年《公羊傳》"見人之厄則矜之"何休注："矜，閔。"

君臣無常位，自古以然。

【注】史墨跡古今以實言。

故《詩》曰：'高岸爲谷，深谷爲陵。'

【注】《詩·小雅》。言高下有變易。

【疏】"故詩"至"爲陵"。正義曰：《詩·小雅·十月之交》，大夫刺幽王也。

三后之姓，於今爲庶，主所知也。

【注】三后，虞、夏、商。

【疏】注"三后虞夏商"。正義曰：從周而上，故數此三代。三代子孫，目有爲國君者，言其賤者爲庶人也。

【案】○后：君、王。《詩經·商頌·玄鳥》"商之先后"鄭玄箋："后，君也。"○傳文"主所知也"，原作"王所知也"，阮元《校勘記》："石經、宋本、淳熙本、岳本、纂圖本、監本、足利本'王'作'主'，是也。"據改。○疏"目有爲國君者"，疑"目"爲"自"之誤，其義謂三后子孫自有公侯，而亦有庶人。

---

① （漢）劉安撰，劉文典集解《淮南鴻烈集解》，中華書局，一九八九，第四五四頁。
② （清）王先謙：《荀子集解》，第四三八頁。
③ （清）王引之：《經義述聞》，第一一四三頁。

在《易》卦，雷乘乾曰大壯䷡，

【注】乾下震上，大壯。震在乾上，故曰"雷乘乾"。

【疏】"雷乘乾曰大壯"。正義曰：乾爲天，爲剛；震爲雷，爲動。天以剛而動，動則爲雷，壯之大者，故曰"大壯"。

【案】大壯䷡下乾☰上震☳。

天之道也。

【注】乾爲天子，震爲諸侯，而在乾上，君臣易位，猶臣大强壯，若天上有雷。

【疏】注"乾爲"至"有雷"。正義曰：《説卦》：乾"爲天""爲君"。君之極尊者，是天子也。震"爲長子"，其卦云："震驚百里。"聲達百里之內，而有震曜之威，是諸侯；而在天子之上，象如君臣易位，是天之道也。

【案】〇傳文"天之道也"，焦循《春秋左傳補疏》："雷乘於乾是爲徵凶，豈得爲天之道？"① 〇注"震爲諸侯，而在乾上"，原作"震爲諸侯，而在上"，阮元《校勘記》："宋本、淳熙本、岳本'在'下有'乾'字，是也。"據補。〇注"君臣易位"，原作"君臣臣易位"，衍一"臣"字。〇疏"是諸侯而在天子之上"，阮元《校勘記》："宋本'侯'下有'之象諸侯'四字。"

昔成季友，桓之季也，文姜之愛子也。始震而卜，卜人謁之曰：'生有嘉聞，

【注】嘉名聞於世。始震，如字，一音身。聞音問。

【疏】"始震而卜"。正義曰：震，動也。懷妊始動，知有震娠而即卜也。

【案】〇桓之季：桓公少子。《儀禮·士冠禮》注："伯、仲、叔、季，長幼之稱。"〇傳引史墨語以季友爲莊公同母弟。《史記·魯周公世

---

① （清）焦循：《春秋左傳補疏》，陳居淵主編《雕菰樓經學九種》（上），第六一六頁。

家》："季友母陳女。"按《史記》，季友並非文姜之子。閔公二年傳卜楚
丘之父筮成季之將生，未言何人所生，史墨引述卜人之言同，季友爲文姜
之子乃史墨自説之。

**'其名曰友，爲公室輔。'及生，如卜人之言，有文在其手曰
'友'，遂以名之。既而有大功於魯，**

【注】立僖公。名之，音武政反。

受費以爲上卿。至於文子、武子，

【注】文子，行父。武子，宿。費音秘。

**世增其業，不廢舊績。魯文公薨，而東門遂殺適立庶，魯君
於是乎失國，**

【注】失國權。適，丁歷反。

【案】"不廢舊績"，"廢"原作"費"，阮元《校勘記》："案費當作
廢。"據改。

**政在季氏，於此君也四公矣。民不知君，何以得國？是以爲
君，慎器與名，不可以假人。"**

【注】器，車服。名，爵號。

【疏】"是以"至"假人"。正義曰：器，謂車服也。名，謂爵號也。
借人名器，則君失位矣，故不可以假人也。言魯君失民，是借季氏以權
柄，故令昭公至此出外，因以戒人君，使懲創也。

【案】○"慎器與名"另有一解，慎讀爲順，《荀子·仲尼篇》"則慎
行此道也"注"慎"讀爲"順"。説詳章太炎《春秋左傳讀》。[①] 章氏又
云："《後漢書·鄭興傳》：隗囂廣置職位，以自尊高，興止囂曰：'夫中郎
將、大中大夫、使持節官，皆王者之器，非人臣所當制也。孔子曰："惟
器與名，不可以假人。"不可以假人者，亦不可以假於人也。無益於實，

---

① 章太炎：《春秋左傳讀》，《章太炎全集》第二册，第六七九頁。

有損於名，非尊上之意也。’然則少贛解《傳》此語，兼有責于奚不當假名器於君之意，與昭三十二年‘慎器與名’兼含兩誼者相發明，蓋是子駿以前古訓，故少贛與王遵所説同意。知此，則知《左氏》辭約而指博矣。”① ○左氏肯定季氏於魯國的政治作用。童書業認爲左氏偏祖季氏，説詳《春秋左傳研究》。② 朱子亦云：“左氏之病是以成敗論是非，而不本於義理之正。”説詳《朱子語類》卷八十三。③ 春秋晚期，各諸侯國出現了以“家室”或“家族”爲核心的政治勢力，國家權力不斷地從宗族收歸於家室乃至一人，這是從宗法封建轉進爲君主專制的中國社會歷史大趨勢的一個面向。

① 章太炎：《春秋左傳讀》，《章太炎全集》第二册，第四〇一頁。
② 童書業：《春秋左傳研究》，中華書局，二〇〇六，第二五七頁。
③ （宋）黎靖德編《朱子語類》第六册，王星賢點校，第二一四九頁。

二七　陽虎筮救鄭

（《左傳·哀公九年》）

晉趙鞅卜救鄭，遇水適火，

【注】水火之兆。

【疏】“遇水適火”。正義曰：服虔云：“兆南行適火。卜法橫者爲土，立者爲木，邪向經者爲金，背經者爲火，因兆而細曲者爲水。”

占諸史趙、史墨、史龜。

【注】皆晉史。

史龜曰：“是謂沈陽，

【注】火陽得水，故沈。

可以興兵，

【注】兵，陰類也，故可以興兵。

利以伐姜，不利子商。

【注】姜，齊姓。子商，謂宋。

【案】○陽、兵、姜、商四字一韻到底，在陽部。○傳文“子商”，王引之《經義述聞》：“《傳》自釋曰：‘敵宋不吉。’不吉，亦不利也。宋，亦商也。則‘商’上之字當與‘敵’同義，作‘子’則非其義矣。‘子’疑當作‘予’，‘予’即‘與’字，古人多謂敵爲‘與’（已見上），下文曰：‘宋方吉，不可與也’，謂宋不可敵也。此言不利與商，即是不利敵宋，故《傳》自釋之曰‘敵宋不吉’也。‘予’字之形似‘子’，又因下文'子水位也'之文而誤耳。（《東周策》'秦知趙之難予齊人戰'，'予'即'與'字，今本譌作'子'。《漢書·高祖紀》'楚予諸侯人之慕漢者數萬人'，'予'亦譌作'子'。）"①

伐齊則可，敵宋不吉。"

史墨曰："盈，水名也；子，水位也。

【注】趙鞅，姓盈。宋，姓子。水盈坎乃行，子姓又得北方水位。

【疏】注"趙鞅"至"水位"。正義曰：《秦本紀》：秦，伯翳之後，爲嬴姓也。《趙世家》云：趙氏之先，與秦同祖。其伯翳後世爲盈泄蜚廉，有子二人：一曰惡來，其後爲秦；一曰季勝，其後爲趙。今卜趙鞅伐宋，故以嬴、子二姓爲占也。

名位敵，不可干也。"

【注】二水俱盛，故言"不可干"。

炎帝爲火師，

【注】神農有火瑞，以火名官。

姜姓其後也。水勝火，伐姜則可。"

史趙曰："是謂如川之滿，不可游也。

【注】既盈而得水位，故爲如川之滿，不可馮游，言其波流盛。游音由。馮，皮冰反。

鄭方有罪，不可救也。

【注】鄭以嬖寵伐人，故以爲有罪。

救鄭則不吉，不知其他。"

【注】救鄭，則當伐宋，故不吉也。

---

① （清）王引之：《經義述聞》，第一〇六九至一〇七〇頁。

【案】楊伯峻《春秋左傳注》："其他謂伐齊也。"①

陽虎以《周易》筮之，遇泰☷☰

【注】乾下坤上，泰。

【案】泰☷☰下乾☰上坤☷。

之需☵☰，

【注】乾下坎上，需。泰六五變。需音須。

【疏】"遇泰之需"。正義曰：乾下坤上，泰。乾爲天，坤爲地，地在上，天在下。《象》曰："天地交，泰。"泰者，大也。天地交合，萬物大通，故名此卦爲"泰"。乾下坎上，需。《象》曰："需，須也。"言雲在天上，須散而爲雨，故名此卦爲"需"。

【案】需☵☰下乾☰上坎☵。

曰："宋方吉，不可與也。

【注】不可與戰。泰六五曰："帝乙歸妹，以祉，元吉。"帝乙，紂父，五爲天子，故稱"帝乙"。陰而得中，有似主者嫁妹，得如其願，受福禄而大吉。祉音恥。

【疏】注"不可"至"大吉"。正義曰：泰六五曰："帝乙歸妹以祉，元吉。"《易》之文也。既引其文，又解其意。"帝乙，紂父"，《殷本紀》文也。《易》之爻位五，爲天子，故於六五之爻稱"帝乙"也。其《象》曰："'以祉元吉'，中以行願。"六是陰爻也。五是上體之中，居天子之位，陰而得中，有似王者嫁妹，得如其願，受福禄而大吉。王弼云："婦人謂嫁曰歸。泰者，陰陽交通之時也。女處尊位，履中居順，降身應二，感以相與，用中行願，不失其禮。"帝乙歸妹，誠合斯義。履順居中，行願以祉，盡夫陰陽交配之宜，故元吉也。杜說與彼同。案《易》稱"高宗伐鬼方"者，實伐之；"帝乙歸妹"者，實嫁。其女有賢德，名聞昭著，故得載之《易象》。但書典散亡，不知嫁與何人，爲誰之妻。

---

① 楊伯峻：《春秋左傳注》（修訂本），第一六五三頁。

【案】○不可與：不可敵。王引之《經義述聞》：“家大人曰：‘與，猶當也，敵也。’”① ○注“不可與戰”，王引之《經義述聞》：“‘不可與也’杜注曰‘不可與戰’，蓋誤釋爲‘與共’之‘與’，而以‘戰’字增成其義，不知‘與’訓爲敵，戰義在其中矣。《越語》説戰曰‘彼來從我，固守勿與’，《老子》曰‘善勝敵者不與’，皆謂兩軍相敵也。解者皆誤以爲‘與共’之‘與’，而增字以足之，韋昭注《越語》則曰‘勿與戰’，王弼注《老子》則曰‘不與争’，蓋古義之湮久矣。”② ○孔疏“《易》稱‘高宗伐鬼方’者，實伐之；‘帝乙歸妹’者，實嫁之”此説的當。此爲《周易》古經中的“史記”。○疏“故得載之《易象》”，謂《易》爻辭。昭公二年傳“《易象》”孔疏云：“《易》文推演爻卦，象物而爲之辭……是故謂之‘易象’。”

微子啓，帝乙之元子也。宋、鄭，甥舅也。

【注】宋、鄭爲昏姻甥舅之國。宋爲微子之後，今卜得帝乙卦，故以爲宋吉。

【疏】“宋鄭甥舅”。正義曰：宋、鄭異姓，必嫁娶往來，或可時實有親，故爲甥。甥輒言甥舅者，言其昏姻勢敵，敵則無以相傾，宋有福，鄭必衰，言鄭不可助也。

【案】注“今卜得帝乙卦”，阮元《校勘記》：“宋本‘乙’下有‘之’字。”

祉，禄也。若帝乙之元子歸妹而有吉禄，我安得吉焉？”乃止。

【注】吉在彼，則我伐之爲不吉。

【案】傳文“若帝乙之元子歸妹而有吉禄”，涉《周易》泰卦繇辭，其義相通。泰六五爻辭：“帝乙歸妹，以祉。元吉。”“帝乙歸妹”又見於歸妹六五爻辭：“帝乙歸妹，其君之袂，不如其娣之袂良。月幾望，吉。”

---

① （清）王引之：《經義述聞》，第一〇六八頁。
② （清）王引之：《經義述聞》，第一〇七〇頁。

二八　文種論蔑卜筮

（《國語·吳語》）

吳王夫差還自黃池，息民不戒。

【注】戒，儆也。

越大夫種乃唱謀，

【注】發始爲唱。

【案】"唱"同"倡"，謂先也。《史記·陳涉世家》："爲天下唱，宜多應者。"索隱："《漢書》作'倡'，倡謂先也。《説文》云：'倡，首也。'"①

曰："吾謂吳王將遂涉吾地，今罷師而不戒以忘我，我不可以怠。日臣嘗卜於天。

【注】日，昔日。卜於天，"天若棄吳，必許吾成，既罷弊其民，天奪之食，安受其燼"之言。

【案】○罷，讀爲"疲"（pí），下同。○文種所卜之辭，應即下文"吳民既罷，而大荒薦饑，市無赤米，而囷鹿空虛"之意，故繼而稱"天占既兆，人事又見"。文種欲天棄吳，以龜卜而得吉兆。

今吳民既罷，

【注】罷，勞也。

---

① （漢）司馬遷撰，（宋）裴駰集解，（唐）司馬貞索隱，（唐）張守節正義《史記》，第二三六七頁。

而大荒薦饑，市無赤米，

【注】赤米，米之姦者，今尚無有。

而囷鹿空虛，

【注】員曰囷，方曰鹿。

其民必移就蒲蠃於東海之濱。

【注】蒲，深蒲也。蠃，蚌蛤之屬。濱，涯也。

【案】蠃，讀如"裸"（luǒ）。韋注謂之"蚌蛤之屬"，是假借字。《説文·虫部》："蠃：螔蠃也。""蠣：蠣蠃，蒲盧，細要土蠭也。天地之性，細要，純雄，無子。《詩》曰：'螟蛉有子，蠣蠃負之。'从虫，羸聲。螔：'蠣'或从果。"尤須注意者，《説文》釋"蠃""蠣"爲"螔蠃""蒲盧"，似乎《國語》文種所説"蒲蠃"即是"螔蠃"，而非韋注所説"深蒲"與"蚌蛤之屬"。

天占既兆，

【注】兆，見也。

人事又見，

【注】謂怨誹。

【案】謂吳民因"大荒薦饑，市無赤米，而囷鹿空虛"，故有怨誹。

我蔑卜筮矣。

【案】蔑，猶言"無"。《易》剥六二："蔑貞，凶。"《釋文》引馬融注："蔑，無也。"[1]"蔑貞，凶"謂無須占筮，必凶。故文種言"蔑卜筮矣"，謂無須卜筮矣。文種所説"天占既兆，人事又見，我蔑卜筮矣"，意義重大：其一，由龜卜而推及蓍筮；其二，與《易》蒙卦卦辭"初筮告，再三瀆，瀆則不告"之意同；其三，與《左傳·哀公十八年》"聖人不煩卜筮"，《論語·子路》孔子"不占而已"、帛書《要》"不卜不筮"、《荀

---

① （唐）陸德明：《經典釋文》，張一弓點校，第三二頁。

子·大略》"善爲《易》者不占"等觀念相同。由此可見，這一易學觀念在春秋時期已然成型。

王若今起師以會，奪之利，無使夫悛，

【注】悛，改也。

【案】整理本"無使夫悛"結句，用句號，誤。此處語意未盡，乃條件復句："王若今起師以會，奪之利，無使夫悛"，則"夫吳之邊鄙遠者……"故當用逗號。

夫吳之邊鄙遠者，罷而未至，

【注】罷，歸也。

吳王將恥不戰，必不須至之會也，

【注】不待遠兵。

而以中國之師與我戰。

【注】中國，國都。

若事幸而從我，

【注】言從我而戰。

【案】俞樾《群經平議》："上文曰：'吳王將恥不戰，必不須至之會也，而以中國之師與我戰'，然則吳從我戰，乃意中之事，何以云'若事幸而從我'乎？吳從我戰，我又安能遂踐其地乎？韋注非也。今按：上'我'字乃衍文，《國語》原文本云'若事幸而從'句，'我遂踐其地'。《廣雅·釋詁》曰：'從，就也。'事幸而從者，事幸而就也。《晉語》曰'今日之事幸而集'。韋注曰：'集，成也。''幸而從'與'幸而集'義同，此言吳王不待遠兵之至，而以國中之兵與我戰，我若幸而戰勝，則我可遂踐其地也。因涉下句而衍'我'字。韋以'從我而戰'釋之，失其旨矣。"①

---

① （清）俞樾：《群經平議》，第一〇二九至一〇三〇頁。

我遂踐其地，其至者亦將不能之會也已，

【注】言吳之邊鄙雖來，將不能會戰。

吾用禦兒臨之。

【注】禦兒，越北鄙，在今嘉興。言吳邊兵若至，吾以禦兒之民臨敵之。

吳王若慍而又戰，

【注】慍，怒也。

奔遂可出。

【注】使出奔也。案："奔"，公序本作"幸"。

若不戰而結成，

【注】成，平也。

王安厚取名而去之。"

越王曰："善哉！"乃大戒師，將伐吳。

二九　胥彌赦占衛侯之筮夢

（《左傳·哀公十七年》）

衛侯夢于北宮，見人登昆吾之觀，

【注】衛有觀在古昆吾氏之虛，今濮陽城中。觀音工唤反，注同。虛，去魚反，下文同。濮音卜。

被髮北面而譟曰："登此昆吾之虛，緜緜生之瓜。

【注】緜緜，瓜初生也。良夫言己有以小成大之功，若瓜之初生，謂使衛侯得國。被，皮義反。瓜，古華反。

【疏】"衛侯"至"而譟"。正義曰：北宮，衛侯之別宮。於是衛侯在南宮，夢裹身在北宮，見人登昆吾之觀，被髮北面而譟。北宮在昆吾觀北，故此人北面向君而呌譟也。

【案】注"良夫言己"，原作"良夫善己"，阮元《校勘記》："宋本、岳本、足利本善作言。"據改。

余爲渾良夫，呌天無辜。"

【注】本盟當免三死，而并數一時之事爲三罪，殺之，故自謂"無辜"。并，必政反。數，所主反。

【案】楊伯峻《春秋左傳注》："此以墟、瓜、夫、辜爲韻，古音同在魚模部。"①

公親筮之，胥彌赦占之，

【注】赦，衛筮史。

---

① 楊伯峻：《春秋左傳注》（修訂本），第一七〇九頁。

曰：“不害。”與之邑，寘之，而逃奔宋。

【注】言衛侯無道，卜人不敢以實對，懼難而逃也。難，乃旦反，下文“而難作”同。

【案】此處未言所遇何卦，今本《周易》無“不害”占辭，當爲胥彌赦斷語。注稱“言衛侯無道，卜人不敢以實對，懼難而逃也”，則有兩種可能：其一，所遇之卦凶，而胥彌赦不敢實言，謊稱“不害”；其二，所遇之卦固吉，然而衛侯無道，胥彌赦知其雖占吉而事凶，於是泛言“不害”，然後懼難而逃。

衛侯貞卜，

【注】正卜夢之吉凶。

【案】筮人逃之，衛侯有疑，故又卜之。

其繇曰：“如魚窺尾，

【注】窺，赤也。魚勞則尾赤。繇，直又反。窺，勅呈反。

【案】“如魚窺尾”謂魚病則尾赤，喻衛侯如此，説詳章太炎《春秋左傳讀》。①

衡流而方羊。

【注】橫流方羊，不能自安。滺，水邊。言衛侯將若此魚。衡，華盲反，又如字。方，蒲郎反，注同。滺，以制反。

【案】“方羊”即“彷徉”，謂徘徊狀，此處比喻勞苦、不安。《莊子·逍遥遊》“彷徨乎無爲其側”，《釋文》：“彷徨，猶翱翔也。崔本作‘方羊’，簡文同。《廣雅》云：‘彷徉，徙倚也。’”②

滺焉大國，滅之，將亡。闔門塞竇，乃自後踰。”

【注】此皆繇辭。闔，户臘反。竇音豆。

【疏】“其繇”至“後踰”。正義曰：杜以“魚勞則尾赤”、“方羊，不

---

① 章太炎：《春秋左傳讀》，《章太炎全集》第二册，第七四一至七四二頁。
② （唐）陸德明：《經典釋文》，張一弓點校，第五四六頁。

能自安”、“裔焉”謂魚至水邊，以喻衛侯將如此。是賈逵之説，杜用之也。鄭衆以爲魚勞則尾赤、方羊游戲，喻衛侯淫縱。杜不然者，以此魚喻衛侯。《詩》云：“魴魚赬尾，王室如燬。”“魚勞則尾赤”以勞苦之魚比喻衛侯，則“方羊”爲勞苦之狀。若其“方羊”是縱恣之狀，何得比勞苦之魚也？劉炫以爲卜繇之辭文句相韻，以“裔焉”二字宜向下讀之。知不然者，詩之爲體，文皆韻句，其語助之辭，皆在韻句之下，即《齊詩》云“俟我於著乎而，充耳以素乎而”，其《王詩》云“君子陽陽，左執簧……其樂只且”之類是也。此之“方羊”與下句“將亡”自相爲韻，“裔焉”二字爲助句之辭。且繇辭之例，未必皆韻。此云“闔門塞竇，乃自後踰”，不與“將亡”爲韻。又“一薰一蕕，十年尚猶有臭”，不與“攘公之翰”爲韻。是或韻或不韻，理無定準。劉以爲“裔焉大國”謂土地遠焉之大國，近不辭矣。又以“方羊”爲縱恣之狀，而規杜過，非也。

【案】○傳文“裔焉”原屬上結句，劉炫以“方羊”爲句，孔疏駁其説。今據阮元《校勘記》並王引之説連下讀之。阮元《校勘記》：“錢大昕云：杜氏以‘裔焉’連上爲句。劉炫謂當以方羊爲句，其説當矣。而孔氏曲護杜義辨之甚力。然《毛詩正義》亦出孔氏之手，而《汝墳》正義引《傳》‘如魚赬尾，衡流而彷徉’。正與劉氏合。”王引之《經傳釋詞》：“焉，猶‘於’也。哀十七年《左傳》曰：‘裔焉大國，（句）滅之將亡。’裔，邊也。焉，於也。言邊於大國，將見滅而亡也。”[1] ○以上繇辭，羊、亡韻，在陽部。

---

① （清）王引之：《經傳釋詞》，第三七頁。

三〇　楚惠王不煩卜筮

（《左傳·哀公十八年》）

巴人伐楚，圍鄾。

【注】鄾，楚邑。鄾音憂。

初，右司馬子國之卜也，觀瞻曰："如志。"

【注】子國未爲令尹時，卜爲右司馬，得吉兆，如其志。觀瞻，楚開卜大夫觀從之後。

故命之。

【注】命以爲右司馬。

及巴師至，將卜帥。王曰："寧如志，何卜焉?"

【注】寧，子國也。帥，所類反。

使帥師而行。請承。

【注】承，佐。

王曰："寢尹、工尹，勤先君者也。"

【注】柏舉之役，寢尹、吳由于以背受戈，工尹固執燧象奔吳師，皆爲先君勤勞。燧音遂。爲，于僞反。

三月，楚公孫寧、吳由于、薳固敗巴師于鄾，故封子國於析。
君子曰："惠王知志。

【注】知用其意。薳，于委反。析，星歷反。

【案】注"知其用意"，阮元《校勘記》："足利本'意'作'兵'。"

《夏書》曰：'官占唯能蔽志，昆命于元龜。'

【注】逸《書》也。官占，卜筮之官。蔽，斷也。昆，後也。言當先斷意，後用龜也。蔽，必世反，斷也，注同。《尚書》"能"作"克"，克亦能也。"昆命于元龜"，本依《尚書》。斷，于亂反，下同。

【疏】"夏書"至"元龜"。正義曰：《夏書·大禹謨》之篇也。唯彼"能"作"先"耳。"唯先蔽志，昆命于元龜"，孔安國云："帝王立卜占之官，故曰'官占'。蔽，斷；昆，後也。官占之法，先斷人志，後命於元龜。言志定然後卜也。"杜雖不見古文，其解亦與孔合。《周禮》謂"斷獄"爲"蔽獄"，是"蔽"爲斷也。"昆，後也"，《釋言》文。

【案】○傳文引"唯能蔽志"，孔疏亦引作"唯"，《大禹謨》作"惟"。○疏"唯彼'能'作'先'耳"，阮元《校勘記》："段玉裁校本'先'皆作'克'。"洪亮吉《春秋左傳詁》引陳樹華："孔疏云《夏書》作'先'，與今本合。陸氏《釋文》云'能'作'克'。二者必有一誤。但《書》作'克'，《左傳》作'能'，義本相通。疑因孔安國《書》傳'先斷人志，後命于元龜'之文，後人傳寫遂譌作'先'耳。"①

其是之謂乎！《志》曰：'聖人不煩卜筮。'惠王其有焉。"

【注】不疑，故不卜也。

【案】注謂"不疑，故不卜也"於義不合，非謂不疑則不卜，是謂不用卜筮。"聖人不煩卜筮"與文種"蔑卜筮"（《國語·吳語》），以及孔子"不占而已"（《論語·子路》）、"不卜不筮"（帛書《要》）觀念相通，是後世儒家"善爲《易》者不占"（《荀子·大略》）思想的重要來源。陳朝爵《讀左隨筆》："《左氏》記卜筮，奇驗者甚多，而皆近誕，亦所謂不可盡信者也。乃於楚惠王之不卜，稱其知聖人不煩卜筮之義，是凡神奇之

---

① （清）洪亮吉：《春秋左傳詁》，第八九二頁。

説，盡化煙雲，無復迹相，此《左氏》靈妙處。"① 黃玉順《左氏易傳注疏瑕疵》："《大禹謨》云：'帝曰："禹！官占，惟先蔽志，昆命于元龜。朕志先定，詢謀僉同；鬼神其依，龜筮協從。"' 蔡沈《書集傳》釋：'龜：卜、筮著。……帝言官占之法，先斷其志之所向，然後令之於龜。今我志既先定，而衆謀皆同，鬼神依順，而龜筮已協從矣。' 是謂先斷定其志意，然後卜筮。此固非'聖人不煩卜筮''不疑不卜'之意矣。注疏言此意，乃自相矛盾。可見僞《古文尚書·大禹謨》之不可信。而楚王云：'寧如志，何卜焉？'左丘明稱之曰'聖人不煩卜筮'，此乃左氏易學之旨。所謂'聖人不煩卜筮'非謂聖人有疑則筮、無疑不筮，乃謂《論語·子路》'子曰"不占而已矣"。'"②

專論九　關於"聖人不煩卜筮"之説

"聖人不煩卜筮"是"左氏易傳"的重要觀念，體現了易學史的觀念演進，奠定了後世易學思想的基本格調，是儒家"善爲《易》者不占"③思想的重要來源。

《尚書·洪範》記載箕子之言："汝則有大疑，謀及汝心，謀及卿士，謀及庶人，謀及卜筮。"④ 周初時仍然保留着卜筮決疑的傳統，但與此同時，也考慮到"汝心""卿士"乃至"庶人"的意願。也就是説，在"謀及鬼神"的同時，也要謀及"人事"，這一思想後來被《周易》大傳發揮爲"人謀鬼謀，百姓與能"（《周易·繫辭下傳》）。正如顧炎武所説："夫庶人至賤也，而猶在蓍龜之前，故盡人之明而不能決，然後謀之鬼焉。"⑤

從左氏易筮的解占情況來看，"人事"因素是解占的主要標準和着眼點。例如，第一五則，襄公九年，穆姜筮往東宮，穆姜認爲自己無德，雖

---

① 陳朝爵著，潘林編注，林紓選評《〈左傳〉讀法兩種》，華東師範大學出版社，二〇一八，第二七一頁。
② 黃玉順：《左氏易傳注疏瑕疵》，《時代與思想——儒學與哲學諸問題》，第二五頁。
③ （清）王先謙：《荀子集解》，第五〇七頁。
④ 《尚書正義》，《十三經注疏》，第一九一頁。
⑤ （清）顧炎武：《日知錄（一）》，《顧炎武全集》第一八冊，第八八頁。

遇"元亨，利貞"之卦也不能無咎。第一六則，襄公二十五年，崔武子筮娶棠姜，陳文子引困六三爻辭"困于石，據于蒺藜，入于其宮，不見其妻，凶"。而崔武子對以"嫠也，何害？先夫當之矣"。在左氏易例中，還有一些並無筮占而僅引用《周易》以論事明理的例子。例如，第一則，伯廖評鄭公子曼滿（宣公六年）；第一二則，知莊子評晉師（宣公十二年）；第一七則，告子展評楚子將死（襄公二十八年）；第一八則，醫和論晉侯之蠱疾（昭公元年）；第二六則，史墨論季氏出其君（昭公三十二年）。春秋時期的引證易例説明了《周易》已經擺脱了單純的卜筮功能，而開始發揮它的社會倫理價值。

"左氏易傳"反映了春秋易學的發展呈現出人謀化、解釋學化的轉向，"聖人不煩卜筮"正是這種轉型過程中出現的觀念。與筮占本身所顯示的神意相比，文本自身的意義以及人所賦予其中的生命意欲更爲重要。這也是後來儒家"善爲《易》者不占"觀念的重要來源。孔子即有"不占"的説法：

> 子曰："南人有言曰：'人而無恒，不可以作巫醫。'善夫！'不恒其德，或承之羞。'"
>
> 子曰："不占而已矣。"（《論語·子路》）

孔子引恒九三爻辭以論事，並説"不占而已"，這與"聖人不煩卜筮"的思想是一致的。孔子的這一觀念還可佐證於帛書《要》篇：

> 子曰："《易》，我後其祝卜矣，我觀其德義耳也。幽贊而達乎數，明數而達乎德，有仁[守]者而義行之耳。贊而不達於數，則其爲之巫。數而不達於德，則其爲之史。史巫之筮，鄉之未也，始之而非也。"[1]
>
> 子它日教此弟子曰："德行亡者神靈（靈）之趨，知謀遠者卜筮之蘩。"[2]

---

[1]　連劭名：《帛書〈周易〉疏證》，中華書局，二〇一二，第四〇九頁。
[2]　于豪亮説："之讀爲是，蘩疑讀爲播。《楚辭·思古》'播規矩以背度兮'注：'播，棄也。'"參見于豪亮《馬王堆帛書〈周易〉釋文校注》，第二〇四至二〇五頁。

故明君不時不宿，不日不月，不卜不筮，而知吉與凶。順于天地之心，此謂易道。①

孔子提出了一種觀念的遞升：贊（巫者）→數（史者）→德（仁者）。巫者"幽贊于神明"，史者明易數理，而仁者"觀其德義"。這既是孔子對於《周易》精神的理解和概括，也體現了卜筮發展的進程：從最初的通過卜筮來窺測神明的意旨，發展到關注《周易》自身的數理，再到《周易》文本的精神。觀孔子對於《周易》的解讀均是就《周易》文本以論事或説理，這與左氏易例中引用《周易》的幾則易例是一類的。

就先秦易學的發展而言，廖名春等人提出了一個值得注意的觀點："先秦春秋時期的義理易説，經歷了疑占説、引證説和以德代占説三個階段，對占筮的懷疑是義理易説誕生的萌芽，引《周易》論證人事開創了義理派的用易之風，以德代占則屬於義理易説的理論歸納，是義理派易學理論形成和成熟的標志。"② 這個觀點不無新意，有助於理解這一時期凸顯的"不煩卜筮"的思想傾向。

這也是後世儒家易學思想的基本格調。這裡且引一段小程子和邵康節的對話結束本專題的討論：

邵堯夫謂程子曰："子雖聰明，然天下之事亦衆矣，子能盡知邪？"子曰："天下之事，某所不知者固多。然堯夫所謂不知者何事？"是時適雷起，堯夫曰："子知雷起處乎？"子曰："某知之，堯夫不知也。"堯夫愕然曰："何謂也？"子曰："既知之，安用數推也？以其不知，故待推而後知。"堯夫曰："子以爲起於何處？"子曰："起於起處。"堯夫瞿然稱善。③

① 連劭名：《帛書〈周易〉疏證》，第四一二頁。
② 廖名春等：《周易研究史》，湖南出版社，一九九一，第一九頁。
③ （宋）程顥、程頤：《二程集》，第二六九至二七〇頁。

下　編

"左氏易傳"哲學闡釋

一 "左氏易傳"的社會和觀念背景

本書研究"左氏易傳"的一個極爲重要的着眼點就是哲學觀念轉型與社會生活方式轉型的關係問題。因此，考察"左氏易傳"的哲學意義，須先行交代其社會和觀念背景。"左氏易傳"所處的春秋時代涉及一個大的社會歷史背景，就是中國社會及其觀念系統的第一次大轉型。爲了更加清晰地定位這一點，這裡先對中國社會歷史進程中兩次大的時代轉型進行結構性把握。

（一）中國社會及其觀念系統的兩次大轉型

關於中國社會歷史形態及其時代轉型問題，二十世紀以來歷史學界的討論非常豐富。目前學界比較認同的一種觀點是，迄今爲止的中國社會經歷了兩次大的轉型、三個大的歷史發展階段——宗法封建社會、帝制中國①時代、現代社會以及發生於其間的兩次大轉型。

社會轉型的實質是生活方式的轉型。馬克思較早提出了生活方式這一概念，在馬克思的語境中，生活方式是與生産方式作爲一組概念使用的。馬克思認爲，生活方式在很大程度上取決於生産方式，具體到個體身上也是如此，例如，一個人所從事的生産活動就在很大程度上體現了他的生活方式。②

---

① 學界尤其是國外漢學界常用"中華帝國"一詞。
② 馬克思説："人們用以生産自己的生活資料的方式，首先取決於他們已有的和需要再生産的生活資料本身的特性。這種生産方式不應當衹從它是個人肉體存在的再生産這方面加以考察。更確切地説，它是這些個人的一定的活動方式，是他們表現自己生命的一定方式、他們的一定的生活方式。個人怎樣表現自己的生命，他們自己就是怎樣。因此，他們是什麽樣的，這同他們的生産是一致的——既和他們生産什麽一致，又和他們怎樣生産一致。因而，個人是什麽樣的，這取決於他們進行生産的物質條件。"（《馬克思恩格斯選集》第一卷，人民出版社，二〇一二，第一四七頁）

從生產方式到生產關係、社會關係、生活方式是一種觀念的遞進，生產方式也屬於廣義的生活方式，在馬克思看來，生活方式變化的根本動因是物質生產方式，因此可以說，物質生產方式集中體現了一個時代的社會生活方式。生產方式確乎是社會生活方式的重要方面，應被視作社會主體在生產生活領域的表現樣態，但它與社會主體的其他生活領域是並列的、相互影響的而非決定與被決定的關係。本書對生活方式的結構性考察是以社會主體爲核心的各生活領域樣態的展示，生產方式祇是其中的一個面向。

相比於馬克思，韋伯對生活方式的論述則不具有廣泛意義。例如，韋伯說："等級地位應該是指一種在社會評價中典型有效地要求的特權化。它建立在下述事實上：生活方式；正式的教育方式；出身威望或職業威望。"① 這裡提到的"生活方式"有兩個特點，一是被作爲與"教育方式""出身威望"等平行的一個概念來使用；二是其意義被限定在社會階層差異的語境當中。而馬克思對生活方式的討論雖然具有廣泛意義，但並非基礎性的。筆者更加傾向於在一種廣泛且基礎意義上來理解生活方式。② 所謂廣泛，意指它包含了社會生活各領域；所謂基礎，意指它是社會主體所由以生成的淵源。社會轉型的實質就是社會生活方式的轉型，亦即社會生活樣態及其運作方式的轉型。

這裡需要先行提出一個觀點：作爲結構性整體的生活方式其核心要素是社會主體，社會主體在社會生活基本領域的樣態構成生活方式的基本相關項。就社會主體而言，其基本的社會生活領域主要是由生產生活領域、政治生活領域、家庭生活領域、社會組織領域等構成。那麼，爲什麼說生活方式的核心要素是社會主體呢？社會主體在各個生活領域的生活樣態，便是生活方式的種種表現樣態。有何種社會主體，就有相應的生產方式、

---

① 〔德〕馬克斯·韋伯：《經濟與社會》，林榮遠譯，商務印書館，一九九八，第三三八頁。
② 就此而言，生活儒學對"生活方式"的描述無疑是基礎性的言説。例如，生活儒學指出："追本溯源，社會規範系統變革、制度變遷的緣由，乃是生活方式的變遷"；生活方式的變遷同樣"導致社會主體的變化"。參見黃玉順《制度文明是社會穩定的保障——孔子的"諸夏無君"論》，《學術界》二〇一四年第九期。這裡的生活方式是對本源生活的描述，因此是筆者所謂基礎性的言説。

政治生活樣態、家庭和社會組織形態。

如果説，社會生活方式的核心在於社會主體，那麽，可以進一步説社會轉型的本質就是社會主體的轉換。中國社會及其觀念系統的兩次大轉型，就其本質而言，就是社會主體的兩次轉換，並具體體現爲社會主體之政治、家庭、社會組織領域的生活樣態、運作方式以及社會價值觀念的轉型。

中國社會第一次大轉型的本質是社會主體從宗族轉換爲家族。我們將通過對比第一次社會大轉型前後的社會生產方式、政治生活形態、家庭生活和社會組織形態、價值觀念系統來説明這一點。

其一，社會生產方式的轉型。先秦時代社會生產方式以農業生產爲主，當時主要的生產資料還是土地，春秋戰國時代土地所有制開始了從公有到私有的不斷變遷進程。西周時代的土地所有制是公有制度，天下土地皆歸以周天子爲代表的王族所有，所謂 "溥天之下，莫非王土"（《詩經·北山》）。到了春秋時期，各國貴族之間，甚至各國貴族與周天子爭奪土地的情況時有發生。例如，《左傳·成公十一年》記載："晉郤至與周爭鄇田，王命劉康公、單襄公訟諸晉。"周王室與晉國貴族爭奪土地，不得不求助於晉侯，《左傳》用 "訟" 字可謂把周王室的無奈表現得淋漓盡致。許倬雲先生指出：春秋戰國時代已經出現了 "土地私有制"①。春秋戰國時代的生產資料所有制日益走向私有化是一個大的趨勢。②

其二，社會政治權力結構的轉型。經過春秋戰國的社會變遷，中國

① 許倬雲：《中國古代社會史論——春秋戰國時期的社會流動》，鄒水傑譯，廣西師範大學出版社，二〇〇六，第一三二頁。

② 春秋時代，土地的私人占有已然成爲歷史事實，到了戰國時代，商鞅變法確立了土地私有制。持這一觀點的代表性歷史學家有范文瀾先生、郭沫若先生等人；對此也有學者表示反對，例如，張金光認爲："商鞅實行的田制改革，其實質是土地國有化。"參見張金光《試論秦自商鞅變法後的土地制度》，《中國史研究》一九八三年第二期；《論秦自商鞅變法後的普遍土地國有制——對〈秦商鞅變法後田制問題商榷〉的商榷》，《山東大學學報》一九九〇年第四期。事實上，戰國時期各諸侯國的 "授田制" 與土地的私人占有並不矛盾，《漢書·食貨志》所謂 "壞井田，開阡陌" 其實就是在各級貴族所掌握的公田之外開闢新的土地，這些土地被國家直接授予農戶。土地的國家授權與農戶的私人占有並不矛盾而是相爲呼應的，正如學者所説："商鞅的土地政策改變賦予了農民更多的私人財產權利"；"它確立了土地產權制度的基本方向，而且同政治上的中央集權體制一同定格了此後兩千餘年中國的社會經濟政治形態。"（趙明、王大鵬《商鞅的土地變法研究——以産權制度變遷爲視角》，《河北法學》二〇一四年第九期。）

社會政治權力結構的核心從"宗法封建"①轉換爲君主專制。晁福林先生指出："夏商西周的社會制度，總的來説都屬於封建制度，但其發展過程中後代對於前代的制度又有所'損益'。"②本書認同這一觀點，周代社會所不同於夏商兩代者主要在於，周代社會是宗法與分封制度的合一。王國維先生揭示了宗族宗法與周代分封制度的内在關聯："立子立嫡之制，由是而生宗法及喪服之制，並由是而有封建子弟之制，君天子臣諸侯之制。"③我們固然可以説封建制度的徹底完成是在西周，但説殷商無封建制度則或可商榷。④同樣，周代的分封制度與宗法制度確是合一的，但這並不能反過來推出分封制度與宗法制度具有必然的關聯，例如，歐洲中古時代的貴族領主制度也是一種分封制度，但並不像中國周代社會那樣明顯主要是以血緣宗親結構爲基礎的分封制度，這大概也是中國周代社會在世界封建制度史上的一個特色。周代社會以血緣宗親結構爲基礎推行分封制度，則其社會政治權力的結構就是宗法封建，周天子成爲"天下共主"。⑤而經過春秋戰國的轉型到

① "封建"一詞首見於《詩經·商頌·殷武》："天命降監，下民有嚴，不僭不濫，不敢怠遑。命于下國，封建厥福。"鄭玄箋云："大立其福。"（《毛詩正義》，《十三經注疏》，第六二八頁。）如果説，這裡的"封建"尚不能解釋爲"封邦建國"的意思，那麼《左傳》中的"封建親戚"則能解釋爲此義，例如，周大夫富辰謂："昔周公弔二叔之不咸，故封建親戚，以蕃屏周。"（《左傳·僖公二十四年》）這裡交代了周公分封立國的一次事件，這裡的封建一詞就可以理解爲"封邦建國"。衆所周知，二十世紀以來關於中國社會"封建"形態的爭議是非常大的，例如，有的觀點認爲自秦代至清代中國社會處於"封建專制"時代，"封建"與"專制"這一自相矛盾的提法曾一度成爲主流觀念和通行説法。今天學界已經重新發掘古代和近代以來關於"封建"問題的討論，例如，馮天瑜先生對於"封建"的考論頗詳，參見馮天瑜《"封建"考論》，中國社會科學出版社，二〇一〇。

② 晁福林：《夏商西周的社會變遷》，中國人民大學出版社，二〇一〇，第一九三頁。

③ 王國維：《殷周制度論》，《觀堂集林》卷十，中華書局，一九五九，第四五三頁。

④ 瞿祖同先生認爲："殷代末年已經入於封建的醖釀及形成時期；但全部社會組織還不曾完全封建化，直到周滅殷，以政治的力量實行封建，封建成爲社會組織的中心，纔入於完成時期。"（瞿祖同：《中國封建社會》，上海人民出版社，二〇一二，第二八頁。）

⑤ 王國維先生説："自殷以前，天子諸侯君臣之分未定也。故當夏后之世，而殷之王亥、王恒，累葉稱王；湯未放桀之時，亦已稱王；當商之末，而周之文、武亦稱王。蓋諸侯之於天子，猶後世諸侯之於盟主，未有君臣之分也。周初亦然，於《牧誓》《大誥》，皆稱諸侯曰'友邦君'，是君臣之分亦未全定也。逮克殷踐奄，滅國數十，而新建之國皆其功臣、昆弟、甥舅，本周之臣子；而魯、衛、晉、齊四國，又以王室至親爲東方大藩。夏、殷以來古國，方之蔑矣！由是天子之尊，非復諸侯之長而爲諸侯之君。其在喪服，則諸侯爲天子斬衰三年，與子爲父、臣爲君同。蓋天子諸侯君臣之分始定於此。"（王國維：《殷周制度論》，《觀堂集林》卷十，第四六六至四六七頁。）

秦漢的建立，中國社會進入了君主專制時代。柳宗元描述過封建廢而郡縣立的情況："秦有天下，裂都會而爲之郡邑，廢侯衛而爲之守宰，據天下之雄圖，都六合之上游，攝制四海，運於掌握之內，此其所以爲得也。"①由是政治主權收歸皇族，自此以君主專制爲核心的社會政治權力結構一直延續至清帝遜位。

其三，家庭生活形態和社會組織形態的轉型。社會主體樣式決定了家庭生活形態和社會組織形態。西周時代的中國社會是典型的宗族宗法社會，經過春秋戰國到了秦漢社會轉換成了家族社會，這也是其社會主體樣式轉換的一種體現。至於社會組織形態，我們應當注意到，在近世以前，它往往是與家庭生活形態保持一致的。第一次社會大轉型之前的中國社會基本組織就是宗族，而到了帝制中國時期，晚明以前，社會組織又是與家族綁在一起的。

在春秋時代，宗族的觀念依然深入人心，爲時人所遵從。② 而到了帝制中國時期，宗族已經解體演化爲家族。關於宗族與家族的區別，目前學界的爭議還是很大的，例如，有的學者從血緣關係的親疏遠近進行區分，有的學者從"血緣"與"地緣"的側重出發對二者進行區分。③ 等等，不一而足。筆者以爲，家族和宗族最主要的區別在於：宗族既是一種家庭形態，同時也是整個社會的政治組織和政治結構，而家族並非如此，它不再構成一種社會政治結構。周代的宗族不僅是一種血緣結構，也是一種社會政治結構，例如，周天子與姬姓諸侯既是同宗又是君臣關係，而諸侯與大

① 柳宗元：《封建論》，《柳宗元集》第一冊，中華書局，一九七九，第七一頁。
② 《左傳》中關於"宗"的記載很多，出現過"宗""宗族""宗子""宗主"等語詞。例如，《左傳·襄公二十七年》記載："齊崔杼生成及彊而寡。娶東郭姜，生明。東郭姜以孤入，曰棠無咎，與東郭偃相崔氏。崔成有病而廢之，而立明。成請老于崔，崔子許之，偃與無咎弗予，曰：'崔，宗邑也，必在宗主。'"崔武子有子崔成，因其病而廢其宗子之儲，另立與棠姜（東郭姜）所生之子崔明，崔成請求崔邑，東郭偃等人反對説崔邑是崔氏宗族宗廟所在，非宗子不能居。這裡反映了對一個宗族來説宗廟、宗子的名義和地位是非常崇高的。再如，《左傳·哀公十四年》記載陳氏宗族成員告誡其宗子説："需，事之賊也。誰非陳宗？所不殺子者，有如陳宗！"可見，春秋時代人們對於宗子的地位和作用仍然非常重視，宗子領導宗族，爲宗族的利益服務，故《詩經·大雅·板》有云："大邦維屏，大宗維翰，懷德維寧，宗子維城。"
③ 韓海浪：《家族研究中的幾個概念問題》，《學海》二〇〇一年第三期。

夫之間也是如此，社會政治結構是按照宗族宗法來安排的，是"家國一體"的社會結構。而到了帝制中國時期，各個家族之間並無血緣關係，君臣之間、各級官吏之間也不具有同宗關係："有別於宗族家庭，皇族的家族家庭的秩序不再是國家、天下的秩序，即國家和天下的政治結構不再是血緣結構。"①

其四，倫理、價值觀念系統的變化。在第一次社會大轉型之前，中國社會的倫理、價值觀念是以宗族宗法爲基礎的。周人的天命觀念系統强調以德輔天，而天命的顯現在於"民"，故有"天視自我民視，天聽自我民聽"（《尚書·泰誓中》）之説。在宗族宗法時代，"民"在一些語境中指的是宗族。例如，《左傳·定公四年》記載了一次周公分封給魯國"殷民六族"的情況："殷民六族：條氏、徐氏、蕭氏、索氏、長勺氏、尾勺氏，使帥其宗氏，輯其分族，將其類醜，以法則周公，用即命于周，是使之職事于魯，以昭周公之明德。"這裡的殷民六族就是指六個大的宗族，所謂"氏"也是宗族的標志。② 而到了帝制中國時期，則突出了家族本位的倫理、家族觀念。第一次社會大轉型以來的核心倫理、價值觀念——三綱、六紀③、五倫④，等等，都是以家族爲本位的。三綱當中，父子和夫婦屬於家族倫理領域，五倫當中，有三倫屬於家族倫理領域，六紀當中有四倫屬於家族倫理領域。

以上論及的幾個方面可以大體表徵出第一次社會大轉型的基本樣貌，其本質就是社會主體從宗族轉換爲家族。

學界關於中國社會第二次大轉型的討論也很豐富，争議也很大。争論的焦點在於中國社會第二次大轉型的開端，或者説中國社會近代化的

① 黄玉順：《"以身爲本"與"大同主義"——"家國天下"話語反思與"天下主義"觀念批判》，《探索與争鳴》二〇一六年第一期。

② 正如楊寬先生所指出的："在氏族制階段，每個氏族都有特定的名字或一連串的名字，作爲氏族的標識。他們往往通過對成員的命名，來授予氏族的權利和義務。西周、春秋時代貴族的姓氏、名字制度，即是從氏族的命名辦法轉變而來，以'氏'作爲貴族的宗族的標識。"（楊寬：《西周史》，第四六五頁。）

③ 《白虎通·三綱六紀》："六紀者，謂諸父、兄弟、族人、諸舅、師長、朋友也。"

④ 《孟子·滕文公上》："教以人倫：父子有親，君臣有義，夫婦有别，長幼有序，朋友有信。"

開端，而這又與中國近代史研究的話語模式有關。許蘇民先生對此有一個總結，他更加傾向於侯外廬先生提出的明清之際早期啓蒙説，並進一步提出了"內發原生"模式，並通過明末以來的經濟思潮、政治思潮和社會倫理思潮等方面論證這一點。① 許蘇民先生將中國近代史的開端定爲明萬曆九年（一五八一），還有學者將其定在隆慶元年（一五六七）開放海禁②，其實，具體定位在哪一年的爭論可能並無多大意義，我們能够確定的是明末以來中國社會確乎出現了走向現代性的社會觀念之"萌動"。中國社會第二次大轉型的本質是社會主體的個體性轉向，亦即我們今天仍然走在其道路上的現代轉型，儘管這一轉型尚未完成，但其基本性徵已然呈現。我們仍然可以對比其轉型前後的社會生活方式各要素。

其一，社會生産方式。在中古時代，生産資料基本還是以土地爲主，土地所有制是私有制。到了明朝後期，生産資料以及經濟形態開始多元化發展，出現了資本主義經濟萌芽。關於明朝後期資本主義萌芽的問題，學界以往的研究還是比較充分的。③ 二十世紀八十年代以後，學界出現了檢討這一問題的聲音，例如，有的學者認爲，所謂中國社會資本主義萌芽説

---

① 許蘇民先生説："二十世紀以來，海内外對於中國近代史的研究主要有三種話語模式：一是'衝擊－反應'模式，由美國歷史學家馬士（H. B. Morse）的《中華帝國對外關係史》和費正清（J. K. Fairbank）的《中國對西方的回應》所確立，把中國近代史看做是在西方的衝擊下開始其近代化運動的歷史。……。二是'侵略－革命'模式，由蘇聯學者拉狄克的《中國革命史》和莫斯科中山大學編印的《中國十九世紀與二十世紀之革命運動史》所確立，把中國近代史看做是西方列强侵略、中國人民起而反抗的革命史。……三是'早期啓蒙'模式，由中國馬克思主義歷史學家侯外廬於一九四五年出版的《中國近世思想學説史》一書所確立，把中國近代史看做是中國資本主義萌芽和具有近代人文主義性質的啓蒙思潮發生與發展的歷史，以明清之際作爲中國近代史的開端。"（許蘇民：《"內發原生"模式：中國近代史的開端實爲明萬曆九年》，《河北學刊》二〇〇三年第二期。）

② 晁中辰：《明代隆慶開放應爲中國近代史的開端——兼與許蘇民先生商榷》，《河北學刊》二〇一〇年第六期。

③ 比較有代表性的説法諸如，吕振羽認爲"從明朝後期就開始出現了資本主義的萌芽"（中國社會科學院科研局組織編寫《吕振羽集》，中國社會科學出版社，二〇〇一，第一八〇頁）；侯外廬認爲"十七世紀的中國社會，已存在着資本主義的幼芽，這是在十六世紀中葉開始的"（侯外廬：《中國思想通史》第五卷，第三頁）。

是一個"假問題"①，有的學者認爲這是一種"資本主義萌芽情結"②，還有的學者認爲這是"自説自話"③。不過正面肯定的聲音還是廣泛存在的。本書更加認同明清之際資本主義萌芽説，因爲作爲生産生活領域的一種樣態，它與社會主體的其他生活樣態是密切關聯、相互呼應的。

其二，社會政治權力結構。從秦漢建立直到清帝遜位的帝制中國時期，中國社會是以君主專制爲核心的政治權力結構，政治主權掌握在皇族手中。而到了現代社會，政治主權歸於公民，每個公民都享有政治權利，其基本形式是公民代議制度。顯然，公民角色是現代個體在政治生活領域的體現，它是以個體性觀念爲前提的。

其三，家庭生活和社會組織形態。現代家庭形態是以個體爲本位的，家庭成員之間並不具有相互附屬的關係，每個家庭成員都首先是一個獨立的個體。社會組織也是如此，其成員首先是一個獨立的個體，這與帝制中國時期以家族爲主導的家庭和社會組織形態是截然不同的。

其四，社會價值觀念的變化。前文提到帝制中國時期的倫理、價值觀念是家族本位的。而現代社會的基本倫理、價值觀念是個體本位的，例如，自由、民主、平等，這些觀念祇有以個體性爲前提，纔是現代性的。

現代社會的主體是個體，現代性的本質就是個體性。如果追溯現代性觀念的萌動，則無疑指向了中國社會個體性精神開始凸顯的時期，儘管其時尚未出現這一具體的"概念"。按此，晚明的個體性思潮是中國社會現代性轉向的觀念開端，其觀念上的準備可以追溯至陽明心學及其後學，陽明思想是具有"個體性視域"的④，陽明心學進一步開出了王艮的"身是本，天下國家是末"⑤ 之説。晚明以來的個體性思潮尤其在政治哲學觀念中較爲明顯，例如顧炎武對君主專制的强烈批判，他强調"保天下者，匹

① 王學典：《二十世紀中國史學評論》，山東人民出版社，二〇〇二，第一六八頁。
② 李伯重：《理論、方法、發展趨勢：中國經濟史研究新探》，清華大學出版社，二〇〇二，第一一頁。
③ 仲偉民：《資本主義萌芽問題研究的學術史回顧與反思》，《學術界》二〇〇三年第四期。
④ 楊虎：《陽明心物説的存在論闡釋》，碩士學位論文，山東大學，二〇一四，第一二頁。
⑤ （明）王艮：《王心齋全集》，江蘇教育出版社，二〇〇一，第三四頁。

夫之賤與有責焉耳矣"①，這固然不能被視爲現代意義上的主權在民觀念，但也無疑是具有個體性精神的政治觀念；再例如，黃宗羲 "天下爲主，君爲客"② 的政治哲學理念，等等。

要言之，中國社會兩次大的轉型其本質在於社會主體的轉換，這一轉換體現在社會生活各領域的基本樣態及相應的社會價值觀念系統當中。如此一來，便可以把這兩次社會大轉型展示在中國社會歷史整體進程當中。③

三代→第一次社會大轉型（春秋戰國）→帝制中國→第二次社會大轉型（晚明以來）→現代社會

（二）"左氏易傳" 與中國社會及其觀念系統的第一次大轉型

"左氏易傳" 所處的春秋時代，是中國從宗法封建社會向帝制階段轉型的開端，這在 "左氏易傳" 文本中也有所體現。春秋戰國時代一般被描述爲 "禮壞樂崩"（《史記·武帝本紀》）、"周文疲敝"（牟宗三語），亦即既有的周代禮樂制度不斷解體的時代。既有的社會制度及其觀念系統不斷解體，正是社會轉型的基本表徵和必然進程，社會歷史的轉型同時表現爲新的社會制度及其觀念系統的建立，任何一種社會轉型都必然遵循 "解構—建構" 的觀念邏輯。因此，處於轉型期的較早階段，舊的社會生活方式尚未完全解體而新的生活方式尚未完全確立，其生活樣態及其觀念系統必然是複雜的。春秋時代便呈現出這一特徵，人們的生活方式還是宗族生活方式，其基本價值觀念還是宗族宗法的，與此同時，就大的趨勢而言，宗族宗法制度和觀念也在不斷解體。

關於春秋時代社會政治結構的基本走向，我們可以從孔子的一段話

---

① （清）顧炎武：《日知録（一）》，《顧炎武全集》第一八冊，第五二七頁。
② （清）黃宗羲：《明夷待訪録》，中華書局，一九八五，第二頁。
③ 此處參照了黃玉順先生對中國社會歷史進程的基本描述，其原文是："近年來，筆者提出了這樣一種中國社會歷史分期：王權列國時代（夏商西周）→第一次社會大轉型（春秋戰國）→皇權帝國時代（自秦至清）→第二次社會大轉型（近現當代）→民權國族時代。"（黃玉順：《國民政治儒學——儒家政治哲學的現代轉型》，《東岳論叢》二〇一五年第十一期。）

說起：

> 天下有道，則禮樂征伐自天子出；天下無道，則禮樂征伐自諸侯
> 出。自諸侯出，蓋十世希不失矣；自大夫出，五世希不失矣；陪臣執
> 國命，三世希不失矣。天下有道，則政不在大夫。天下有道，則庶人
> 不議。（《論語·季氏》）

孔子所說的是春秋晚期普遍的社會政治狀況，其時就魯國而言，公室衰微，三桓當政，甚至季氏的家臣陽虎也一度干政。這種情況在春秋早中期便已經有了端倪，孔子所說的"禮樂征伐自天子出"是西周早中期的政治狀況，在西周時代，普遍流行着對周天子之"威儀"的歌頌①，它所凸顯的是時人對於周王室的尊崇，正如陳來先生所說："它表徵着，禮樂文化並非僅僅是誦詩樂舞，它也包含政治權威的嚴肅性。"② 而到了春秋時代，甚至出現了諸侯與周天子打仗的情況，例如，春秋早期擔任過周王室卿士的鄭莊公竟因卿士之位與周天子交惡，最終發生了繻葛之戰，事見《左傳·桓公五年》。

我們可以在《左傳》中看到宗族宗法社會不斷解體的大趨勢，它表現在如下幾個方面。

其一，周王室及姬姓諸侯國的衰微。周天子作爲姬姓宗族之長和"天下共主"的事實效應不斷減弱，與此同時，各姬姓諸侯國也在不斷衰落，以周天子爲中心的家國一體結構不斷解體。首先，就周王室內部而言，王朝卿士對周王室的影響力和掌控力越來越強。周平王東遷得益於鄭國的輔助，因此在東周初期鄭國國君擔任周王室的卿士，後來周王室爲了減弱對鄭國的依賴，又任命虢公爲卿士，導致周鄭交惡，此後王朝卿士及其背後的政治勢力在很大程度上左右了周王室的軍國政事，包括左右王位的繼

---

① 例如："執競武王，無競維烈。不顯成康，上帝是皇。……降福簡簡，威儀反反。"（《詩經·周頌·執競》）"古訓是式，威儀是力，天子是若，明命使賦。"（《詩經·大雅·烝民》）

② 陳來：《古代思想文化的世界——春秋時代的宗教、倫理與社會思想》，生活·讀書·新知三聯書店，二〇〇九，第二五四頁。

承、打着王室旗號征伐其他諸侯等。其次，周王室所直接掌控的土地疆域及其對諸侯的實際控制力與西周時代相比大爲削弱，與其"天下共主"的身份極不相稱。顧棟高説："周自平王東遷，尚有太華、外方之間方六百里之地。……地方雖小，亦足王也。"① 隨着對諸侯的控制力不斷下降，周王室能夠直接掌控的土地不斷減少，例如，周桓王曾將蘇忿生的十二座城邑給予鄭国，但鄭國無力控制而復返於周王室，周王室終不能掌控，事見《左傳·隱公十一年》。在春秋時代，周天子除了利用王朝卿士的勢力，有時還要仰仗大國諸侯來維護自己的王位，例如，"左氏易傳"第一〇則文獻提到晉文公救援周襄王的事件，狐偃建議晉文公借勤王之機而宣信於天下，晉文公使卜偃先卜後筮而勤王，事見《左傳·僖公二十五年》。儘管在春秋時期周天子依然保持着"天下共主"的名義，但並不具有與此相應的掌控力。再次，與周王室的實際控制力下降相應，姬姓諸侯國也在不斷衰落，正如《左傳·隱公十一年》所説："王室而既卑矣，周之子孫日失其序。"例如，虢國和鄭國在春秋前期都曾是周王室宗親當中比較有影響力的諸侯國，虢國在春秋前期就被滅國，而鄭國後來也一蹶不振淪落爲小國。在春秋時代幾個諸侯霸主當中，祇有晉國是姬姓宗親，宋國、齊國、楚國、秦國都是異姓諸侯國。

其二，各諸侯國執政大夫及各大貴族宗族的異姓化現象。諸侯國內部也出現了突破宗族宗法體制的現象，就是執政大夫從一開始主要由公族成員擔任轉變爲逐漸由異姓貴族擔任，異姓貴族宗族不斷增加。按照周代宗族宗法制度，諸侯國內各級貴族基本是由公族成員分化而來，到了春秋時期，開始出現了異姓主政大夫，例如，晉國的趙盾是嬴姓趙氏，並非晉國姬姓公族，趙盾不僅主政晉國，甚至還讓其弟趙括做"公族大夫"，事見《左傳·宣公二年》。童書業先生指出："異姓大夫代爲公族，晉公室之弱，自此始矣。"② 據同一年的文獻記載，當初驪姬不納群公子導致晉國没有了公族成員，後來晉成公祇好封卿大夫的嫡長子爲公族大夫，童書業先生

---

① （清）顧棟高：《春秋大事表》，第五〇一至五〇二頁。
② 童書業：《春秋左傳研究》，第六一頁。

説："此直以異姓異氏代公族，晉公室之卑始此。"① 再例如，"左氏易傳"第一則記載的對陳氏後人在齊國命運的預言，陳氏子孫最終主政並代齊而有國，事見《左傳·莊公二十二年》。

其三，社會階層的變化趨勢。從春秋時代開始，周天子式微和各諸侯國異姓貴族宗族的崛起，到戰國年間士階層的崛起，是一個大的趨勢。關於這一問題，許倬雲先生有專題研究，他統計了《左傳》中提到的公子、卿大夫和士這三個階層的數量和比例的變化趨勢。從班固《古今人表》提到的春秋戰國時期一千三百三十七個人名當中選取出自《左傳》的五百一十六個，春秋時期公子、卿大夫和士這三個階層分別有六十八、三百三十五、三十二人，分別占到五百一十六人的約百分之十三、百分之六十五、百分之六，可見《左傳》提到的春秋時代各國公室成員的數量和百分比遠遠不及卿大夫，這説明卿大夫在春秋時代的社會政治舞臺上是極其重要的，正如許倬雲先生所説："我的基本前提是，一個人如果在歷史上没有什麽重要性的話，就不可能在《左傳》中被提及。"② 儘管這五百一十六人當中也包括一些平民，但並不影響被寫入歷史的絶大多數都是曾經造成過一定程度的公共影響的人物。這也體現在活躍於春秋社會的卿大夫與總的大夫數量之比的變化趨勢上，許倬雲先生劃分了九個階段，在第一階段這一比例占到了百分之二十七，至最後一個階段這一比例達到了百分之七十五，總體呈上升趨勢，而總的卿大夫數量在前六個階段也呈上升趨勢，至後三個階段則呈下降趨勢。③ 在這五百一十六人中，非貴族宗族出身者（許倬雲先生稱之爲"出身寒微者"）有一百三十五人，占總人數的百分之二十六。而《古今人表》提到的戰國時期的一百九十七人中，有一百零八人出身寒微，約占總人數的百分之五十五。這些出身寒微者代表的是士階層，由這一比例的變化，我們可以大致判斷，春秋末期以來卿大夫的社會主導地位開始減弱，而士階層逐漸崛起，這表明，春秋戰國之際社會階層

---

① 童書業：《春秋左傳研究》，第六一頁。
② 許倬雲：《中國古代社會史論——春秋戰國時期的社會流動》，鄒水傑譯，第二九至三〇頁。
③ 許倬雲：《中國古代社會史論——春秋戰國時期的社會流動》，鄒水傑譯，第三六頁。

的變化、社會結構的變遷是一個逐漸擺脱血緣性宗族宗法的過程。

社會結構的變遷也體現在社會價值觀念當中。例如，"左氏易傳"第二六則記載史墨論季氏出其君的言論："社稷無常奉，君臣無常位，自古以然。故《詩》曰：'高岸爲谷，深谷爲陵。'"在當時的觀念中，君臣地位變化是有其合理性的，這已然超出了血緣性宗族宗法觀念的語境。春秋中後期，中原及北方各國公室普遍式微，而人們並不認爲這是一件不合理的事情。例如，魯國有三桓專政，鄭國有七穆專政，這些都還是同宗大夫，而春秋末期陳國宗室後人執政齊國，齊國的晏子與晉國的叔向的一段對話頗能説明當時人們的態度：

> 晏子受禮，叔向從之宴，相與語。叔向曰："齊其何如？"晏子曰："此季世也，吾弗知。齊其爲陳氏矣。公棄其民，而歸於陳氏。……。"叔向曰："然。雖吾公室，今亦季世也……"（《左傳·昭公三年》）

他們的對話既透出對以往的留戀和不捨，又透出一絲無奈，對於齊晉公族來説皆有"季世"（猶謂末世）的感覺。其實，從周天子式微到諸侯公室、公族的式微，何嘗不是一樣的道理，宗族宗法制度的社會效應在不斷地減弱，以周天子爲長的姬姓宗族退出社會歷史的舞臺是必然趨勢。更重要的是，當時的人們已經開始接受這種事實，並試圖爲這種變化進行合理性論證，如前所引《左傳》記載的史墨之論。我們將在後面的論述中看到，"左氏易傳"所反映的政治哲學、倫理學觀念也不可避免地帶有這一社會轉型的歷史印記。

二　"左氏易傳"的人謀化特徵
和解釋學品質

　　"左氏易傳"凸顯了人謀化的特徵和解釋學品質，這也正是它對於《周易》文本發展歷史的意義，從《周易》古經的神性觀念轉進到易筮原則的人謀化和解釋學化，從而爲《周易》大傳的理性哲學建構作出了準備。

（一）"左氏易傳"所涉易卦、易學特定問題和重要觀念

　　"左氏易傳"所直接涉及的易卦共三十一個，接近今本《周易》的一半，就其所涉的卦爻辭而言，大多數與今本《周易》相同或相通，不過也有幾例與今本《周易》完全不同者。在此，我們統計出現今本《周易》文辭以及同類筮書繇辭的易例，簡略對比如下。

　　第一則《陳侯使周史筮》。遇觀之否："是謂'觀國之光，利用賓于王。'"此與今本《周易》相同，觀六四爻辭："觀國之光，利用賓于王。"

　　第三則《卜楚丘之父筮成季之生》。遇大有之乾："同復于父，敬如君所。"這裡，父、所韻，可能爲筮書所引用古歌謠，故推斷爲繇辭。按左氏解占體例，可能涉大有卦和乾卦的卦辭和變爻爻辭，觀此四者，皆不見於今本《周易》。大有卦卦辭："大有：元亨。"大有六五爻辭："厥孚交如威如，吉。"乾卦卦辭："乾：元亨，利貞。"乾九五爻辭："飛龍在天。利見大人。"

　　第六則《卜徒父筮秦伯伐晉》。其卦遇蠱："曰：'千乘三去，三去之餘，獲其雄狐。'"去、餘、狐韻，可能爲筮書中的古歌謠，故推斷爲繇辭。按左氏解占體例，可能涉蠱卦卦辭，此不見於今本《周易》。蠱卦卦

辭："蠱：元亨，利涉大川，先甲三日，後甲三日。"

第七則《晉獻公使史蘇筮嫁伯姬》。遇歸妹之睽："其繇曰：'士刲羊，亦無衁也；女承筐，亦無貺也。'"此與歸妹卦上六爻辭基本相同、文意相通。歸妹上六爻辭："女承筐，無實；士刲羊，無血，無攸利。"又："歸妹睽孤，寇張之弧。"孔穎達說此取睽卦上九爻辭。睽上九爻辭："睽孤。見豕負塗，載鬼一車。先張之弧，後說之弧，匪寇婚媾。往遇雨則吉。"

第八則《重耳筮有晉國》。"得貞屯、悔豫，皆八也。""吉，是在《周易》，皆'利建侯'。"此取屯卦以及豫卦卦辭略言之，與今本《周易》同。屯卦卦辭："屯：元亨，利貞。勿用有攸往；利建侯。"豫卦卦辭："豫：利建侯、行師。"

第九則《董因筮重耳濟河》。得泰之八："曰：是謂天地配享，小往大來。"此與今本《周易》基本相同，文意相通。泰卦卦辭："泰：小往大來，吉，亨。"

第一〇則《晉侯使卜偃筮勤王》。遇大有之睽："吉。遇'公用享于天子'之卦也。"此取大有卦九三爻辭。大有九三爻辭："公用亨于天子，小人弗克。"

第一二則《知莊子評晉師》。在師之臨："曰：'師出以律，否臧，凶。'"此與今本《周易》相同。師初六爻辭："師出，以律。否臧凶。"

第一三則《晉侯筮擊楚師》。其卦遇復："曰：'南國蹙，射其元王中厥目。'"蹙、目韻，可能爲筮書所引用古歌謠，故推斷爲繇辭。按左氏解占體例，可能涉復卦卦辭，此不見於今本《周易》。復卦卦辭："復：出入無疾，朋來，無咎。反復其道，七日來復。利有攸往。"

第一四則《單襄公論晉筮成公之歸》。遇乾之否，曰："配而不終，君三出焉。"這也可能是繇辭，按左氏解占體例，計涉乾卦、否卦卦辭和變爻爻辭，觀此四者，皆不見於今本《周易》。乾卦卦辭："乾：元亨，利貞。"乾初九爻辭："潛龍勿用。"乾九二爻辭："見龍在田。利見大人。"乾九三爻辭："君子終日乾乾，夕惕若，厲無咎。"否卦卦辭："否：否之匪人。不利君子貞，大往小來。"否初六爻辭："拔茅茹，以其彙。貞吉，亨。"否六二爻辭："包承。小人吉，大人否亨。"否六三爻辭："包羞。"

第一五則《穆姜筮出東宮》。艮之隨："是於《周易》曰：'隨：元、亨、利、貞，无咎。'"此與今本《周易》相同。隨卦卦辭："隨：元亨，利貞，無咎。"

第一六則《陳文子評崔武子筮娶齊棠姜》。遇困之大過："且其繇曰：'困于石，據于蒺藜，入于其宮，不見其妻，凶。'"此與今本《周易》相同。困六三爻辭："困于石，據于蒺藜；入于其宮，不見其妻，凶。"

第一七則《告子展評楚子將死》。在復之頤："曰：'迷復，凶。'"此與今本《周易》相同。復上六爻辭："迷復。凶，有災眚，用行師終有大敗，以其國君凶，至於十年不克征。"

第二〇則《卜楚丘論莊叔筮穆子之生》。遇明夷之謙："日之謙，當鳥，故曰'明夷于飛'。明之未融，故曰'垂其翼'。象日之動，故曰'君子于行'。當三在旦，故曰'三日不食'"；"敗言爲讒，故曰'有攸往，主人有言'"。這是對明夷卦初九爻辭的逐句解釋，與今本《周易》相同。明夷初九爻辭："明夷于飛，垂其翼；君子于行，三日不食。有攸往，主人有言。"

第二一則《孔成子筮立元》。遇屯之比："'元亨'，又何疑焉？""且其繇曰：'利建侯。'"此與今本《周易》相同。屯卦辭："元亨，利貞。勿用有攸往，利建侯。"屯初九爻辭："磐桓，利居貞，利建侯。"

第二二則《惠伯論南蒯筮》。遇坤之比："曰：'黃裳元吉'。"與今本《周易》相同。坤六五爻辭："黃裳。元吉。"

第二五則《蔡墨論龍》。"在乾之姤，曰'潛龍勿用'，其同人，曰'見龍在田'，其大有，曰'飛龍在天'，其夬，曰'亢龍有悔'，其坤，曰'見群龍無首，吉'，坤之剝，曰'龍戰于野'。"與今本《周易》相同。乾初九爻辭："潛龍勿用。"乾九二爻辭："見龍在田。利見大人。"乾九五爻辭："飛龍在天。利見大人。"乾上九爻辭："亢龍有悔。"乾"用九，見群龍无首，吉。"坤上六爻辭："龍戰于野，其血玄黃。"

第二七則《陽虎筮救鄭》。遇泰之需："宋方吉，不可與也。微子啓，帝乙之元子也。宋、鄭，甥舅也。"此非卦爻辭，爲解説之辭，當是取今本《周易》者，其中"帝乙"二字見於今本《周易》，其取泰卦六五爻辭。泰六五爻辭：“帝乙歸妹，以祉。元吉。”

“左氏易傳”是考察早期易學的重要文獻，不僅包含了“象、辭、變、占”諸方面，還蘊含了豐富的易學特定問題和重要思想觀念，參見本書的相關專論，這裡不再贅述。後來的《周易》大傳大體也由易卦及其解釋、易學特定問題和重要易學觀念所構成。就對易卦的解釋而言，各篇皆有之；就易學特定問題而言，例如《周易·繫辭上傳》對筮法的記錄，《周易·序卦傳》對六十四卦的排列等；就易學重要觀念而言，各篇亦有所涉及。即便按照《周易》大傳的標準看，“左氏易傳”也具備了所謂“易傳”的基本構成要素。

（二）“左氏易傳”的解釋原則：人謀化、解釋學化

《周易》文本及其解釋經過了從“鬼謀”到“人謀”的觀念衍變，“左氏易傳”對於《周易》文本歷史發展的推進作用首先表現爲解釋原則的人謀化、解釋學化轉向。《周易·繫辭下傳》有“人謀鬼謀”的說法，所謂“鬼謀”，嚴格地說是指“神謀”，因爲易筮是人與神溝通的方式，筮占的結果被看作神的意志顯現。與此相對，“人謀”不僅有與衆人謀劃的意思，如《尚書·洪範》“謀及卿士”之說，而且可以一般性地表達基於人自身生活意願的理性參與，《周易》不僅承載了神意而且承載了人對自身生活的理解和籌劃，它的哲學本質就是解釋學化，它以人的自我理解和《周易》文辭本身而非“神意”作爲解釋《周易》的原則。

誠然，解釋的原初語境是指“神意”的傳達，但是，解釋的語境發生了從神意主導到人的生存主導的轉向，無論是《周易》的解釋還是西方解釋學傳統都是如此。解釋學，或者叫作詮釋學，它的詞源是 Hermes（赫爾墨斯），是指神的信使，在最初的語境中，解釋就是指“從一個世界到另一個世界的轉換，從神的世界轉換到人的世界”①。這和《周易》古經大體也可以對應起來，筮占本身就具有這種原初的“解釋”特徵。按照伽達默爾的總結，詮釋學的發展經過了《聖經》詮釋學、人文科學方法論和哲學

---

① 〔德〕伽達默爾：《真理與方法》下册，洪漢鼎譯，商務印書館，二〇一〇，第一一五頁。

詮釋學三個階段，而前兩者都没有超出理解和解釋方法的限度，哲學詮釋學則超出這一限度而成爲一種哲學存在論。哲學詮釋學所探究的不是具體的理解方法，而是理解何以可能的存在論前提。甚至，理解本身不再是指人的理解行爲及其方法，而是人的根本存在方式。就此而言，哲學詮釋學肇端於海德格爾的此在解釋學。在海德格爾看來，解釋和領會活動先於主體的解釋行爲，它乃是人向着自身可能性的生存籌劃：“作爲領會的此在向着可能性籌劃它的存在。”① 但可能性並不是任意透出的，而是從在世生存的“實際性”② 中顯示出來，生存可能性有其先行的“形式指引”。這種先行的指引就是所謂“前理解”：先行視見，先行把握，先行居有。③ 它是理解行爲得以可能的生存論前提。海德格爾在更早的時候曾説過：“解釋之處境，作爲對過去之物的理解性居有的處境，始終是一種活生生的當前之處境。……過去僅僅按照一種當前所具有的啓示可能性的決心和力量而開啓自身。”④ 首先，前理解作爲理解活動的前提，乃是當下的生存領會；其次，理解和解釋的内容，同時也是人對自身當前和未來的籌劃。後來，伽達默爾繼承了海德格爾的此在解釋學思想提出了“視域融合”：“理解其實總是這樣一些被誤認爲是獨自存在的視域的融合過程。”⑤ 這乃是説理解主體和理解對象的視域融合，在這一過程中，理解和解釋的對象按照一定的方式（這種相應乃是植根於理解主體的先行籌劃）進入理解主體的在世生存活動中，而理解主體也在理解活動中籌劃着自身新的可能性。

　　從文本理解和解釋的角度説，人對文本的理解和解釋同時就是人對自身生存的理解和領會。在理解和解釋活動中，文本的生命纔得以呈現，祇

---

① 〔德〕海德格爾：《存在與時間》（修訂譯本），陳嘉映、王慶節合譯，生活·讀書·新知三聯書店，二〇〇六，第一七三頁。

② 〔德〕海德格爾：《存在論：實際性的解釋學》，何衛平譯，人民出版社，二〇〇九，第一八頁。

③ 〔德〕海德格爾：《存在與時間》（修訂譯本），陳嘉映、王慶節合譯，第一七七頁。

④ 〔德〕海德格爾：《對亞里士多德的現象學闡釋》，《形式顯示的現象學：海德格爾早期弗萊堡文選》，孫周興編譯，同濟大學出版社，二〇〇四，第七七頁。

⑤ 〔德〕伽達默爾：《真理與方法》上册，洪漢鼎譯，第四三三頁。

要文本參與到被解釋的活動中，它就進入了解釋主體的生存處境當中，而人對文本的理解和解釋也必然透顯着對自身生存可能性的籌劃。就此而言，"左氏易傳"對《周易》古經的解釋，凸顯了《周易》文辭本身的解釋開始獨立於"神意"，以及人對自身生存的理解和籌劃。

第五則，僖公四年，晉獻公欲立驪姬爲夫人，龜卜的結果不利，而蓍筮的結果有利，卜人告之以從卜，而晉獻公不聽，乃從筮。其實在這個例子當中，從筮還是從卜的關鍵不在於哪一種占卜術更加有效和重要，而在於哪一種結果更加切合占卜者的意願。這個例子不僅反映了春秋時期卜筮地位的消長情況，而且説明了當時存在以人的意願取代占卜結果的情況。如前所論，卜筮其實是詢問神意的手段，神意顯現爲卜筮的結果。但神意的顯現有時並不那麼明確，這在根本上也是因爲人不再能夠直接與神交流（此即"絕地天通"觀念的效應）；因此，爲了保證神意的準確傳達，不得不設置一些補充措施。這些措施大致有二。其一，卜筮術的多元化。例如《周禮》所言："凡國家大事，先筮而後卜。"① 又云大卜掌三兆、三易、三夢之法，等等。其二，卜筮多人操作。例如《尚書·洪範》所言："三人占，則從二人之言。"② 這些方式看似又增加了某種程度的不確切性，其實不然，因爲卜筮本就是揣測神意，這些補充措施保證在衆多不確切結果中尋求最大的確切性。但有時這些規則也會被打破，例如，《周禮》所説卜筮並用時"先筮而後卜"的情況並非向壁虛造，而到了春秋時代，不僅卜筮並用的頻率有所降低，而且先筮後卜的情況也很少見。在左氏易例中，卜筮並用者有如下幾例：第三則，閔公二年傳卜楚丘之父筮成季之生；第五則，僖公四年傳晉獻公筮立驪姬爲夫人；第一〇則，僖公二十五年傳卜偃先卜後筮；第二七則，哀公九年傳陽虎筮救鄭在史三人先卜之後；第二九則，哀公十七年傳胥彌赦占衛侯之筮夢先筮後卜。其中，先筮後卜者，僅哀公十七年傳胥彌赦占衛侯之筮夢一例。再例如，第八則，重耳筮有晉國，筮史占之，皆曰："不吉。"對此的理解存在爭議，或以爲筮

---

① （清）孫詒讓：《周禮正義》，第一九六五頁。
② 《尚書正義》，《十三經注疏》，第一九一頁。

史有多人，或以爲使用多種筮書，然無論哪種情況，顯示的結果都是"不吉"。而司空季子則以爲遇到"利建侯"之卦，是爲吉。如果按照"三人占，則從二人之言"的規則，則此結果定是不吉，沒有什麼好爭論的。但是司空季子撇開這些規則，直接從《周易》文辭本身出發，談論一番吉利的道理。第一六則，襄公二十五年，崔武子筮娶齊棠姜，棠姜是東郭偃的姐姐、齊棠公的遺孀，東郭偃以"男女辨姓"爲理由勸阻崔武子——二者同出於姜姓。但是，崔武子並沒有被這個理由嚇倒，他又進行筮占遇困之大過，筮史皆順從崔武子之意願斷爲吉利，而根據陳文子的解釋結果是不吉利的，崔武子則以一句"嫠也，何害？先夫當之矣"直接把筮占的吉凶斷定撇開。這種撇開筮占本身吉凶斷定的事情，其實質也是對神意的懸擱，對神性存在者的懸擱。可見，卜筮規則及其所顯示的結果帶來的震懾力在這裡已經失效，凸顯了以《周易》文辭本身的解釋和人的生活意願爲導向的解釋原則，當時人們對於《周易》古經的理解和解釋，已經不再是單純的從神的世界到人的世界的轉換，而是人對自身生存的理解和籌劃。

在當時人們的易筮活動中，易筮倫理化也是其解釋學轉向的一個重要維度。例如，第七則，僖公十五年，晉獻公使史蘇筮嫁伯姬於秦，韓簡子評論道："先君之敗德，及可數乎？史蘇是占，勿從何益！"這裡的意思是說，因其無德即便聽從史蘇之占的吉凶斷定而行事也改變不了什麼。顯然，這體現了以德行取代筮占的觀念，筮占的吉凶斷定並不起決定性作用，德行纔是優先的因素。這種觀念的實質是對筮占背後的神意的懸擱，德行因素在易筮解占的解釋活動中凸顯出來。"左氏易傳"的這種特徵也體現在一些並沒有進行筮占而引用《周易》以論事明理的例子當中。《周易》先前是作爲卜筮之書被使用的，則其使用必然以筮占爲前提，對筮占結果的解釋是筮占事件的一個環節，《周易》文辭並不具有獨立意義。但引用《周易》之例的出現打破了這一點，《周易》文本開始具有獨立的解釋學效應，在解釋活動中文本自身的意義得以敞顯，而解釋者也通過對《周易》文本的解釋來表達其生存意向。

在"左氏易傳"中，對《周易》古經的解釋最能體現出人對自身的理解的是著名的穆姜筮例。第一五則，穆姜筮出東宮，筮史説爲遇艮之隨，解隨爲"出"以慰穆姜。然而，穆姜却以隨卦卦辭"隨：元、亨、利、貞，无咎"解釋，認爲於己並不吉利。穆姜説："元，體之長也；亨，嘉之會也；利，義之和也；貞，事之幹也。"以元亨利貞爲四德之説自穆姜始，《周易》大傳亦承續之。首先，釋元爲仁。元是"體之長也"，"體仁足以長人"，元是身體的首部，長是動詞用法，這裡是説身體力行仁道，穆姜之意是説身體力行仁道能够做首領。"仁"在《左傳》中出現數十次，皆表示某種行爲或者品質，穆姜説她自己"不仁"，也是指其行爲和品質而言的。其次，釋亨爲禮。亨是"嘉之會也"，"嘉德足以合禮"，亦即美好的德行是合乎禮的。禮主要是規範的意思，這是春秋時代的基本用法，其實所有關乎群體生活的規範都可以被稱爲"禮"，但這裡是把禮單獨作爲一種倫理德目使用，穆姜説"不靖國家，不可謂亨"顯然是指一種政治倫理。再次，釋利爲義。利是"義之和也"，"利物足以和義"，這裡可以看出，義和利本無對立之意，反倒是義和纔有利，義的問題就是利的問題，如《左傳·昭公二十五年》"夫禮，天之經也，地之義也"杜預注："義者，利之宜。"最後，釋貞爲幹。貞是"事之幹也"，"貞固足以幹事"，《周易》大傳釋貞爲正。可見，穆姜所説的仁、禮、義、幹是指四種倫理德目。黃玉順先生指出："此例的重大意義在於：解釋的義理發揮可以否定筮辭本身的吉凶斷定。换句話説，吉凶並不取決於《周易》文本所垂示的神諭本身，而取決於求卦者本人所具有的德行。"① 筮占原則的倫理化體現了左氏易筮人謀化、解釋學化的鮮明特徵。由此，"左氏易傳"進一步提出了"《易》不可以占險"的原則。

綜上，《周易》古經本爲卜筮之書，其基本觀念還是神性化的，筮占事件的實質就是神意的顯示，它始終預設了神性存在者。但"左氏易傳"開啓的易筮人謀化、解釋學化轉向則等於把神性存在者懸擱起來了，亦即，從《周易》古經的原初"解釋"（神意的傳達）轉向對文辭本身的獨

---

① 黃玉順：《中西之間：軸心時代文化轉型的比較——以〈周易〉爲透視文本》，《四川大學學報》（哲學社會科學版）二〇〇三年第三期。

立解釋和對人自身生存的理解與解釋。

（三）"左氏易傳"的解釋文本和解釋方法

"左氏易傳"所解釋的文本主要是今本《周易》。今本《周易》決定了易學觀念史，這是一個不爭的事實。我們可以就如下兩個問題進行討論。

其一，關於"三《易》並存"的問題。《周禮·春官·宗伯》云："大卜：掌三兆之灋⋯⋯掌三《易》之灋，一曰《連山》，二曰《歸藏》，三曰《周易》，其經卦皆八，其別皆六十有四；掌三夢之灋⋯⋯"大卜所掌三《易》之《連山》《歸藏》《周易》據說分別是夏、商、周三代的筮書。這一說法來源於鄭玄："夏曰《連山》，殷曰《歸藏》，周曰《周易》。"① 《周禮》說周代三《易》並用其實際情形不得而知。春秋時期，從左氏易例中不難看出，其時所用《周易》是以今本《周易》爲主無疑，即便三《易》並用的情況偶有發生，也不影響這個判斷。

其二，關於春秋時期所使用《周易》版本或使用同類筮書的情況。可以相信《周易》文本的發生和發展過程的複雜性，根據《左傳》《國語》所記載的易筮例，能夠充分肯定，其時所使用的主要筮書是今本《周易》。按上文的統計，"左氏易傳"所記載的易卦繇辭有三例與今本《周易》完全不同。其中，需要指出的是：第一，第一三則，成公十六年（前五七五年）晉侯筮擊楚師其卦遇復："曰：'南國蹙，射其元王中厥目。'"而第一七則，襄公二十八年（前五四五年）告子展評楚子將死說《周易》有之，在復之頤："曰：'迷復，凶。'"前後不過相差三十年光景，晉鄭兩國相鄰，前者所引繇辭不見於今本《周易》，後者則與今本《周易》相同。這說明當時易筮之書雖然不止今本《周易》，但是今本《周易》更廣爲流傳。第二，其繇辭不見於今本《周易》的易例，都可能引用了古歌謠，這是它們與今本《周易》相同之處。

總之，先秦筮書雖非今本《周易》一種，但毫無疑問，今本《周

---

① 《周易正義·卷首》，《十三經注疏》，第九頁。

易》是"左氏易傳"的主要解釋文本。關於《周易》文本，這裡進一步闡明，觀念史集中體現在傳世文本當中。出土文獻以及對它們的討論有其重大意義，但似乎難以支撐近來學界流行的一種通用的、廣泛的説法"重寫某某史"。思想史、觀念史、哲學史的"重寫"如果僅僅是因爲一些出土文獻的發掘和整理，未必是恰當的。這是因爲，塑造觀念史的根本動力在於生活方式變遷所帶來的觀念演變，而觀念的演變恰恰體現爲構成觀念史主綫的傳世文本以及後世無止境的重新解讀。《周易》的情況也不例外，對中國思想史、哲學史、觀念史產生決定性影響的是今本《周易》。就以往而言，凡是能够影響思想史、哲學史的易學文本都是基於今本《周易》的；就未來而論，它仍然會構成觀念史的主綫，因爲觀念的歷史本來就在不斷地"重寫"，後世易學觀念的建構也會不斷地"重寫"既往的易學觀念史。衆所周知，與出土文獻相關的研究乃是實證性的，而出土文獻的發掘在理論上有無窮盡的可能性。我們今天可以發掘整理出長沙馬王堆帛書《周易》，或許明天就在另一個地方發掘並整理出另一種版本的《周易》。姑且不論從文獻到觀念的解釋之間還是有其"間距"的，就文獻本身而言，我們尚且不能保證今天所見到的文獻内容不會與明天所見的文獻内容相排斥。我們並不否認出土文獻的參考價值，這裡僅想指出，想要依據出土文獻"重寫思想史"的企圖都要面臨這個困境。實際上，思想史總是在當下生活的語境中不斷地"重寫"，它往往表現在對主綫和節點性經典文本的重新解釋當中，這也可以説是文本的自我解釋。

"左氏易傳"對《周易》古經的解釋主要涉及卦名、卦象和繇辭三個方面。就其比重而言，在繇辭解釋之外，則屬取象的方法最爲廣泛，有些卦名解釋也是根據卦象比擬而來的。在此，我們列舉"左氏易傳"中的諸卦取象，並與《周易》大傳對讀。

第一則《陳侯使周史筮》。坤卦：土。巽卦：風、木。乾卦：天。艮卦：山。此中取象除坤卦取象土，均見於《周易》大傳，然土與地近，《周易》大傳有取坤卦爲地者，見於《象傳》：坤、泰、否、晉、明夷；《象傳》：師、比、泰、否、謙、豫、臨、觀、剥、復、晉、明夷、萃、升；《文言傳》：坤；《繫辭傳》《説卦傳》《序卦傳》。巽風之象，見於《彖傳》：恒；《象傳》：小畜、蠱、觀、恒、家人、益、姤、巽、渙、中孚；《説卦傳》。巽木之象，見於《彖傳》：井、鼎、渙、中孚；《象傳》：大過、升、井、鼎、漸；《説卦傳》。乾天之象，見於《彖傳》：乾、泰、否、大畜；《象傳》：乾、需、訟、小畜、履、泰、否、同人、大有、無妄、大畜、遯、大壯、夬、姤；《繫辭傳》《説卦傳》《序卦傳》。艮山之象，見於《彖傳》：蒙、小過；《象傳》：蒙、謙、蠱、賁、剝、大畜、頤、咸、遯、蹇、損、艮、漸、旅、小過；《説卦傳》。

第二則《畢萬筮仕於晉》。屯卦和比卦釋卦名。屯：固。比：入、合。震卦取象：車、足、長、殺；坤卦取象：馬、母、安、衆；又或，“衆”爲坎卦取象。震卦取象車，未見於《周易》大傳，取象足見於《説卦傳》，取象長與《説卦傳》《序卦傳》取象長男、長子意近，取象殺不見於《周易》大傳。坤卦取象馬者，《坤·彖傳》“利牝馬之貞”含坤馬之象，《説卦傳》爲乾馬之象；取象母者，見於《説卦傳》；取象比擬安者，不見於《周易》大傳；取象衆者，見於《説卦傳》。

第三則《卜楚丘之父筮成季之生》。乾：父、君。乾卦取象父，見於《説卦傳》。乾君之象，見於《彖傳》：泰、否；《象傳》：履、否、同人、大有、姤；《説卦傳》。

第六則《卜徒父筮秦伯伐晉》。巽：風。艮：山。此中取象皆見於《彖傳》《象傳》《説卦傳》。

第七則《晉獻公使史蘇筮嫁伯姬》。震：雷、虛。離：火。此中取象，除了虛之象，皆見於《彖傳》《象傳》《説卦傳》。震雷之象，見於《彖傳》：屯、噬嗑、恒、解、震；《象傳》：屯、豫、隨、噬嗑、復、無妄、頤、恒、大壯、解、益、震、歸妹、豐、小過；《説卦傳》。離火之象，見於《彖傳》：睽、革、離、鼎、豐、旅；《象傳》：同人、大有、賁、家人、睽、革、鼎、豐、旅、既濟、未濟；《説卦傳》。

第八則《重耳筮有晉國》。屯：厚。豫：樂。此釋屯、豫卦名。震：車、雷、長男、武。坎：水、勞、衆、順、文、泉。坤：土、母。震卦取象車，未見於《周易》大傳；取象雷，見於《彖傳》《象傳》《説卦傳》；

取象長男，見於《說卦傳》；取象武，未見之。坎水之象，見於《彖傳》：坎、井；《象傳》：蒙、訟、師、比、坎、蹇、困、井、渙、節、既濟、未濟；《說卦傳》。坎取象勞見於《說卦傳》，取象衆見於《象傳》。順、文、泉之象，未見於《周易》大傳。坤卦取象母者，見於《說卦傳》。

第一〇則《晉侯使卜偃筮勤王》。乾：天。兌：澤。離：日。乾天之象，見於《彖傳》《象傳》《說卦傳》等。兌澤之象，見於《彖傳》：睽、革；《象傳》：履、隨、臨、大過、咸、睽、損、夬、萃、困、革、歸妹、兌、節、中孚；《說卦傳》。離日之象，見於《彖傳》：晉、明夷；《象傳》：晉、明夷；《說卦傳》。

第一二則《知莊子評晉師》。臨：不行。以卦象比擬釋卦名。坎：衆、川。兌：弱、澤。坎卦取象川，未見於《周易》大傳。兌卦取象比擬弱，未見於《周易》大傳；兌澤之象，見於《彖傳》《象傳》《說卦傳》。

第一三則《晉侯筮擊楚師》。按焦循旁通體例，以離象南、目，卦象得解。離南之象，見於《說卦傳》："離也者，明也，萬物皆'相見'，南方之卦也。"離目之象見於《說卦傳》。

第一四則《單襄公論晉筮成公之歸》。尚秉和以乾君、坤國之象解釋。乾君之象見於《彖傳》《象傳》《說卦傳》。

第一六則《陳文子評崔武子筮娶齊棠姜》。坎：夫。巽：風。兌：妻。坎卦取象夫，未見於《周易》大傳。巽卦取象風，見於《彖傳》《象傳》《說卦傳》。兌卦取象妻，未見於《周易》大傳。

第一八則《醫和論晉侯之蠱疾》。巽：女、風。艮：男、山。巽卦取象女，近乎《說卦傳》取象長女；巽卦取象風見於《彖傳》《象傳》《說卦傳》。艮男之象，見於《咸·彖傳》，《說卦傳》艮象少男；艮卦取象山，見於《彖傳》《象傳》《說卦傳》。

第二〇則《卜楚丘論莊叔筮穆子之生》。以日釋明夷卦名。離：火。艮：山、鳥。離卦取象火，見於《彖傳》《象傳》《說卦傳》。艮卦取象山，見於《彖傳》《象傳》《說卦傳》，尚秉和說艮取象鳥，未見於《周易》大傳。

第二六則《史墨論季氏出其君》。震：雷。震卦取象雷，見於《彖傳》《象傳》《說卦傳》。

其中，關於“左氏易傳”的八經卦取象，這裡加以統計列爲表六。

表六　左氏易例八經卦取象

經卦	卦象	“左氏易傳”篇次	見於《周易》大傳
乾	天、父、君	第一、三、一〇、一四則	乾天之象見於《彖傳》：乾、泰、否、大畜；《象傳》：乾、需、訟、小畜、履、泰、否、同人、大有、無妄、大畜、遯、大壯、夬、姤；《繫辭傳》《説卦傳》《序卦傳》。乾卦取象父，見於《説卦傳》。乾君之象見於《彖傳》：泰、否；《象傳》：履、否、同人、大有、姤；《説卦傳》。
兑	弱、澤、妻	第一〇、一二、一六則	兑澤之象見於《彖傳》：睽、革；《象傳》：履、隨、臨、大過、咸、睽、損、夬、萃、困、革、歸妹、兑、節、中孚；《説卦傳》。
離	火、日、南、目	第七、一〇、一三、二〇則	離火之象，見於《彖傳》：睽、革、離、鼎、豐、旅；《象傳》：同人、大有、賁、家人、睽、革、鼎、豐、旅、既濟、未濟；《説卦傳》。離日之象見於《彖傳》：晉、明夷；《象傳》：晉、明夷；《説卦傳》。離象南、目見於《説卦傳》。
震	車、足、長、殺、雷、虛、長男、武	第二、七、八、二六則	震足之象見於《説卦傳》。震雷之象見於《彖傳》：屯、噬嗑、恒、解、震；《象傳》：屯、豫、隨、噬嗑、復、無妄、頤、恒、大壯、解、益、震、歸妹、豐、小過；《説卦傳》。震長男之象，見於《説卦傳》。
巽	風、木、女	第一、六、一六、一八則	巽風之象，見於《彖傳》：恒；《象傳》：小畜、蠱、觀、恒、家人、益、姤、巽、渙、中孚；《説卦傳》。巽木之象，見於《彖傳》：井、鼎、渙、中孚；《象傳》：大過、升、井、鼎、漸；《説卦傳》。巽女之象見於《説卦傳》。
坎	水、勞、衆、泉、順、文、川、夫	第八、一二、一六則	坎水之象見於《彖傳》：坎、井；《象傳》：蒙、訟、師、比、坎、蹇、困、井、渙、節、既濟、未濟；《説卦傳》。坎勞之象見於《説卦傳》。
艮	男、山、鳥	第一、六、一八、二〇則	艮男之象見於《咸·彖傳》，《説卦傳》艮象少男。艮山之象見於《彖傳》：蒙、小過；《象傳》：蒙、謙、蠱、賁、剥、大畜、頤、咸、遯、蹇、損、艮、漸、旅、小過；《説卦傳》。

續表

經卦	卦象	"左氏易傳"篇次	見於《周易》大傳
坤	土、國、馬、母、安、衆	第一、二、八、一四則	坤馬之象見於《坤·彖傳》"利牝馬之貞"。坤母之象見於《説卦傳》。坤衆之象見於《説卦傳》。坤土之象與地之象,見於《彖傳》:坤、泰、否、晉、明夷;《象傳》:師、比、泰、否、謙、豫、臨、觀、剥、復、晉、明夷、萃、升;《文言傳》:坤;《繫辭傳》《説卦傳》《序卦傳》。

這些易卦取象,大部分見於《周易》大傳,一些取象發生了轉換,一些取象爲《周易》大傳所缺。卦名解釋、文辭解釋,連同取象方法都體現了"左氏易傳"的人謀化特徵和解釋學品質。這是因爲,它不再是基於神意的斷占,而是基於易卦自身的取象,並以此來比擬人事。"左氏易傳"立象以言意①,釋辭以明理,體現了雙重"自身化"的解釋學品質,一則是《周易》文本的"自身化",即《周易》文本不再祇是神意的載體,而獲得了它本身獨立的意義;一則是人對《周易》文本理解的"自身化",即人對自身生存的理解和籌劃。

---

① "左氏易傳"中立象以言事的筮例,例如,第一則筮遇觀之否,用觀卦六四爻辭進行解占,取坤卦土象,巽卦風象,乾卦天象,又用互艮之象,以"天光在山上"解"觀國之光"。再例如,第六則筮秦伯伐晉遇蠱,蠱内卦爲巽、外卦爲艮,有巽風艮山之象,以秦屬内,晉屬外,取我落其實而取其材之象,以此説晉國必敗。再例如,第一八則醫和論疾,取蠱卦"女惑男、風落山"之象,蠱内卦爲巽取象女,外卦爲艮取象男,故爲"女惑男"之象,以此言晉侯過度沉浸於女色。等等。顯然,這些易例都等於撇開了筮占的技術環節,而直接就易卦取象比擬人事。

三 《周易》哲學建構歷程 *

　　早期《周易》哲學的建構歷程展現爲從《周易》古經的神學觀念，經過"左氏易傳"到《周易》大傳形而上學的初步完成。如果説後來的《周易》大傳建構了完備的易學形而上學，那麼，"左氏易傳"尚祇有自然傾向的乾坤宇宙論。二者的共同點則在於天道與人事相應、相證的思考方式，《周易》大傳與"左氏易傳"舉天道以論人事的思想和言説方式是一脉相承的。

（一）絶地天通：形而上學建構的可能性

　　衆所周知，人類早期的形而上學建構開端於軸心時代。按照以往的理解，這一時期的哲學觀念是人類思想的動力之源，如雅斯貝爾斯所説："人類一直靠軸心時期所産生的思考和創造的一切而生存，每一次新的飛躍都回顧這一時期，並被它重燃火焰……軸心期潛力的蘇醒和對軸心期潛力的回歸，或者説復興，總是提供了精神的動力。"[①] 這種理解也有它的局限：

　　　　雅斯貝爾斯的"軸心期"概念是一種有缺陷的創新觀念。它確實是一種很好的創新觀念，可以相當有説服力地解釋歷史；但它同時是有缺陷的，主要缺陷有二：一是它容易使人將軸心期與前軸心

＊　本節的部分内容已經作爲單篇論文發表，發表版本中的個別表述與本書有所差異。參見楊虎、黃玉順《論〈周易〉大傳的本體論建構》，《周易研究》二〇一八年第一期；楊虎：《論變易的三重顯現：不易・簡易・交易——黃玉順"變易本體論"的一種啓示》，《當代儒學》二〇一七年總第一一輯。

① 〔德〕雅斯貝爾斯：《歷史的起源與目標》，魏楚雄、俞新天譯，第一四頁。

期割裂開來。例如就西方的情況來看，古希臘哲學時代的傳統實際上是此前的某種更古老的傳統的進一步發揚。……二是軸心期觀念並沒有注意到軸心期轉型的負面。其實不論在東方還是在西方，軸心期大轉型的結果都是既建立了某些積極的東西，也失落了某些積極的東西。①

如果説，軸心時代的形而上學建構與前軸心期具有某種觀念連接，那麽，這就意味着形而上學乃是從前軸心期到軸心期的一種觀念轉進。在中國思想史中，這種觀念轉進，亦即形而上學觀念建構的可能性，開啓於"絕地天通"觀念。"絕地天通"由《尚書·周書·吕刑》所提出，春秋晚期的觀射父對此進行了一番解説："古者民神不雜。民之精爽不攜貳者，而又能齊肅衷正，其智能上下比義，其聖能光遠宣朗，其明能光照之，其聰能聽徹之，如是則明神降之，在男曰覡，在女曰巫。……及少皥之衰也，九黎亂德，民神雜糅，不可方物。夫人作享，家爲巫史，無有要質。民匱於祀，而不知其福。烝享無度，民神同位。民瀆齊盟，無有嚴威。神狎民則，不蠲其爲。嘉生不降，無物以享。禍災薦臻，莫盡其氣。顓頊受之，乃命南正重司天以屬神，命火正黎司地以屬民，使復舊常，無相侵瀆，是謂絕地天通。"② 在觀射父的描述中，先民生活的最初狀態是民神不雜，中間經過了民神雜糅的階段而導致禮制的崩壞，所以顓頊使重、黎"絕地天通"，即斷絕人神、天地的交融以正秩序，其實，這種觀念所體現的正是觀射父對春秋晚期"禮壞樂崩"狀態的不滿。絕地天通觀念的實質就在於從本源的生活感悟到形而上學的建構：

其實，在遠古時代乃至於原創時期之前，並無所謂"民神不雜"的時代；恰恰相反，"民神雜糅"正是前原創期的觀念世界的基本事實：那是在生活感悟中顯示出來的生活本身的本源情境，那時，天地人神交融共處，不分彼此。而觀射父所謂"民神不雜""絕地天通"，

① 黄玉順：《中西之間：軸心時代文化轉型的比較——以〈周易〉爲透視文本》，《四川大學學報》（哲學社會科學版）二〇〇三年第三期。
② 《國語·楚語下》，第五五九至五六二頁。

作爲原創時期形而上學建構的開端，却正是對這種本源的生活情境的打破。①

生活感悟乃是先行於形而上學建構的，在本源的生活情境中天、地、神、人是一體共在的，而人與神的分離和隔絶隱喻了存在者從共在情境中脱身而出相視以立。神人、天地兩重世界的分離，這種類形而上、形而下的兩重化架構，開啓了形而上學建構的可能性。絶地天通的觀念誕生於西周前期對上古的追述，其實它所體現的觀念背景正是殷周之際的上帝、天命觀念系統，因爲上帝、天命觀念正是"神人分離"狀態下所誕生的觀念系統。如果説，周代的"天命"觀念是比較明顯的"神人分離"，例如"皇天無親，惟德是輔"（《尚書·周書·蔡仲之命》）的觀念，那麼，殷人的上帝觀念表面看來還不那麼明顯。在殷人的祭祀系統中，祖先（人鬼）是和神祇一同被祭祀的對象，這確乎可以説體現了神人的密切關係，正如張光直先生所説："在商人的世界觀裡，神的世界與祖先的世界之間的差別，幾乎微到不足道的程度。"② 但是，我們也應當注意到，上帝和其他的神祇所不同的地方在於，除了商王以外的其他所有人都不能够像對待自己死去的祖先那樣與上帝交流，因爲祇有商王有祭祀上帝、祈求上帝降福的權力，此可見於甲骨卜辭。這恰恰意味着天地、神人在根本上的分離，正如顓頊使重黎"絶地天通"，商王隔斷了衆人與上帝的聯繫，陳夢家先生指出商代的"王者自己雖爲政治領袖，同時仍爲群巫之長"③，白川静稱之爲"巫祝王"④，商王成了溝通上帝與世間的中介，這也是一種"絶地天通"。可以説，殷周之際的上帝、天命觀念系統是早期中國具有類形而上學性質的觀念系統。

---

① 黃玉順：《絶地天通——天地人神的原始本真關係的蜕變》，《哲學動態》二〇〇五年第五期。
② 張光直：《商周神話與美術中所見人與動物之關係演變》，《中國青銅時代》，生活·讀書·新知·三聯書店，一九八三，第三〇五頁。
③ 陳夢家：《商代的神話與巫術》，《燕京學報》第二十期，一九三六。
④ 〔日〕白川静：《中國古代文化》，文津出版社，一九八三，第一一六頁。

（二）《周易》古經的神性觀念

我們之所以説上帝、天命觀念系統祇是具有類形而上學性質，乃是因爲它並未完成本體論的建構，而形而上學的核心就在於本體論的建構。

上帝、天命觀念系統並非真正意義上的本體論。上帝、天命既不是基督教的 God 那樣的神性本體，也不是理性形而上學的本體觀念例如"絕對觀念""良知明覺"等等。明義士認爲："中國人關於上帝的概念早在公元前一四〇〇年前就已存在，甚至比我們的摩西時代還要早一些。中國人心目中的上帝和我們《聖經》中的'上帝'是完全一致的，這就是'天父'。"① 這種觀點是站不住脚的。胡厚宣等人的《殷商史》一書説道："從豐富的甲骨卜辭看來，殷商時代在武丁時就有了高高在上主宰着自然和人類一切命運的'統一之神'的宗教信仰，殷人相信在天上存在這樣一個具有人格和意志的至上神，名叫帝或上帝。"② 説殷商的上帝觀念是至上神並無問題，但它和 God 的區別在於：God 不僅是至上神，而且是創造一切形而下存在者的終極存在者，理性化的表達就是形而上的本體。雖然商周的上帝和天命觀念具有這種相似性，但並不具有給出一切形而下存在者的創造性。當然，這裡的所謂創造性是指本體相對於一切形而下存在者而言的終極奠基性。《尚書》中常出現"上帝""帝"，例如"帝休，天乃大命文王"（《尚書·周書·康誥》），在《尚書》的用法中，天、皇天、昊天、上帝、帝等交錯使用，但均沒有迹象表明它们可以表示本體觀念。用一種最爲簡單而直接的方式説，如果我們追問一切形而下存在者的存在是何以可能的，我們並不能追溯到上帝或者天命觀念，而基督教的 God 則被視爲給出一切形而下存在者的終極存在者：God 用"'道'——言語——創造萬有"③。

《周易》古經完成於西周初葉，當然也體現了神性存在者的觀念。例如，益六二爻辭："王用享于帝。"大有上九爻辭："自天祐之，吉，无不

---

① 方輝：《明義士和他的藏品》，山東大學出版社，二〇〇〇，第六三至六四頁。
② 胡厚宣、胡振宇：《殷商史》，上海人民出版社，二〇〇三，第四五一頁。
③ 〔古羅馬〕奥古斯丁：《懺悔録》，周士良譯，商務印書館，一九九六，第二三六頁。

利。"這裡的享，就是致獻於神的意思，致獻天、帝，故天、帝祐之。在最初語境中，易筮所體現的就是神意，斷辭所顯示的吉凶判斷就是神意的顯示。《周易》古經預設了某種神性存在者，但這種神性存在者並非真正意義上的本體觀念。因此，《周易》古經體現的神性觀念並未完成形而上學的建構。

（三）"左氏易傳" 自然傾向的宇宙觀

"左氏易傳"作爲對《周易》古經的一種解釋，自然有其對神性存在者的預設。但與此同時，"左氏易傳"並不滿足於此，而發生了易筮原則的人謀化、倫理化轉向，在筮占之外尋求其他因素的解釋，例如人自身的行爲和品質。相應地，"左氏易傳"体現了一種自然傾向的天道觀、宇宙觀。

春秋時代，人們一方面繼承了傳統的天命、天道觀念，另一方面又極爲重視人道、人德的作用，出現了"天道遠，人道邇"的觀念，甚至把天道撇開直接就人本身的行爲和品質論事明理。但廣泛地説，對人事的論證還是借助於對天道的言説進行的，例如，《左傳·襄公九年》記載晉侯問於士弱曰："吾聞之，宋災，於是乎知有天道。何故？"這段話体現了借天道以論人事的思維方式。

就"左氏易傳"所體現的天道觀、宇宙觀而言，其核心觀念是乾坤和陰陽。"左氏易傳"的乾坤宇宙觀不是神性化的，而是具有自然傾向的。例如，第一則易例解"觀國之光"，使用易卦取象的解釋方法，乾取象天，坤取象土，巽取象風，從觀卦之否卦，就是外卦巽卦變爲乾卦，則由風象變爲天象，象"風爲天於土上"，又取互艮之象，解作山上有天光。天喻天子，有天子臨照之象，故説"觀國之光"。這是借由乾坤之象的解釋來比擬人事的發展。又説"山嶽則配天，物莫能兩大"，這裡的天即是指自然之主宰，故説"物莫能兩大"。再例如，第九則董因筮重耳濟河，説"將集天行"，即成天之道，此以天道明人事，筮得"天地配享，小往大來"，乾卦取象天，坤卦取象地，故爲"天地配享"，因地在天上，象天地交通，以喻人事無礙，這也是基於自然傾向的天地觀以論人事。再例如，第一〇則晉侯使卜偃筮勤王，遇大有之睽，解"天爲澤以當日，天子降心以逆公"，乾取象天，兌取象澤，大有之睽是乾變爲兌，故説"天爲澤"，而離爲日，故説"當日"，以喻"天子降心"，故勤王之事可成。再例如，第二六則有云："在《易》卦，雷乘乾曰大壯䷡，天之道也。"以此論季氏主政魯國正合天道，史墨還用天地有兩、有陪貳的自然法則來説明季氏佐魯公的政治合法性。

"左氏易傳"的陰陽觀念也體現了自然傾向的天道觀、宇宙觀，例如，"左氏易傳"第一八則醫和論晉侯之蠱疾鮮明地體現了這一點，這裡並無易筮的技術操作環節，醫和直接通過對"六氣"的説明論晉侯之疾。六氣：陰、陽、風、雨、晦、明。按照醫和的解釋，陽對應着熱，陰對應着寒，故陰過則有寒疾，陽過則有熱疾，至如其他則有相應之疾，以此説晉侯之疾是過度沉溺於女色所致。醫和説："女，陽物而晦時，淫則生内熱惑蠱之疾。""陽物"是指"陽之物"，過度浸淫則失調而内生陽疾即熱疾，醫和又以陰陽取象男女解蠱爲"女惑男"之象，以此論晉侯之蠱疾。

"左氏易傳"直接撇開了易筮的神意預設，而從自然傾向的天道觀、宇宙觀出發以論人事，這就爲後來《周易》大傳進一步確立理性化的乾坤宇宙觀作出了理論環節的準備。"左氏易傳"借天道以論人事的思想方式和言説方式也爲《周易》大傳所繼承，例如：

> 大觀在上，順而巽，中正以觀天下，觀。盥而不薦，有孚顒若，下觀而化也。觀天之神道，而四時不忒。聖人以神道設教，而天下服矣。（《彖傳》觀）
> 天行，健（乾）；君子以自强不息。（《象傳》乾）
> 地勢，坤；君子以厚德載物。（《象傳》坤）

《周易》大傳借由天道中正而論聖人設教；由天道剛健，以論君子應自强不息；由地道敦厚，以論君子應厚德載物。這些都典型地體現了《周易》大傳的天道與人事相應的思想和言説方式，這與"左氏易傳"是一致的。

（四）《周易》大傳的形而上學

《周易》大傳最終確立了"形而上者—形而下者"的形而上學基本架構。以乾坤並建的生生之德爲本，通過"一陰一陽"的運行機制敞開生生與變易的世界。就倫理學的奠基問題而言，《周易》大傳建構了"繼善成性"觀念，自天道下貫而論"善"，自主體超越而言"性"，故善即性、性即善。由此元、亨、利、貞"四德"便獲得了形而上學的奠基，而謂"元者，善之長也"（《文言傳》乾），元即善性即天道，故謂乾元、坤元爲"萬物資始"（《彖傳》乾）、"萬物資生"（《彖傳》坤）。知此天道生生之體即性體，"窮理盡性以至於命"（《説卦傳》），在主體的超越中證成性體與天道爲一，從天道本體到形而下萬物便是這種"本體即是主體"的實現歷程。以下略論這一思想歷程。

首先，《周易》大傳確立了"形而上者—形而下者"的思想架構。

首當指出，形而上學的根本特徵在於形而上存在者與形而下存在者兩個觀念層級的確立。就易學哲學的發展而言，在《周易》大傳之前，這一觀念區分在《周易》文本中並未明確提示出來，《周易》大傳的"形而上者"與"形而下者"之區分纔確切地提示出來，《繫辭上傳》謂："形而上者謂之道，形而下者謂之器。"這裡提出了道、器之區分，以形而上和形而下言之，這是我們理解《周易》大傳形而上學的關鍵所在，沒有這一區分，則形而上學便不能夠成立。孔穎達對此的解釋是值得注意的：

> "是故形而上者謂之道，形而下者謂之器"者，道是无體之名，形是有質之稱。凡有從无而生，形由道而立，是先道而後形，是道在形之上，形在道之下。故自形外已上者謂之道也，自形內而下者謂之器也。形雖處道器兩畔之際，形在器，不在道也。既有形質，可爲器用，故云"形而下者謂之器"也。①

---

① 《周易正義》，《十三經注疏》，第八三頁。

我們應當注意到，其實孔穎達這裡作了兩種方向的解釋，一種是從"形而上者"對"形而下者"的奠基作用，一種是從"有形體"和"無形體"作出區分，二者是掛搭在一起説的。孔穎達首先表達了一個基本思想，就是"道是无體之名，形是有質之稱"。這裡的體和質是一樣的意思，如同説"神无方而易无體"（《繫辭上傳》）。當我們對道和器這兩個語詞進行區分的時候，它的不同就在於一個是有指稱（借用弗雷格語）① 的，一個是沒有指稱的。例如，當我們説到"God"的時候，這個語詞是有其涵義的，但它並無指稱，即找不到其相應的存在者；而當我們説"孔穎達"這個專名時，它是有其指稱的，對應的是唐代的經學大師孔穎達這個人。如果從這個角度來理解孔穎達所謂"无體""有質"，則"形而上者"與"形而下者"之區分就更加明顯了。但孔穎達本人僅僅是從"有形體"和"無形體"的區分入手的。在一般語境中，"有形體"和"無形體"的區分當然可以包含形而上存在者和形而下存在者的區分，但並不確切。例如，當我們説"我的心理情緒很穩定"時，"我"的心理情緒是無形體的，但它仍然是某種形而下存在者觀念。在這個意義上説，所謂"無形體"② 祇能構成"形而上者"的必要條件，而不是充分條件。同樣，形而下存在者却不一定是有形體的東西。因此，孔穎達認爲"形而上者"是"无體之名"，祇是説出了形而上存在者觀念的必要條件，從形體之有無來區分形而上存在者和形而下存在者，並不能成立。

相比之下，孔穎達的另一種解釋方向則是可取的。孔穎達以"先"和"後"解"上"和"下"，就凸顯了形而上者爲形而下者奠基的意義。這裡的先、後不能被理解爲時間秩序的先後排列，而是觀念的層序，因爲孔穎達是從王弼的本末論思想視域出發來解釋先後的。在這個意義上説，所

---

① Gottlob Frege, *Sense and Reference*, The Philosophical Review, Vol. 57, No. 3（May, 1948），pp. 209 – 230.

② 在這裡，可能會有一種反對意見：《聖經》中描述的 God 有時也會顯出神迹，豈不是有形體的顯現？其實"神迹"之爲"迹"恰恰説明它祇是一種顯現樣式，它本身被視爲並不在時間之流當中，而被視爲永恒的存在者。例如，奧古斯丁説過，上帝創造萬有，但它本身不在時間之流當中。參見〔古羅馬〕奧古斯丁《懺悔録》，周士良譯，第二三九至二四〇頁。

謂“形而下者”就是指一切相對的、形而下的存在者，“形而上者”則是指作爲一切形而下存在者之根據的絕對的、形而上的存在者，這在中西哲學中被把握爲諸如“本體”或“存在者整體”等觀念。所以，“道—器”①和“形而上者—形而下者”的架構就是典型的形而上學思維模式：“形而上者”爲“形而下者”奠定基礎。形而上學基本架構的確立，其充分條件應是：它是一種一多架構，當然，這裡的所謂一、多也衹能是描述性的，即絕對的唯一者和衆多的相對存在者之關係架構。

要而言之，《周易》大傳所確立的“形而上者—形而下者”思想架構是典型的哲學形而上學思維模式：“形而上者”爲“形而下者”奠定基礎，因此相應地，形而上學爲形而下學奠定基礎。

其次，《周易》大傳通過生生與變易，描述了形上本體的證立與形下世界的開顯。

相較於“左氏易傳”，《周易》大傳進一步系統地描述了一個通由乾坤與陰陽而證顯的生生與變易的世界。《繫辭下傳》説：“《易》之爲書也不可遠，爲道也屢遷，變動不居，周流六虛，上下無常，剛柔相易，不可爲典要，唯變所適。”《周易》所表達的根本道理就是變易，而變易也就是生生，故又謂：“生生之謂易。”（《繫辭上傳》）孔穎達疏：“生生，不絕之辭。陰陽變轉，後生次於前生，是萬物恒生，謂之易也。”②變易就是生生的流轉，生生表現在萬事萬物的變易當中，《周易》諸卦就是通過觀生生與變易而設立，所謂“設卦觀象”（《繫辭上傳》）是也。通由乾坤並建而證立生生之德，通由陰陽運轉而開顯形下世界。《繫辭上傳》有云：

---

① 尚需指出的是，在《周易》大傳的言説中，當“道”單獨使用而非與“器”相對使用時，也可以表示形而下的道理、法則，例如：“是故吉凶者，失得之象也；悔吝者，憂虞之象也；變化者，進退之象也；剛柔者，晝夜之象也。六爻之動，三極之道也。”（《繫辭上傳》）這裡的道就是指法則而言。再例如：“晝夜之道”（《繫辭上傳》）；“《易》有聖人之道四焉：以言者尚其辭，以動者尚其變，以制器者尚其象，以卜筮者尚其占”（《繫辭上傳》）等。當道與器相對而言，道被規定爲“形而上者”時指的就是絕對存在者。

② 《周易正義》，《十三經注疏》，第七八頁。

乾知大始，坤作成物。乾以易知，坤以簡能。易則易知，簡則易從。

韓康伯注：“天地之道，不爲而善始，不勞而善成，故曰易簡。”[1]這裡用“始”和“成”指示乾坤，合“乾知大始，坤作成物”之意，乾始而坤成，牟宗三先生稱之爲“創生原則”和“終成原則”[2]，乾、坤並不是指兩種對立的形而下存在者，而是指生生創造之德性，所以説“天地之大德曰生”（《繫辭下傳》）、“易簡之善配至德”（《繫辭上傳》），大德、至德即是指生生之德，天地萬物之生，一切形而下存在者的存在莫不歸屬於生生。

一般地説，形而上的本體觀念内在地藴含了自足性和自明性，亦即本體作爲形而上存在者，不依賴任何形而下存在者而存在，它是絶對自足的，而這一點乃是反身自明的。通由乾坤德性所彰顯的生生之德乃是自足而自明的，《周易》大傳通過乾、坤之“簡易”來説明這一點，簡易是對生生、變易的本體化描述，意指生生、變易的自足、自明性。《繫辭下傳》説：“夫乾，天下之至健也，德行恒易以知險。夫坤，天下之至順也，德行恒簡以知阻。”這是説生生變易的具體過程有其險阻難知，而生生之德却是簡潔明白的，此謂“易知”“簡能”，生生、變易之“能”是簡潔而易“知”的。這裡的能和知並非主客化的打量，而是通過萬物化生的自證，此不待他物而自足，不待他證而自明，所以説生生之德乃是自足而自明的。熊十力先生釋乾元爲本心本體也揭示了這一點：“（《易》曰：‘乾知大始。’乾謂本心，亦即本體。知者，明覺義，非知識之知。乾以其知，而爲萬物所資始，孰謂物以惑始耶？萬物同資始於乾元而各正性命，以其本無惑性故。證真之言莫如《易》，斯其至矣。）是故此心（謂本心）即是吾人的真性，亦即是一切物的本體。”[3]本心本

①　《周易正義》，《十三經注疏》，第七六頁。
②　牟宗三：《周易哲學講演録》，臺北聯經出版公司，二〇〇三，第一九頁。
③　熊十力：《新唯識論》（語體文本），《熊十力全集》第三卷，湖北教育出版社，二〇〇一，第一九頁。

體是由性智自證："性智者，是真的自己底覺悟。"[1] 這也凸顯了其自明性。《繫辭下傳》又説："夫乾，確然示人易矣；夫坤，隤然示人簡矣。"以往的注疏大多以剛、柔釋確、隤，這與另外一種解釋並不衝突。確者，實也，如《莊子·應帝王》"確乎能其事者而已矣"成玄英疏："確，實也。"[2] 隤者，退也，如牟宗三先生所説："隤就是退。隤然，一點費力氣也没有。"[3] 這與剛柔之義是相容的，生生之乾德剛健而真實無妄，生生之坤德柔順而退返自身。乾坤德性顯示了生生乃是真實無妄並反身自明的，故"乾知大始"者，知者自知，無所待而自足；"坤作成物"者，成物而退返自身，由乾坤並建所彰顯的生生之德"簡能"而"易知"，即自足而自明的。

生生、變易自其本體而言雖簡易，却也"知險""知阻"，此不以本體斷現象；具體的生生、變化過程是複雜的，然究其本則至易、至簡，也不以現象遮本體，所以説："易簡，而天下之理得矣。天下之理得，而成位乎其中矣。"（《繫辭上傳》）天下之理，從簡易處説不過是一陰一陽的運行，所以説"一陰一陽之謂道"（《繫辭上傳》）。天下事理皆由陰陽運行而成，由陰陽運轉而萬事萬物之理可見，而"成位乎其中"。"位"在易學語境中首先是指爻位，《説卦傳》："《易》六位而成章。"這裡的位就是指爻位而言。這種用法在《周易》大傳中有很多，再如"柔得位得中"（《彖傳》同人）、"剛失位而不中"（《彖傳》小過）等等，陰陽之爻位代表了自然的變易法則。"位"也可以指人倫秩序，例如《彖傳》説："家人，女正位乎内，男正位乎外。男女正，天地之大義也。"這是家族本位的倫理、價值觀念，夫婦、父子、兄弟的人倫秩序體現在"位"的觀念中。這裡也體現了，從自然法則到人倫秩序，天下萬事萬物莫不歸屬於生生、變易的法則，這是用一套形而上學觀念爲形而下的觀念奠定基礎或者説作出合法性説明的典型思想方式。

由"一陰一陽"之運轉，形而下世界得以開顯。陰陽運轉的基本機制

---

① 熊十力：《新唯識論》（語體文本），《熊十力全集》第三卷，第一五頁。
② （清）郭慶藩：《莊子集釋》，中華書局，一九六一，第二九一頁。
③ 牟宗三：《周易哲學講演録》，第七八頁。

就是陰陽交易，朱子、李光地等人都提到過“交易”①，在《周易》大傳的語境中，陰陽交易既可以指陰陽的相易或者説交換，例如《繫辭下傳》所説的“交易而退”便是交換之義；也可以指陰陽交感，例如“剛柔始交而難生”（《彖傳》屯）、“天地交而萬物通”（《彖傳》泰）。大千世界的變易不出“交感”與“相易”的運行機制，在《周易》的語境中，“交感”更爲凸顯空間性向度，而“相易”更爲凸顯時間性向度。陰陽交易的時空性正是形而下存在者遭遇的境域。咸卦便展示了一種陰陽交感的情狀，凸顯了空間性向度：

咸：亨，利貞。取女吉。

初六：咸其拇。

六二：咸其腓。凶。居吉。

九三：咸其股，執其隨。往吝。

九四：貞吉，悔亡。憧憧往來，朋從爾思。

九五：咸其脢。无悔。

上六：咸其輔頰舌。

咸通感，《彖傳》：“咸，感也。”朱子《周易本義》：“咸，交感也。”②咸卦自初爻至上爻展現了男女交感的空間變動，從拇到腓、股、脢、輔頰舌，是從身體的下部到上部的位置變動。根據黃玉順先生的考釋，咸卦引用了一首“交歡之歌”③，《彖傳》説“男下女”也暗示了男女交媾的意思。毫無疑問，這是一種陰陽交感的空間性描述。陰陽交感屬於一切形而下存在者所賴以生成的運行機制，故《繫辭下傳》説：“天地絪緼，萬物化醇。男女構精，萬物化生。”《彖傳》説：“觀其所感，而天地萬物之情可見矣。”歸妹卦《彖傳》説：“天地不交，而萬物不興。”於此衆説皆能見之。

---

① 筆者注意到，清儒李光地説過：“諸儒言‘易’有四義：不易也，交易也，變易也，易簡也。”一般都講“易”之三義：不易、簡易、變易。李光地把“交易”置於與一般所説的三義同等的“易”之根本語境中是極富洞見的。參見（清）李光地撰，劉大鈞整理《周易折中》，巴蜀書社，二〇〇八，第四〇八頁。

② （宋）朱熹：《周易本義》，第一二八頁。

③ 黃玉順：《易經古歌考釋》（修訂本），第二〇〇頁。

陰陽交感的空間性向度，其實也是時間性向度的一種形式。《繫辭下傳》説："日往則月來，月往則日來，日月相推而明生焉；寒往則暑來，暑往則寒來，寒暑相推而歲成焉；往者屈也，來者信也，屈信相感而利生焉。"空間的屈伸，例如日、月位置的變化，其實同樣表達了時間之往來，這也説明，中國哲學存在以空間位置來表示時間的觀念。如果説，陰陽交感突出了空間性向度；那麽，陰陽相易則更加突出了時間性向度，日月、寒暑之交换，就是時間的推移轉换，所以《繫辭上傳》説"陰陽之義配日月"，由此纔能够"彰往而察來"，傳達着生生、變易的"盈虛""消息"。衆所周知，《周易》重視"時"觀念，清儒惠棟説："易道深矣，一言以蔽之，曰'時中'。"① 這是因爲，《周易》所講的"變動不居"，其實就是因時而動、與時偕行，《彖傳》説：

> 剝，剝也，柔變剛也。不利有攸往，小人長也。順而止之，觀象也。君子尚消息盈虛，天行也。（剝卦）
> 損益盈虛，與時偕行。（損卦）
> 姤，遇也，柔遇剛也。勿用取女，不可與長也。天地相遇，品物咸章也。剛遇中正，天下大行也。姤之時義大矣哉！（姤卦）

由陰陽交易、天地相遇，則萬事萬物之存在得以敞顯，故謂"品物咸章"，章就是彰明、敞顯之義。陰陽交易有其"時義"，蓋因時、順時而使得存在物遭遇，這乃是存在物遭遇的境域。天下之事莫不隨"時""遇"而變動，古有古之"時""遇"，今有今之"時""遇"，古今相異皆應隨時遇而動、"與時偕行"，這是《周易》示人"彰往而察來"的宗旨之所在。

除了以上所論及的兩層，《周易》大傳還揭示了"繼善成性"或者説"本體即是主體"（借用黑格爾語）② 的實現歷程。如果説，"左氏易傳"

---

① （清）惠棟撰《易漢學》，《周易述》，鄭萬耕點校，第六二四頁。
② 黑格爾説："一切問題的關鍵在於：不僅把真實的東西或真理理解和表述爲實體，而且同樣理解和表述爲主體。"（〔德〕黑格爾《精神現象學》上卷，賀麟、王玖興譯，上海人民出版社，二〇一三，第六一頁。）

的乾坤宇宙論尚是具有自然傾向的早期宇宙論模式，那麼，《周易》大傳所建構的易學本體論則是具有心性論色彩的形而上學觀念。可以説，從形而上本體到形而下的萬事萬物就是一種"本體即主體"的實現歷程。《繫辭上傳》説：

> 一陰一陽之謂道，繼之者善也，成之者性也。仁者見之謂之仁，知者見之謂之知，百姓日用而不知，故君子之道鮮矣。顯諸仁，藏諸用，鼓萬物而不與聖人同憂，盛德大業，至矣哉！

"一陰一陽之謂道"，朱子《周易本義》解釋爲："陰陽迭運者，氣也。其理則所謂道。"[①] 朱子從小程子之説，以"陰陽"爲形而下存在者，以"所以陰陽"爲形而上存在者："所以陰陽者是道也。陰陽，氣也；氣是形而下者，道是形而上者。"[②] "所以陰陽"者是道，就是生生之德，天道生生以陰陽運轉。所謂"繼之者善也"，繼的是天道生生之德，故爲善，這裡的善就是指形而上的生生之德。所以，這裡所表達的是天道的下貫，生生之德下貫於人，人能繼之又繼是爲善。所謂"成之者性也"，既可以理解爲成就人之性，也可以理解人通過盡其性而成就、實現天道，所以説善即性、性即善，天道下貫在人即粹然之善性。這裡的所謂善性不是指倫理學層級的德性，而是指本體論意義上的性體。筆者更傾向於後一種理解方向，即人通過盡其性而實現天道生生之德，即《中庸》所説："能盡其性，則能盡人之性；能盡人之性，則能盡物之性；能盡物之性，則可以贊大地之化育；可以贊天地之化育，則可以與天地參矣。"正是在盡性的過程中，主體獲得超越，從而達致與天道的不二。

如此一來，我們可以把"繼善成性"析爲兩個方向：一是從本體説起，天道生生之善下貫；一是從主體説起，主體盡性而實現天道之善。這其實是一回事，天道下貫而爲性，盡此性則天道生生之德彰顯。因此，我們説本體即主體，主體之外別無本體。"繼善成性"所透顯的這一思路與

---

① （宋）朱熹：《周易本義》，第二二八頁。
② （宋）程顥、程頤：《二程集》，第一六二頁。

《中庸》的心性論進路並無隔膜，正如牟宗三先生所説："'一陰一陽之謂道，繼之者善也，成之者性也。'這幾句話就等於《中庸》：'天命之謂性，率性之謂道。'"① 這與孟子所説的"盡性知命"也無隔膜，所以《繫辭上傳》接下來説"顯諸仁，藏諸用"，通過主體之仁的歷程而彰顯出來，天道生生之德即仁，就此而言，作爲心性本體的仁體即天道本體，正如大程子所説："天地之大德曰生。天地絪緼，萬物化醇。生之爲性。（原注略）萬物之生意最可觀，此元者善之長也，斯所謂仁也。"②

以天道生生之善而言性、言仁，一切倫理道德皆由此而安立，從而成就"盛德大業"。《文言傳》對"元亨利貞"的解釋也體現了這一思想歷程：

> 元者，善之長也；亨者，嘉之會也；利者，義之和也；貞者，事之幹也。君子體仁，足以長人；嘉會，足以合禮；利物，足以和義；貞固，足以幹事。君子行此四德者，故曰："乾：元亨利貞。"（乾卦）

這與"左氏易傳"中穆姜所説的四德是一致的，元、亨、利、貞被視爲仁、義、禮、幹（正）的倫理過程。乾元所代表的天道生生之善，便在仁、義、禮、幹的過程中彰顯出來，這些倫理道德被視爲天道本體的彰顯，因而獲得了形而上學的奠基。關於元亨利貞，《周易》大傳不僅有"四德"之説，還有形而上層級的解釋，例如，乾卦和坤卦的《彖傳》就是對元亨利貞的形而上學化解釋，元被理解爲"萬物資始"和"萬物資生"的創生實體，亨、利、貞的解釋皆以此爲起點。③ 同樣是對"元亨利貞"的解釋，却有形而上和形而下的區分，體現了《周易》大傳形而上學的基本架構"形而上者—形而下者"，作爲"形而上者"的天道生生之善爲作爲"形而下者"的倫理道德奠基。乾元、坤元所代表的生生之德是一切形而下存在者得以生成的存在根據，故爲"元"、爲"善"；它同時體現

---

① 牟宗三：《周易哲學講演録》，第一一四頁。
② （宋）程顥、程頤：《二程集》，第一二〇頁。
③ 《周易》大傳説："大哉乾元，萬物資始，乃統天。雲行雨施，品物流形。大明終始，六位時成，時乘六龍以御天。乾道變化，各正性命，保合大和，乃利貞。首出庶物，萬國咸寧。"（《彖傳》乾）"至哉坤元，萬物資生，乃順承天。坤厚載物，德合无疆。含弘光大，品物咸亨。牝馬地類，行地无疆，柔順利貞。"（《彖傳》坤）

在萬物的生生與變易當中，即所謂"品物流行"和"品物咸亨"；一切形而下存在者都奠基於"乾道變化"，故能各正其性命；由此而"萬國咸寧"，一切形而下存在者得以在一個有序的狀態中安立自身。

就"左氏易傳"倫理學的形而上學奠基問題言之，從《周易》古經神性觀念到《周易》大傳形而上學本體論的建構，是思想邏輯的必然。春秋時代《周易》古經神性觀念已經不再對社會倫理觀念形成有效的奠基作用，纔從"左氏易傳"的轉進而走向《周易》大傳的形而上學本體論建構。如果說，《周易》古經仍然是神性化的言說，即始終預設了某種神性存在者，那麼，可以說《周易》大傳是理性化的言說。從《周易》大傳對"鬼""神"的解釋也可以看出這一點，例如乾《文言傳》說："夫大人者，與天地合其德，與日月合其明，與四時合其序，與鬼神合其吉凶。"這裡提到的鬼神，已經不再是之前的鬼神觀念了，而指的是天地變化之道："精氣爲物，遊魂爲變，是故知鬼神之情狀。"（《繫辭上傳》）《周易》大傳的"神"觀念基本上也都是理性化的言說，"神"觀念被《周易》大傳解釋爲陰陽運轉之道、變化之道、感通之道等等。①

綜上所論，《周易》哲學形而上學的發展，體現爲從《周易》古經的神性觀念，經過"左氏易傳"的倫理化轉進及其自然傾向的乾坤宇宙論，到《周易》大傳所完成的理性形而上學本體論的建構進程。這一進程正對應於《周易》文本的發展：

文　　本：　　　《周易》古經→"左氏易傳"→《周易》大傳
觀念系統：　　　神性觀念→自然傾向的宇宙論→形而上學本體論

---

① 例如，《繫辭上傳》說："神无方而易无體。""陰陽不測之謂神。""子曰：'知變化之道者，其知神之所爲乎。'《易》有聖人之道四焉：以言者尚其辭，以動者尚其變，以制器者尚其象，以卜筮者尚其占。""易，无思也，无爲也，寂然不動，感而遂通天下之故。非天下之至神，其孰能與於此？"

四 "左氏易傳" 的廣義倫理學

就人類生活的形而下層面而言，主要涉及知識領域、倫理領域和價值領域。"左氏易傳" 所反映的形而下關懷集中於倫理領域，包括政治倫理和家庭倫理，我們稱之爲廣義倫理學。下文將從三個方面考察 "左氏易傳" 的廣義倫理學。

(一) "左氏易傳" 的解構之維：宗族宗法倫理的解體

一般地説，倫理是指關乎人類群體生活的秩序和規範。在漢語中，作爲複合詞的 "倫理" 較早的使用情況，例如《禮記·樂記》説："樂者，通倫理者也。" 鄭玄注："倫，猶類也；理，分也。"① 其字面意思是指類別，這裡的倫理一詞是指人倫秩序。倫字從人，其本義是輩、類，引申爲人與人之間的關係，如子路所説："欲潔其身，而亂大倫。"(《論語·微子》) 倫也有條理、秩序的意思，例如："悌乃知序，序乃倫。"(《逸周書》) 理字本是動詞，表示加工雕琢之意，名詞用法有條理、義理等含義，例如 "井井兮有其理也"(《荀子·儒效》)。需要指出的是，在古代的用法中，理有時指形而下的條理、道理而言，如上所舉；有時指形而上的本質、本體而論，例如程子説："理者，實也，本也。"② 倫理合用則僅限於形而下的觀念層級，指人與人之間的關係和秩序，它屬於古人所説的 "禮"。

社會生活方式對於社會倫理的安排具有決定作用，倫理領域也相應地

---

① 《禮記正義》，《十三經注疏》，第一五二八頁。
② (宋) 程顥、程頤：《二程集》，第一二五頁。

反映於社會生活諸領域。首先是政治倫理領域，社會政治權力結構所體現的其實正是社會共同體的政治生活秩序、政治生活規範。其次是家庭倫理領域，不同生活方式下的家庭生活形態及其側重領域有所不同，例如，當下的家庭生活形態是個體本位的核心家庭，所以當下的家庭倫理觀念與中古時代的"五倫""六紀"是截然不同的。再次，社會倫理的重心隨着社會主體的變化而變化。例如，當今時代的社會主體是個體，在政治倫理領域，個體的角色是公民，其倫理關係的重心就應當是"公民倫理"，而非中古時代的"君臣倫理""君民倫理"等等。就春秋時代而言，其政治倫理和家庭倫理基本還是一套的，宗族宗法的基本結構，正如晉國師服所說："天子建國，諸侯立家，卿置側室，大夫有貳宗，士有隸子弟，庶人、工、商，各有分親，皆有等衰。"（《左傳·桓公二年》）可謂"從天子以至於庶人"無不處於宗法關係網絡當中，它既是一種政治結構，也是一種家庭結構，是家國一體的社會結構，這決定了當時宗族宗法的倫理規範。而伴隨着宗族宗法生活方式的不斷解體，宗族宗法倫理也處在解體的進程當中，以下就"左氏易傳"文獻所直接反映的情況略述之。

其一，各諸侯國對"不去公族"這一宗法親親倫理的打破。例如，"左氏易傳"第一則，陳侯使周史筮公子陳完之生，遇觀之否，以觀卦六四爻辭"利用賓于王"解，預言"此其代陳有國乎？不在此，其在異國；非此其身，在其子孫"。這裡是指陳完的子孫必在他國代為有國，並指為東方姜姓國，亦即齊國。後來陳桓子主政於齊國，陳氏後人終代齊有國。異姓卿大夫的崛起與公族的衰落不無關係，按照宗法親親倫理，各諸侯國的公族往往占據本國政治權力的核心位置。正如樂豫所說："公族，公室之枝葉也，若去之則本根無所庇陰矣。葛藟猶能庇其本根，故君子以為比，況國君乎？此諺所謂庇焉而縱尋斧焉者也。必不可，君其圖之。親之以德，皆股肱也，誰敢攜貳？若之何去之？"（《左傳·文公七年》）樂豫將公室與公族比作樹根與枝葉的關係，沒有公族的庇蔭，則公室必將衰微。按照樂豫所說，諸侯應"不去公族"，這是宗族宗法的親親倫理精神。隨着公族不再占據政治權力的核心，則公室之危不日將至，田氏長期執政於齊國，其代齊有國並不奇怪。左氏在敘述這一段歷史時並沒有使用在其他地方所使用的"非禮"等字眼，可見其並不認爲"不去公族"這一宗法倫理是不可改變的。再例如，"左氏易傳"第二則，畢萬筮而辛繆解曰："遇公侯之卦。"這也是預言畢萬後世將爲諸侯有國。晉國異姓大夫崛起與公族衰落的情況是最爲明顯的，而且是與晉國對"不去公族"的宗法倫理之破壞有着直接的關係。"左氏易傳"的第五、六、八、九則都從側面反映了這一情況。"左氏易傳"第五則《晉獻公筮立驪姬爲夫人》記載晉獻公不聽卜人之言立驪姬爲夫人，驪姬陷害太子申生，後來申生被殺，而公子夷吾、重耳奔逃。第八則《重耳筮有晉國》、第九則《董因筮重耳濟河》反映了重耳在逃期間的事件。第六則《卜徒父筮秦伯伐晉》所言"不納羣公子"，公子尚不能容，何況其他公族成員，以至於後來到了晉國公族祇能由異姓大夫的嫡子充任的地步。由此可見，"不去公族"的宗法親親倫理精神在晉國幾於喪失殆盡。

其二，"陪臣執國命"的情況違背了宗族宗法倫理精神。孔子所言春秋末期"陪臣執國命"的情況在"左氏易傳"文獻中也有側面的反映。所謂"陪臣"，是指又隔了一層之臣，例如，各諸侯國大夫對於周天子而言是爲"陪臣"，卿大夫的家臣對於諸侯而言是爲"陪臣"。正如《禮記·曲禮下》所説："列國之大夫，入天子之國曰'某士'，自稱曰'陪臣某'。"鄭玄注："陪，重也。"孔穎達疏："其君已爲王臣，己今又爲己君之臣，故自稱對王曰重臣也。"[1]《論語·季氏》記載孔子所説的"陪臣"是指卿大夫的家臣而言。按照宗族宗法的倫理精神，諸侯對天子負責，大夫對諸侯負責，家臣對大夫負責，大夫並無直接對天子負責的義務，而家臣也無直接對諸侯負責的義務。[2] 例如，《國語·晉語八》記載辛俞從欒氏出奔，晉國執政大夫范宣子明令家臣不得隨從，辛俞被抓後説出一番讓晉

---

① 《禮記正義》，《十三經注疏》，第一二六七頁。

② 正如李新霖所描述的："家臣經策名委質，建立與卿大夫政治性之統屬關係。服從不貳，即成爲規範家臣之政治倫理。家臣之責任與義務，即爲家主之利益，服從、奉獻、甚而犧牲亦有死無悔。反觀家臣與諸侯，因無直接隸屬之君臣關係，其對邦國政治活動之參與，實依附於卿大夫，而非以獨立個人之形態出現。因此，家臣與諸侯不應有個別性之政治接觸，更無所謂效死不貳之倫理標準。"（李新霖：《從左傳論春秋時代之政治倫理》，文津出版社，一九九一，第二一九頁。）

平公都贊同的話：家臣事家主如同國君，寧爲家主死而不敢違背這一原則。① 足見在國君的命令和家主的利益面前，作爲家臣其首要的選擇立場是家主而非國君。

春秋時代開始出現了打破這一倫理精神的事件，"左氏易傳"中提到了魯國的南蒯和陽虎，這兩個人都是魯國季氏的家臣，却有"執國命"之僭妄。"左氏易傳"第二二則《惠伯論南蒯筮》提到南蒯筮叛，左氏用"叛"字表達了其批評態度。南蒯是季氏的費邑宰，季平子繼宗子位後並不禮遇他，南蒯便想反叛季氏以費邑歸魯國公室，而自己則可以從季氏的家臣變成魯公之臣。其時，魯國公室衰微，南蒯的這一行爲至少從表面上看是符合公室利益的，左氏却以爲這是南蒯背叛季氏的行爲，正如齊國大夫子韓晰所説："家臣而欲張公室，罪莫大焉。"（《左傳·昭公十四年》）南蒯筮遇"黄裳元吉"，以爲大吉，而惠伯却説"《易》，不可以占險"，以爲南蒯筮雖吉然必不祥。在這件事情上，左氏的態度基本上可以代表春秋時代主流的社會倫理傾向，即認爲南蒯背叛家主有違家臣之道義。然而，左氏在評論季氏掌握魯國政事時却表現出另一種態度，"左氏易傳"第二六則《史墨論季氏出其君》有云："社稷無常奉，君臣無常位"，"政在季氏，於此君也四公矣。民不知君，何以得國？"對於卿大夫掌握國政架空公室，左氏的態度却比較温和，並且記述了史墨之言，以爲季氏作出某種程度的合理性辯護，這也足以見出卿大夫在春秋時代普遍的政治作用。到了春秋末期，卿大夫的家臣也開始掌握宗族甚至國家的政治權力，例如孔子的弟子冉有便做過季氏的家臣，孔子因爲冉有没有阻止季氏伐顓臾而責備他，可見冉有在季氏宗族中的地位和作用之大，孔子本人甚至也説他的弟子仲弓："雍也可使南面。"（《論語·雍也》）"左氏易傳"第二七則《陽虎筮救鄭》提到的陽虎也是季氏的家臣，孔子説"陪臣執國政"就是指陽虎而言，儘管這樣，孔子本人還是接受陽虎的邀請而參政於魯國。陽虎

---

① 辛俞説："臣聞之曰：'三世事家，君之；再世以下，主之。'事君以死，事主以勤，君之明令也。自臣之祖，以無大援於晉國，世隸欒氏，於今三世矣，臣故不敢不君。今執政曰'不從君者爲大戮'，臣敢忘其死而叛其君，以煩司寇。"（《國語·晉語八》，第四五一至四五二頁）

以家臣之微而能執掌季氏乃至魯國國政，這顯然違反了家臣倫理，並在根本上違背了宗族宗法倫理。

其三，"左氏易傳"文獻所直接涉及的宗法倫理還包括立嗣規範、婚姻規範等，都存在被打破的情況。例如，嫡長子繼承制可謂是宗族宗法倫理的基石，儘管在有些諸侯國內並未徹底實施，但就整體而言，在周代是衆所公認的倫理規範，有時碰到没有嫡長子的情況則會有一些補充措施。①一般而言，春秋時期也是優先立嫡立長的，不過廢嫡立庶、廢長立幼之事也時有發生，例如《左傳・文公十八年》記載東門殺公子惡而立宣公。再例如，第一六則，襄公二十五年，崔武子筮娶齊棠姜，齊棠姜是東郭偃的姐姐、齊棠公的遺孀，東郭偃以"男女辨姓"爲理由勸阻崔武子。二者同出於姜姓，周代貴族是禁止族内通婚的，正如子產所説："男女辨姓，禮之大司也。"（《左傳・昭公元年》）但崔武子並不認爲同姓不婚的倫理規範是不可更改的，他又進行筮占遇困之大過，根據陳文子的解釋結果是不吉利的，崔武子則以一句"嫠也，何害？先夫當之矣"直接把筮占的吉凶斷定也撇開去。這不僅説明了"左氏易傳"易筮原則的人謀化，而且説明了當時對同姓不婚規範的打破時有發生。可見，春秋時期人們的觀念是非常複雜的，既有繼承西周禮制的一面，也有不斷解構西周禮制的一面，這恰恰説明春秋時期正處於生活方式的轉型中。

要而言之，一方面，春秋時代還是一個宗族宗法生活和宗族宗法倫理占據主導地位的社會；另一方面，宗族宗法倫理也在不斷解體，而左氏對於這一變遷的態度也很複雜，既有批評的語境，也有肯定的語境。

（二）"左氏易傳"的建構之維：家庭和政治倫理的分離與重構

左氏的倫理觀念重構展現在家庭和政治倫理的分離之中，從而建構了獨立的家庭倫理和政治倫理，這是對家庭和政治合一的宗法倫理的轉換和替代。

---

① 例如，《左傳・昭公二十六年》記載王子朝語："昔先王之命曰：王后無適，則擇立長；年鈞以德，德鈞以卜；王不立愛，公卿無私，古之制也。"襄公三十一年傳，穆叔語："大子死，有母弟則立之；無則長立，年鈞擇賢，義鈞則卜，古之道也。"

其一，家庭倫理的建構：左氏對"孝"觀念的重構。①

"左氏易傳"第四則《晉獻公論立太子之道》討論了爲人子的"孝"這一"父子之間"的家庭倫理。大夫里克説："爲人子者，懼不孝，不懼不得"；"敬賢於請"。左氏評論説："善處父子之間矣。"值得注意的兩點是：其一，這裡的"孝"是指"處父子之間"即家庭倫理領域；其二，孝包含了"敬"的意思。相比於殷商、西周時代，這兩點正是"左氏易傳"家庭倫理觀念的推進之處，孝的觀念從人對神祖考妣的祭祀這一宗法倫理行爲，轉化爲子代對父母的"養"（奉養），又進一步凸顯了"敬"之於"孝"的本質特徵，由此便趨近於孔子的"孝"觀念。

商代文字記載中開始出現"孝"字。在甲骨卜辭中"孝"字僅一見，用作地名，商代的金文中也僅一見，用作人名。② 關於商代有無孝觀念的問題，陳來先生認爲："商王朝祭祀祖先的制度和禮儀已相當發達，與之相適應的'孝'觀念當已出現。"③ 關於殷人的鬼神信仰和祭祀制度，《禮記·表記》説："殷人尊神，率民以事神，先鬼而後禮。"根據陳夢家先生的統計，甲骨卜辭所祭祀的對象可分爲三類④，正對應於《周禮·大宗伯》記載的三類對象：神、示、鬼。天神、地示、神祖考妣甚至同宗、舊臣等都是殷人祭祀的對象，因此，如果説殷人有其孝觀念，那麽，它恐怕也不是專指子代對父母的孝。直到西周時代，孝觀念仍然反映在對神祖考妣甚至大宗、宗老、兄弟、婚媾等的祭祀當中。⑤ 可見，其時"孝"不僅用於對神祖考妣的祭祀（享、追），還用於對兄弟（宗親）、婚媾（姻親）等人的祭祀語境中。

---

① 本小節"家庭倫理的建構：左氏對'孝'觀念的重構"中的部分内容已作爲單篇文章發表，參見楊虎《〈左傳〉的"孝"觀念：從祭祀義向"養""敬"義的轉換》，《中國社會科學報》二〇一八年二月十三日第二版。

② 參見李裕民《殷周金文中的"孝"和孔丘"孝道"的反動本質》，《考古學報》一九七四年第二期。

③ 陳來：《古代宗教與倫理》，生活·讀書·新知三聯書店，一九九六，第三〇〇至三〇一頁。

④ 陳夢家：《殷墟卜辭綜述》，中華書局，一九八八，第五六二頁。

⑤ 例如："用追孝于己伯，用享大宗"（盧鐘。羅福頤：《三代吉金文存》卷一，問學社，一九八三，第四頁）；"用享孝于兄弟、婚媾、諸老。"（及季良父壺。《三代吉金文存》卷十二，第十頁）參見李裕民《殷周金文中的"孝"和孔丘"孝道"的反動本質》，《考古學報》一九七四年第二期。

當然，西周時代的孝觀念也包含了對父母的奉養之義，[1] 但更多的還是對"死去父母祖先的'孝'"[2]。"孝"往往與"享""追"連用的情況也説明了這一點，享的本義就是祭祀中的致獻，《詩經·小雅·天保》"是用孝享"毛傳："享，獻也。""追孝"也是祭祀之義。雖然西周時代的孝觀念增加了奉養父母之義，但主要還是指對神祖考妣以及同宗姻親之先人的祭祀。顯然，這種"孝"觀念與其宗族宗法制度不無關係，周人通過對神祖考妣及同宗先人的祭祀，重申現世的人在宗法體制中的權利和義務[3]，金文中"用享大宗""用享孝于宗"[4] 等説法都體現了這一點。《國語·周語上》記載了周宣王時期關於"孝"的一次對話：

> 宣王欲得國子之能導訓諸侯者，樊穆仲曰："魯侯孝。"王曰："何以知之?"對曰："肅恭明神而敬事耇老；賦事行刑，必問於遺訓而咨於故實，不干所問，不犯所咨。"王曰："然則能訓治其民矣。"乃命魯孝公於夷宮。

魯侯之所以能稱得上"孝"，樊穆仲給出的理由是敬重神明和年高有德之人以及對政事的處理，並未涉及對父母的孝，而更多的是一種政治倫理指向，這就意味着孝觀念尚未作爲獨立的家庭倫理的樣貌出現。而到了春秋時期，"孝"便具有獨立的家庭倫理之意味了，孝主要的涵義是指子代對父母的奉養。在《左傳》中，"孝"字除了用作人名三次、用於諸侯及大夫謚號二十一次，其他二十多次大多表示子代對父母的孝。例如，鄭莊公因其弟共叔段之事與其母鬧僵，並發下"不及黄泉，無相見也"的絶

---

① 例如，《尚書》説："肇牽車牛，遠服賈，用孝養厥父母。"（《酒誥》）"元惡大憝，矧惟不孝不友。子弗祗服厥父事，大傷厥考心。"（《康誥》）

② 駱揚：《原"孝"——從"孝"看西周的時代背景》，《中國社會科學院研究生院學報》二〇一〇年第一期。

③ 李裕民説："周天子是永久不變的大宗，同姓諸侯對周天子來説是小宗，但對於本國的卿、大夫來説，又是大宗，同樣，卿、大夫對於士來説也是大宗，每一個奴隸主都要孝於大宗、宗室，那麼這同一血統的宗族都可以團結在大宗周圍了。"拋開其中的社會歷史形態爭議，這一評論是精到的。參見李裕民《殷周金文中的"孝"和孔丘"孝道"的反動本質》，《考古學報》一九七四年第二期。

④ 《三代吉金文存釋文》卷一，第九頁。

誓，雖母子相思，奈何誓言難違，潁考叔知道莊公的心思，於是不食莊公所賜之肉，説要帶回家給母親吃，因此感動了莊公，最終潁考叔爲莊公出主意使得母子能够在"黄泉"之中相見。左氏評論道："潁考叔，純孝也，愛其母，施及莊公。"（《左傳·隱公元年》）這裡的"孝"就是指子代對父母的孝，《左傳》對"孝"的描述，再如：

> 君義，臣行，父慈，子孝，兄愛，弟敬，所謂六順也。（隱公三年）
>
> 見有禮於其君者，事之如孝子之養父母也。（文公十八年）
>
> 君令臣共，父慈子孝，兄愛弟敬，夫和妻柔，姑慈婦聽，禮也。
>
> （昭公二十六年）

《説文》對"孝"的解釋是："孝，善事父母者。"並非孝的本義。直到春秋時代，"孝"的涵義纔普遍指向子代對父母的孝，孝的涵義從宗族宗法觀念系統下的祭祀神祖考妣、同宗姻親之先人轉化爲子代對父母的孝養，反映了宗族宗法觀念的不斷解體，因此纔形成了孝作爲獨立的家庭倫理觀念。《左傳》當中的"孝"不僅有"養"的涵義，還有"敬"的涵義，這也反映於其"孝"與"敬"的連用當中①，前文所引晉大夫里克所説的"敬"也屬於孝的涵義，所以左氏評論爲"善處父子之間"。

在左氏看來，子代孝於父母，不僅要養，而且要敬，這是左氏的又一觀念推進，從而趨近於孔子儒學的孝觀念。《論語》當中出現"孝"字凡十九次，除了"致孝乎鬼神"（《泰伯》），都表示子代對父母的孝。孔子對孝的具體描述有繼承父之志業："三年無改於父之道，可謂孝矣"（《論語·學而》《論語·里仁》），"不改父之臣，與父之政"（《論語·子張》）；還有生事死祭："生事之以禮；死葬之以禮，祭之以禮。"（《論語·爲政》）等等。這些都是對孝的肯定式描述。相較之下，孔子對孝的否定式闡發更加深刻：

> 子游問孝。子曰："今之孝者，是謂能養。至於犬馬，皆能有養；

---

① 例如，《左傳》説："爲人子者，患不孝，不患無所。敬共父命，何常之有？若能孝敬，富倍季氏可也。"（襄公二十三年）"孝敬忠信爲吉德。"（文公十八年）

不敬，何以别乎？"(《論語·爲政》)

　　子夏問孝。子曰："色難。有事弟子服其勞，有酒食先生饌，曾是以爲孝乎？"(《論語·爲政》)

　　關於這兩段話，字裡行間的爭議暫且放下，孔子想要表達的是，孝的本質不是養而是敬，正如邢昺所説："'子曰：今之孝者，是謂能養'者，此下孔子爲子游説須敬之事。今之人所謂孝者，是唯謂能以飲食供養者也。言皆無敬心。'至於犬馬，皆能有養。不敬，何以别乎'者，此爲不敬之人作譬也。"① 至於"色難"之説，無論它是指讓父母的顔色和悦難，還是指子代服侍父母時的顔色和悦而言，都體現了情動乎中而色形於外。如果説是前者，則體現出父母對於子代的孝之内心的喜悦，這種情感的涌動是相應的，説明子代的孝在父母那裡得到了回應；如果是後者，則説明子代對父母盡孝的行爲是真誠的情感之流動。孔子所説的"敬"是一種深沉但不無真切的情感、情緒體驗，其实就是子代對父母的一種敬畏感。②

　　要而言之，與西周時代宗族宗法系統下常用於祭祀語境中的孝觀念相比，春秋時代的孝觀念普遍轉化爲子代對父母的奉養和敬畏之義，從而建構了與政治相分離的獨立的家庭倫理觀念。

　　其二，政治倫理的建構：左氏的"德""忠"觀念。

　　"左氏易傳"第七則《晉獻公使史蘇筮嫁伯姬》、第一一則《伯廖評鄭公子曼滿》、第一五則《穆姜筮出東宫》、第一七則《告子展評楚子將死》、第一九則《晉韓宣子聘魯觀〈易象〉》、第二二則《惠伯論南蒯筮》都有關於"德"的論述。可以看出，這一時期"德"觀念主要關乎政治倫理，同時，也開始向人自身内在品格轉化。

　　關於"德"觀念的形成，晁福林先生説："'德'的觀念在商代確實

---

① 《論語注疏》，《十三經注疏》，第二四六二頁。
② 當然，在《論語》中"敬"也用在很多事情上，例如："有君子之道四焉：其行己也恭，其事上也敬，其養民也惠，其使民也義。"(《公冶長》)"務民之義，敬鬼神而遠之，可謂知矣。"(《雍也》)等等。這些無疑都凸顯了真切的情感、情緒體驗之義。

已經出現。"① 關於周初的 "德" 觀念，徐復觀先生認爲：

> 周初文獻的 "德" 字，都指的是具體的行爲；若字形從直從心爲
> 可靠，則其原義亦僅能是直心而行的負責任的行爲。作爲負責任行爲
> 的悳，開始並不帶有好或壞的意思，所以有的是 "吉德"，有的是
> "凶德"；而周初文獻中，祇有在 "悳" 字上加一個 "敬" 字或 "明"
> 字時，纔表示是好的意思。後來乃演進爲好的行爲。因好的行爲多是
> 與人以好處，乃引申爲恩惠之德。好的行爲係出於人之心，於是外在
> 的行爲，進而内在化爲人的心的作用，遂由 "德行" 之德，發展成爲
> "德性" 之德。②

徐復觀先生描述了 "德" 觀念從行爲内化爲德性的過程。德的行爲義
在《尚書》中多見，例如："無若殷王受之迷亂，酗于酒德哉。" 孔安國
傳："以酒爲凶謂之酗。言紂心迷政亂，以酗酒爲德，戒嗣王無如之。"③
此説或可商榷，這裡應當是説商紂王酗酒的行爲。這種用法在《尚書》和
《詩經》中常出現，例如：

> 爾尚不忌於凶德。(《尚書·周書·多方》)
> 桀德惟乃弗作往任，是惟暴德，罔後。(《尚書·周書·立政》)
> 天降滔德，女興是力。(《詩經·大雅·蕩》)

這裡的 "凶德""暴德""滔德" 都是在表示行爲的德之前加一形容
詞，表示 "什麽樣的行爲"，"德" 本身並不包含特定的價值色彩。這裡
的行爲義應是較早的 "德" 觀念，其實這種用法在春秋時代也有延續，
例如《左傳》當中出現的 "嘉德""凶德" 等。當然了，在周初的
"德" 觀念中，也存在倫理價值色彩的用法，張光直先生的一段論述值
得注意："將 '德' 這一觀念作爲這兩個不同的世界之間的橋梁，乃

---

① 晁福林：《先秦時期 "德" 觀念的起源及其發展》，《中國社會科學》二〇〇五年第四期。
② 徐復觀：《中國人性論史·先秦篇》，九州出版社，二〇一三，第二三頁。
③ 《尚書正義》，《十三經注疏》，第二二二頁。

是西周時代的新發展。"① 這個說法是以周初的天命觀爲背景的考察，這種意義上的"德"往往屬於政治倫理的言說，例如：

天亦哀于四方民，其眷命用懋，王其疾敬德。(《尚書·周書·召誥》)

先王既勤用明德，懷爲夾，庶邦享作，兄弟方來，亦既用明德。(《尚書·周書·梓材》)

帝謂文王，予懷明德。(《詩經·大雅·皇矣》)

這裡的德，是指政德而言，正如學者所説"早期的'德'屬於政治概念"②，周初的"敬德保民""以德配天"等都屬於政治倫理的觀念。春秋時代也繼承了西周的政德觀念，並且把德與宗法封建制度聯繫在一起，例如，《左傳·隱公八年》有云："天子建德，因生以賜姓，胙之土而命之氏。諸侯以字爲謚，因以爲族。官有世功，則有官族，邑亦如之。"凡是與政治有關的事宜，封邦建國、政治才能、征伐會盟等都強調"德"之重要性。③

"左氏易傳"所見的幾篇涉及"德"的論述中，也繼承了政德的觀念。例如，第一九則，晉國大夫韓宣子在魯國稱頌"周禮盡在魯矣！吾乃今知周公之德與周之所以王"，可見在韓宣子的觀念中，王天下非禮與德不能爲之，這裡的德與禮都是表示政治倫理的觀念。再如，第一一則，鄭公子曼滿對伯廖説想做卿，伯廖給別人説曼滿這個人"無德而貪"，沒有相應的德行而貪其位，必沒有好結果。相似的説法也出現在《左傳》的其他地方，例如，虢國的舟之僑説："無德而禄，殃也。殃將至矣。"(閔公二年)這是説，沒有相應的德行(貢獻、能力等)而享有福禄，必不祥。

在春秋時代，"德"觀念的涵義非常豐富，可以指一個人的能力、行

---

① 張光直：《中國青銅時代》，第三〇九頁。
② 李德龍：《先秦時期"德"觀念源流考》，博士學位論文，吉林大學，二〇一三，第三三頁。
③ 例如，齊桓公率領諸侯軍隊進攻蔡國，進而攻打楚國，楚國所派的使臣屈完説齊桓公曰："君若以德綏諸侯，誰敢不服？君若以力，楚國方城以爲城，漢水以爲池，雖衆，無所用之。"(《左傳·僖公四年》)再如，晉郤缺言於趙宣子曰："非威非懷，何以示德？無德，何以主盟？"(《左傳·文公七年》)

爲等，也可以指内在的品格、德性，儘管在春秋時代"德"仍然主要是指政德而言，但也不能説完全不包含人的内在品格之義，例如，《左傳·僖公二十四年》所記載的"心不則德義之經爲頑"的言論，就有把德内化爲人的品格、德性的觀念傾向，這與春秋時期人文理性的發展是相應的。《左傳·僖公五年》記載晉國想要借道虞國攻打虢國，宫之奇勸阻虞公不可答應晉國，虞公説："吾享祀豐潔，神必據我。"宫之奇説："臣聞之，鬼神非人實親，惟德是依。……如是，則非德，民不和，神不享矣。神所馮依，將在德矣。"虞公終不聽而致滅國，左氏以此説明德優先於對鬼神的享祀，這反映了春秋時代的宗教觀念與"德"所體現的人文理性的消長情況。

就其政治倫理建構而言，值得注意的還有左氏的"忠"觀念。《尚書》和《詩經》當中並没有出現"忠"字。當然，觀念的出現未必晚於文字的出現，但我們這裡想要指出，在《左傳》當中，"忠"字出現達數十次，這説明，"忠"的觀念在春秋時代成爲一種普遍的政治倫理。這種情況是非常合理的，這裡存在這樣一種邏輯：在西周宗法封建體制下，政治倫理與家庭倫理是合一的，因而並無突出"忠"的政治倫理的必要，而到了左氏所處的春秋時代，宗法倫理開始了逐漸解體的過程，家庭和政治逐漸分離，因此不僅需要建構相對獨立的家庭倫理，而且也需要建構維繫國家政治運作的倫理規範，左氏的"忠"觀念便是這種政治倫理的重構。我們從《左傳》《國語》對"忠"的描述中不難發現這一點：

> 以私害公，非忠也。(《左傳·文公六年》)
>
> 公家之利，知無不爲，忠也。(《左傳·僖公九年》)
>
> 可以利公室，力有所能，無不爲，忠也。(《國語·晉語二》)

可見，在春秋時代，"忠"所表示的是一種普遍的政治倫理觀念，它所指向的是國家、公室、職責本身等。尤其是，它强調"公家之利""利公室""社稷之固"、不能"以私害公"，這裡的公私可以表示大宗與小宗、公室與卿大夫；相對而言，大宗爲公、小宗爲私，公室爲公、卿大夫爲私，這是一種維護宗族宗法的觀念。春秋時代之所以突出這種"忠"觀念，與宗法倫理不斷解體的情況不無關係，在這一進程中，"忠"的觀念也隨之而轉化，即不再指向宗族宗法，而轉變爲對民的忠，即對民負責而非對宗族負責，例如，《左傳·襄公十四年》所説"忠，民之望也"便是這種趨向的表達。而到了帝制中國時期，忠則轉化爲臣民對專制君主的責任和義務，所以"移孝作忠"的觀念纔會出現，因爲在宗族宗法時代家國一體的社會結構當中，本無"忠""孝"之區分，而帝制中國時期的社會主體是家族，各個家族之間、臣民與皇族之間並無血緣宗親關係，因此"忠""孝"便會産生衝突，君主專制體制的維護需要調和二者，故而出現了"移孝作忠"的觀念。

要而言之，"左氏易傳"中所見之"忠""孝"等倫理觀念，體現了家庭與政治結構的逐漸分離，在此分離中過程中相對獨立的家庭和政治倫理得以建立。

（三）"左氏易傳"倫理觀念的正義思想基礎

以上論及的"左氏易傳"的廣義倫理學建構，是有其正義思想基礎的。黃玉順先生對古典正義思想的闡發於我們來説是極具啓發意義的，其基本理論結構是：仁→義→禮。"→"表示觀念的奠基，社會規範的建立是以正義原則爲根據的，而正義原則又源於仁愛情感。黃先生認爲，正義觀念應該包含兩個層面："制度正義"和"行爲正義"。[1] "行爲正義"是説它符合某種現行的規範體系，"制度正義"是説這種規範本身符合正義原則，正義原則就是判定規範體系是否正義，建構怎樣的規範體系纔是正義的。因此，正義論的主題不是"行爲正義"而是"制度正義"問題，通過對"義"的詮釋，黃先生提出了兩條正義原則——正當性原則（公正性準則、公平性準則）與適宜性原則（時宜性準則、地宜性準則）。[2] 倫理規範的建構及其是否正義的判定，是以正當性和適宜性爲原則的，這就是

---

[1] 黃玉順：《中國正義論的重建——儒家制度倫理學的當代闡釋》，安徽人民出版社，二〇一三，第二四至二五頁。

[2] 黃玉順：《中國正義論的形成——周孔孟荀的制度倫理學傳統》，東方出版社，二〇一五，第二六頁。

"義"的觀念。"義"不僅包含有"適宜",所謂"義者,宜也",也包含有"正當"之義。以《左傳》文本爲例,"義"字在大多數語境中都是表示正當之義,例如:"多行不義,必自斃。"(《左傳·隱公元年》)這裡的語境是鄭莊公説其弟共叔斷的行爲不正當,鄭莊公母偏愛共叔斷,爲共叔斷求得京邑,在春秋時代的早期,以衆子而封君的身份却有奪國之圖,這種事情依然被認爲是不正當的。再例如:

> 狐偃言於晉侯曰:"求諸侯,莫如勤王。諸侯信之,且大義也。繼文之業而信宣於諸侯,今爲可矣。"(《左傳·僖公二十五年》)

晉文公起兵救援周襄王,狐偃説這是大義所在,即這種行爲是正當的,因而能够得到諸侯的信服。再例如:

> 吾子奉義而行者也。若我可,不必亡一大夫。若我不可,不必亡一公子。義則進,否則退,敢不唯子是從?廢興無以亂,則所願也。(《左傳·哀公六年》)

這裡是説,合乎道義、正當性的行爲就做,不正當、不正義的就不爲,這裡的義也表示正當性。應當指出,就其字面來看,《左傳》當中的"義"觀念更爲突出正當性的内涵,其實左氏的倫理學建構也有其適宜性的特點。前面所論述的左氏倫理觀念的基本走向就體現了適宜性原則,在《左傳》當中常出現"非禮"的判語,但在有些情況下左氏並未下此判語,有時是以中立的態度,有時是以肯定的態度來描述事件。例如,"左氏易傳"第二六則《史墨論季氏出其君》,有些學者認爲左氏偏袒季氏,例如,朱子説:"左氏之病是以成敗論是非,而不本於義理之正。"① 朱子之説過於極端。諸侯争霸、大夫執國在有些情況下並不違背正義原則,因爲正義原則也包括適宜性,作爲中國社會第一次大轉型開端的春秋時代,傳統的宗族宗法倫理已經越來越不適應社會生活方式的轉型,這是一個大的趨勢。

---

① (宋)黎靖德編《朱子語類》第六册,王星賢點校,第二一四九頁。

"義"觀念所包含的正當性和適宜性，就爲作爲倫理規範的"禮""德"等觀念提供了原則性的價值導向；反過來説，"義"也通過"禮"和"德"來實現。例如：

> 禮以行義。(《左傳·僖公二十八年》)
> 義而行之，謂之德、禮。(《左傳·文公七年》)
> 禮以行義，義以生利。《左傳·成公二年》

以上所引的這些言論都反映了義和禮、德的關係，禮和德是用來"行義"亦即施行道義的條目，按照道義而行事就是德、禮。如果説，禮和德是具體的倫理規範，那麼，義就是這些倫理規範所據以建立的正義原則，猶如孔子所説："義以爲質，禮以行之。"(《論語·衛靈公》)通過禮、德而體現的道義、正義，其目的則是對利益的疏導和調節，所謂"義以生利"，在社會共同體的生活中，利益的衝突是不可避免的，就需要按照道義、正義的原則設立倫理規範來調節和疏導，在這個意義上説，"左氏易傳"所載穆姜以義釋利是非常深刻的。

附録　易學哲學現代形態的開展[*]

　　研究 "左氏易傳" 不僅是爲了釐清其學術問題，還是爲了思考當下的哲學問題。"左氏易傳" 的哲學思想其重大意義之一，便是對於當下哲學建構的觀念映射和啓示，其時正處於中國社會及其觀念系統的第一次大轉型階段，而當下處於中國社會及其觀念系統的第二次大轉型階段，易學哲學的當代開展應當體現出這一點來。正如郭萍所説："《周易》對於儒家哲學建構的意義，可稱之爲 '兩度映射'：一是《周易》文本的形成與儒家哲學在中國社會第一次大轉型時期（先秦）即軸心時期的原初建構之間，具有歷史的同步性和邏輯的同構性。……二是上述建構過程與儒家哲學在中國社會第二次大轉型時期（當代）即所謂 '新軸心期' 的重建之間，也存在着邏輯的同構關係與歷史的再現關係。"[①] 同樣，"左氏易傳" 對於當下的易學哲學建構具有先行的啓示意義。

　　哲學觀念的轉型對應於社會生活方式的轉型，現代社會轉型的本質是社會主體的個體性轉向，因此，當下的易學哲學建構應當着眼於社會主體的個體性轉向在哲學觀念中的相應體現。第一次社會大轉型之後的易學哲學史表明，易學哲學觀念的衍變是與社會轉型相因應的。如前所論，從《周易》古經經過 "左氏易傳"，到了《周易》大傳階段，其基本的形而下學和形而上學觀念得以確立。易道 "範圍天地" "曲成萬物"，一切形而下學皆由此而立，無論 "天文" 還是 "人文"，一切事物

---

* 本節的部分内容已作爲單篇論文發表，發表版本的個別表述與本書有所差異，參見楊虎《論易學哲學的現代轉型》，《中州學刊》二〇一七年第八期。

① 郭萍：《〈周易〉對於儒家哲學當代重建的啓示——關於 "重寫儒學史" 與 "儒學現代化版本" 問題的思考》，《社會科學研究》二〇一五年第三期。

的運行機制莫非"一陰一陽"，所以《周易·繫辭上傳》説"一陰一陽之謂道"，由陰陽運轉而萬事萬物之理可見。一切形而下存在者都在陰陽運轉中有所立，相應地，君臣、父子、夫婦的倫理安排奠基於易道形而上學。如前所論，這些不同於宗族倫理而是家族本位的，這與第一次社會大轉型社會主體從宗族轉變爲家族是對應的。家族本位的倫理、價值傾向到了宋代更加突出，例如，朱子説："人之大倫，夫婦居一，三綱之首，理不可廢。"① 這在哲學觀念中的體現就是，宋明理學把家族倫理視爲天理之當然，旨在用一套形而上學爲形而下倫理奠定基礎："仁義禮智，豈不是天理？君臣、父子、兄弟、夫婦、朋友，豈不是天理？"② 四德和五倫被視爲不可變易的天理所固有。在當時家族生活方式下，宋儒的這些言論有其合理性，其形而上學觀念是相應於形而下倫理觀念的。這種思路也體現在宋儒的易學哲學中，例如，周敦頤在《通書》（又稱《易通》）中以"誠"統攝易之體用："誠，五常之本，百行之源也。五常，仁、義、禮、智、信，五行之性也。百行，孝、弟、忠、信之屬，萬物之象也。"③ 誠之體用即易道陰陽，萬事萬物各因所繼之性而正其性命，故五常、百行皆有其性之所由，所以誠體、易道乃是"五常之本，百行之源"。再如，張載在解釋"形而上者謂之道，形而下者謂之器"時説："無形迹者即道也，如大德敦化是也；有形迹者即器也，見於事實即禮義是也。"④ 小程子《周易程氏傳·履》謂："履，禮也。禮，人之所履也。爲卦，天上澤下。天而在上，澤而處下，上下之分，尊卑之義，理之當也，禮之本也，常履之道也，故爲履。"⑤ 以上諸例表明，宋明理學的易學哲學體現了"形而上者"爲"形而下者"奠基、形而上學爲形而下學奠基的思路。

中國社會的現代轉型已經在哲學觀念中有所體現。就社會主體的個體

---

① （宋）朱熹：《朱子全書》第二五册，第四六一八頁。
② （宋）朱熹：《朱子全書》第二三册，第二八三七頁。
③ （宋）周敦頤：《通書》，《周敦頤集》，中華書局，一九九〇，第一五頁。
④ （宋）張載：《横渠易説》，《張載集》，中華書局，一九七八，第二〇七頁。
⑤ （宋）程顥、程頤：《二程集》，第七四九頁。

性轉向而言，其觀念上的準備可以追溯至陽明心學及其後學。陽明思想是具有"個體性視域"的①，從而開出了其後學王艮的"身是本，天下國家是末"②之説。這些極具個體精神的觀念也反映在其易學哲學中。陽明心學以良知統攝易學："良知即是易，其爲道也屢遷，變動不居，周流六虛，上下無常，剛柔相易，不可爲典要，惟變所適。"③作爲"寂然不動之本體"的良知，必須有個體的自證，纔可稱爲良知之自知，所以王陽明回答蕭惠所問"己私難克，奈何"時"棒喝"道："將汝己私來，替汝克。"④王陽明的"良知即易"思想爲王龍溪進一步發揮："自陽明先師倡明良知之旨，而易道始明。不學不慮，天然靈竅，其究也，範圍天地，發育萬物，其機不出於一念之微。良知之主宰即所謂神，良知之流行即所謂氣，盡此謂之盡性，立此謂之立命。"⑤王龍溪以心學立場和王陽明的良知論統攝易道，論其體則良知即天，論其用則良知即神，然其"幾"歸於"一念"，而"一念"又是個體性的事情。王陽明及其後學的個體精神對於社會主體的個體性轉向以及現代性哲學的建構起到了觀念準備作用。

　　現代新儒學的易學哲學觀念無疑體現了現代個體性精神，這裡以熊十力哲學爲例加以説明。熊十力先生以心學立場融攝易學，釋乾元爲本心本體⑥，又稱本心本體爲"真的自己"，這是其現代性精神在形而上學觀念中的體現。本心本體由性智自證："性智者，是真的自己底覺悟。"⑦此不依賴於相待分別，因而是自足而自主的絕對主體性，相對主體性則是通過"量智"所體現，因爲量智"追逐境物，極虛妄分別之能事"⑧；我們應當

---

①　楊虎：《陽明心物説的存在論闡釋》，碩士學位論文，山東大學，二〇一四，第一二頁。

②　（明）王艮：《王心齋全集》，第三四頁。

③　（明）王守仁著，吳光等編校《王陽明全集》（新編本），浙江古籍出版社，二〇一一，第一三七頁。

④　（明）王守仁著，吳光等編校《王陽明全集》（新編本），第三八頁。

⑤　（明）王畿：《易測授叔學》，轉引自朱伯崑《易學哲學史》第三卷，第二三〇頁。

⑥　熊十力先生説："《易》曰：'乾知大始。'乾謂本心，亦即本體。知者，明覺義，非知識之知。乾以其知，而爲萬物所資始，孰謂物以惑始耶？萬物同資始於乾元而各正性命，以其本無惑性故。證真之言莫如《易》，斯其至矣。是故此心謂本心。即是吾人的真性，亦即是一切物的本體。"〔《新唯識論》（語體文本），《熊十力全集》第三卷，第一九頁。〕

⑦　熊十力：《新唯識論》（語體文本），《熊十力全集》第三卷，第一五頁。

⑧　熊十力：《新唯識論》（語體文本），《熊十力全集》第三卷，第一六頁。

撇開其中的價值意味，而如此理解：相對主體性挺立，故能分別知見形而下存在者。因此，性智和量智的關聯結構反映了熊十力哲學對於形而下學和形而上學的處理模式。性智發現本體自身，量智分別知見，由性智自證"形而上者"，量智分別"形而下者"。性智是量智的根據，量智是性智的"發用""假用"，從而，關乎性智所通達的"形而上者"的形而上學，爲關乎量智所分別的"形而下者"的形而下學奠定基礎。現代新儒學最關心的形而下學問題是"民主和科學"問題，亦即倫理（政治哲學）和知識問題。所謂科學問題，意在建構知識的現代形態，關乎現代人類主體性"能够知道什麼"；民主問題訴求的是個體本位的政治倫理秩序，關乎現代人類主體性"應當做什麼"。相應於熊先生提出的性智"假用"爲量智的思想進路，牟宗三先生提出了"良知坎陷"的處理方案，這與其易學哲學不無關係。牟先生指出，乾元乃是創造性實體，"儒家由天命不已、天地之道的道體所表示的創造，就叫做創造性自己、創造性本身（creativity itself)"①；又説：易學是"屬於道德形而上學的義理"②。順着這個致思方向，牟先生接續了陽明心學的立場，以良知明覺統攝易學，建構道德形而上學化的易學哲學，並從《周易》中提取"坎陷"的觀念以説明建構現代形態的倫理和知識的問題，最終融會中、西，兼通儒、釋，建構了龐大的"兩層存有論"體系。

綜上所論，易學哲學觀念的演變相應於社會生活方式的變遷。如果説，"左氏易傳"的哲學思想相應於第一次社會大轉型，那麽，當下的易學哲學建構無疑也是植根於現代生活方式。這就需要植根於生活領悟、存在領悟，對"主體性何以可能"進行存在論描述，在此基礎上重建關乎現代人類"主體性是什麼"的易學形而上學、形而下學，這兩個向度可以稱爲"返源"與"立相"。③返源意謂着追溯先行於一切主體性、一切存在者的本源存在領悟；立相意謂着挺立主體性存在者，相有二義——形而下

---

① 牟宗三：《中國哲學十九講》，臺北聯經出版公司，二〇〇三，第一一四至一一五頁。
② 牟宗三：《周易哲學講演録》，第三五頁。
③ 楊虎：《從無生性原在到有死性此在——重讀海德格爾的"存在論區分"》，《河北學刊》二〇一五年第四期。

的"別相"和形而上的"總相"①，由此，立相包含了挺立絕對主體性和相對主體性。

1. 返源

着眼於本源生活領悟、存在領悟，作出存在論返源，建構描述一切主體性所由以挺立的本源存在及其發生機制的易學存在論。

通過"左氏易傳"所反映的對宗族宗法倫理的打破，以及《周易》大傳對家族倫理的形而上學奠基，可以看出，當形而下的倫理安排發生變化，那麼相應的形而上的觀念系統也會發生變化。縱觀人類思想史，形而上的觀念並不是"天不變道亦不變"的，這進一步意味着，形而上學觀念並不是最基礎的，無論是形而下的倫理安排，抑或形而上的觀念系統都奠基於生活領悟、存在領悟。由此，我們不僅要追問形而上根據，還要進一步追問其思想本源。如果説追問形而上基礎的核心在於對本體論的追思，那麼追問思想本源就在於對本源論的追思，這自然就引出了一種觀念區分，亦即本源論和本體論的區分。無論是形而下存在者還是形而上存在者都奠基於存在本身，亦即原初存在領悟。因此，無論是我們的形而下觀念還是形而上觀念都源於原初存在領悟，在這個意義上説原初存在領悟纔是本源觀念，這是我們對本源論和本體論進行區分的基本語境。這在中西哲學視域中都有所體現，例如，在海德格爾看來，存在論本身首先包含着這樣一種區分："我們必須能够搞清楚存在與存在者之間的區別。……它是一種首先構成了存在論的東西。我們稱之爲存在論差異，亦即存在與存在者之間的區分。"② 由此，海德格爾批判傳統形而上學誤置了存在觀念，把存在觀念存在者化了。這裡所強調的就是存在與存在者的區分，存在領悟不能被視爲存在者的規定性，存在領悟超出了存在者的規定性。然而，海德格爾本人却把存在把握爲此在的生存，這仍然是"對基礎存在論的誤置"③，

① 楊虎：《哲學的新生——新基礎主義道路：傳統基礎主義與反基礎主義之"後"》，《江漢論壇》二〇一六年第十期。
② 〔德〕海德格爾：《現象學之基本問題》，丁耘譯，上海譯文出版社，二〇〇八，第一九頁。
③ 楊虎：《從無生性原在到有死性此在——重讀海德格爾的"存在論區分"》，《河北學刊》二〇一五年第四期。

因爲此在的生存仍然是某種存在者的規定性。儘管如此，海德格爾對存在領會與存在者的區分，以及"基礎存在論"與"一般存在論"的區分可以引出關乎存在領會的存在論和關乎存在者的本體論之區分。

儘管存在論、本體論、是論，這些語詞在中西對譯的語境中很複雜，相互纏繞，但是在漢語觀念中却有比較清楚的區分。例如，生活儒學便對此作出了區分，生活儒學的基礎觀念是"生活－存在"，無論是"生活"還是"存在"都不是海德格爾意義上的"Sein"，海德格爾式的"存在"乃是借由"此在"（Dasein）這種具有"生存論性質"的存在者的"生存"而開顯的，而生活儒學説的"生活－存在"乃是不以任何存在者爲先行的本源情境及其情感顯現。這是生活儒學和現象學的根本分野，取決於二者根本道路的不同，生活儒學的根本道路是生活領悟，而海德格爾生存論的根本道路是形式顯示。① 生活儒學通過對漢語觀念的"生""活""存""在"進行疏解來闡明這一點。首先，"生活"説的是本源情境及其本源結構。在本源的生活情境中，主體性尚未生成，没有人和物之"分別相"，在這個意義上説，生活是"無"："無人""無物"。其次，"存在"説的是生活本身的情感顯現——情感即存在。通過對"存""在"觀念的考察，生活儒學得出結論："存就是在，就是存在；同時也就是生活情感，就是愛的情感。這就是中國人的'存在'觀念：如果説，存在即生活，那麽，生活就是生活情感、首先是愛的情感。而我們知道，這正是儒家的觀念：生活之爲存在，首先顯現爲愛的情感。這種愛的情感，儒家謂之'仁'、'仁愛'。"② 在生活儒學的視域中，生活的層級性顯現包含生活本身、形而上存在者、形而下存在者，自觀念的奠基向度言之，則可以表達爲：生活本身→形而上存在者→形而下存在者。基於這種思想視域，本源觀念並不是指形而上存在者觀念，更進一步可以對本源觀念與本體觀念作

① 關於這一問題，參見楊虎《論"生活領悟"與"形式顯示"之道路——生活儒學與海德格爾生存論的根本差異》，胡矯鍵、張小星主編《生活儒學：研究·評論·拓展——第三屆生活儒學全國學術研究研討會論文集》，四川人民出版社，二〇二〇。
② 黄玉順：《愛與思——生活儒學的觀念》（增補本），四川人民出版社，二〇一七，第四九頁。

出明確區分。① 如果説，本體觀念意謂着某種形而上存在者，那麼，本源觀念則是先行於一切存在者的存在領悟，既是一切形而下存在者之源，也是形而上存在者之源。

"左氏易傳" 所處春秋時代的生活方式就是生活－存在的顯現樣式，生活方式的變遷與生活籌劃是不可分割的，《周易·繫辭下傳》謂："作《易》者，其有憂患乎？" 憂患不是無謂的苦惱，而是蕴含着生活籌劃的生活領悟。例如，履卦象徵人行走在大地上，行走在生活的道路上，籌劃着未來的可能性，履卦上九引用古歌謠 "視履考祥"②，即審視自己仔細考察，這就是生活的籌劃。誠如黄玉順先生所言："作爲哲學形而上學的《周易》大傳何以可能？它淵源於作爲神學形而上學的《周易》古經；而《周易》古經的宗教形而上學何以可能？它淵源於作爲本真生活感悟的詩歌 '易經古歌'。"③ "左氏易傳" 也有其本源的生活領悟、存在領悟，例如，"左氏易傳" 第一則《陳侯使周史筮》對觀卦的解釋，易卦取象本身就表徵着人與天地萬物的共在，人事通過物象來反映，這種取象是《周易》的解釋學化之表現，卦象解釋表達的其實是生活本源的領悟及其生活籌劃。觀的特殊意義還在於，《周易》八卦的設立乃是由 "觀象" 而來。按照筆者的理解，觀就是一種存在領悟，它一般指主體對其他存在者的觀察，有時也可以指前主體性的存在之觀，直到《周易》大傳也保留了這一點，例如，《彖傳》解釋咸卦卦辭説："觀其所感，而天地萬物之情可見矣。" 我們固然可以對其作出存在者化的理解，將感理解爲 "二氣感應"；也可以作出前存在者化的理解：情者實也，猶謂 "事情本身"，因此説 "見" 即生生之 "現"，在《周易》的用法中，見即現，如 "見龍在田"

---

① "本源" 這個詞語有兩種用法。如果 "本" 與 "源" 分開説、相對而言，則其意義大爲不同："本" 是説的本體、形而上者，屬於中國傳統哲學的 "本末" 範疇，按 "本" 的本義，可譯爲 "the Root"；"源" 是説的存在，即無，可譯爲 "the Source"。這種意義的 "本源"，便可譯爲 "the Root－Source"。但是，生活儒學通常所説的 "本源"，却是另外一種用法，指 "本之源"，也就是 "源"，故當譯爲 "the Source"。參見黄玉順《生活儒學關鍵詞語之詮釋與翻譯》，《現代哲學》二〇一二年第一期。

② 黄玉順：《易經古歌考釋》（修訂本），第九九頁。

③ 黄玉順：《易經古歌考釋》（修訂本），修訂再版後記，第四四二頁。

（乾九二）；這體現了中國哲學的獨特觀念：所見者乃自現，所觀者即自觀。所觀爲存在者，則不得言自觀；所觀爲存在本身，故爲"自觀自現"①，這就是前主體性的存在之觀。

如果從《周易》中找尋一個語詞表達易學的本源生活領悟、存在觀念，無疑就是"生生"。儘管《周易》大傳是形而上學化的，但仍然有其本源存在領悟，《繫辭上傳》謂"生生之謂易"，孔穎達疏："生生，不絶之辭。陰陽變轉，後生次於前生，是萬物恒生，謂之易也。"②易以陰陽運行，孔穎達説萬物恒生是易固然不違生生之義，却有存在者化之嫌。按照一般的理解，"生生"是連動用法，意爲生而又生、生生不息；或者作動賓結構，意爲創化新生。按照筆者的理解，生生領悟即本源的生活領悟、存在領悟，這裡説的不是"什麽"生以及生"什麽"，而是生生本身、存在本身。《周易》大傳以來的易學哲學對"生生"的理解基本是存在者化、形而上學化的。《周易》大傳從乾道的"大生"、坤道的"廣生"出發，到萬物的"化生"，構造了一套以乾坤爲本體的宇宙論。我們注意到，後世儒學對"生生"的理解雖然也是形而上學化的，却有其不同内涵，例如，朱子説："心具衆理，變化感通，生生不窮，故謂之易。"③顯然，朱子是以其天理本體論重新闡釋易學的生生領悟。我們對"生生"作出不同的理解，也是基於當下的生活領悟、存在領悟。後世儒學"生生之仁"的領悟也多少保留了這一點，例如，大程子解釋"天地之大德曰生""天地絪緼，萬物化醇""生之爲性"説："萬物之生意最可觀，此元者善之長也，斯所謂仁也。人與天地一物也，而人特自小之，何哉。"④大程子同意告子以生爲性，固然是形而上學化的理解，但也透顯了儒學的本源觀念——情感即存在：生生之仁是本源的情感領悟，也是人這一主體性存在者置身於其中的本源存在境域，即生生不息之境。

---

① 楊虎：《論觀心與感通——哲學感通論發微》，《北京理工大學學報》（社會科學版）二〇二〇年第二期。
② 《周易正義》，《十三經注疏》，第七八頁。
③ （宋）朱熹：《朱子全書》第二一册，第一三九五頁。
④ （宋）程顥、程頤：《二程集》，第一二〇頁。

　　那麼，主體性是如何從生生之境中挺立而出的呢？筆者以爲，《周易》之"觀"可以說明這一問題。所謂"觀"，就是一種存在領悟，存在領悟有其層級性顯現，既可以表示對象化的觀察，也可以表示能所俱泯的無分別智（觀、境、智不二）。《周易》的"觀"也主要是這兩種用法。一是主體性的存在者之觀。例如："仰以觀於天文，俯以察於地理"（《繫辭上傳》）；"物大然後可觀，故受之以觀"（《序卦傳》）。二是前主體性的存在之觀。例如："觀其所感，而天地萬物之情可見矣"（《彖傳》咸）；"觀其所恒，而天地萬物之情可見矣"（《彖傳》恒）。從感、聚到恒，是對"天地萬物之情"的描述。生生其感、其聚、其恒，即是天地萬物之情，情者實也，感、聚、恒者，是生生之自感、自聚、自恒，這是前主體性的存在之觀。

　　主體性存在者從生生之境挺立而出，可以說是從前主體性的存在之觀轉入主體性、對象化的存在者之觀。筆者用"觀法之切轉"[①] 來描述存在觀念與存在者觀念的視域轉換，我們據此看《周易·觀》所展現的視域切轉：

　　　　觀：盥而不薦，有孚顒若。

　　　　初六：童觀。小人无咎，君子吝。

　　　　六二：闚觀。利女貞。

　　　　六三：觀我生進退。

　　　　六四：觀國之光。利用賓于王。

　　　　九五：觀我生。君子无咎。

　　　　上九：觀其生。君子无咎。

　　初爻至上爻展現了主體性誕生，不斷挺立，返源到前主體性之境的過程。首先，處於童觀和闚觀之時，自身與他者的分別相尚未明朗，猶如孩童看待世界一樣，故僅言觀而未言觀"什麼"，這是最切近本源存在方式

---

① 楊虎：《從無生性原在到有死性此在——重讀海德格爾的"存在論區分"》，《河北學刊》二〇一五年第四期。

的。① 其次，從三爻"觀我生進退"到五爻"觀我生"，展現了主體性存在者的不斷挺立。此時自身與他者的分際已然明朗，主體性存在者開始關注自身以及他者、國家。最後，超越一切分別對待，返源到前主體性的生生－存在。"觀其生"，所觀非"我"非"國"，而是"生"本身。黃玉順先生考證："這裡的'其'乃是無所定指的。例如《尚書》'予其殺'蔡沈注：'其者，未定辭也。'（《尚書·酒誥》）……無所定指之'觀其生'，正是'觀'的生活本身。"② 初爻至上爻展現的可以説是境界的變化，也是存在方式、存在領悟的切轉。從前主體性的存在之觀切轉入主體性的存在者之觀，便是主體性挺立（立相）的發生機制，反之則是從主體性到前主體性的回溯（返源）。至於説在何種狀況、什麼時刻產生主體意識，從生生之境及其情感領悟切入存在者化的視域，固然也是可以探討的事情，但不是本書所談論的發生機制之意謂。

2. 立相

建構關乎現代主體性的形而上學和形而下學。

形而下學的核心問題在於"相對主體性是什麼"，相應地，形而上學的核心問題在於"絕對主體性是什麼"。相對主體性奠基於絕對主體性，就此而言，過去的哲學尤其是近代以來的主體性哲學所取得的成就是巨大的。③人類主體性具有獲得知識，過倫理的生活以及對審美等價值的訴求，伴隨着現代轉型之新的主體性樣式的生成，其知識、倫理和價值領域的訴求勢必發生相應的變化。易學哲學在形而下層面的核心問題在於"相對主體性是什麼"，亦即人類主體能夠知道什麼、應當做什麼、可以訴求什麼等問題，這就指向了知識論、倫理學和價值論的建構。

---

① 由此不難理解，"嬰兒"的存在方式是回歸本真之路，例如："復歸於嬰兒"（《老子·二十八章》）；"大人者，不失其赤子之心者也"（《孟子·離婁下》）。

② 黃玉順：《論"觀物"與"觀無"——儒學與現象學的一種融通》，《四川大學學報》（哲學社會科學版）二○○六年第四期。

③ 康德對"人是什麼"的發問，其實就是對"主體性是什麼"的發問。海德格爾曾經評論道："在康德的奠基活動中發生了什麼？……對人類主體之主體性的一種揭示。對形而上學之本質進行發問，就是去發問人的'心靈'之基本能力的統一性問題。"（〔德〕海德格爾：《康德與形而上學疑難》，王慶節譯，上海譯文出版社，二○一一，第一九五頁。）

其一，建構知識論範疇表。衆所周知，知識論的核心在於範疇表的建構。人類早期哲學的範疇表以亞里士多德的十範疇爲典型，可以分爲實體與非實體兩大類："或者表示實體，或者表示數量、性質、關係、地點、時間、姿態、狀況、活動、遭受。"① 實體範疇是第一位的，其他範疇都是基於實體的推衍。所謂 "範疇"（《尚書·洪範》）就是指大的存在者領域，《周易》中也有類似的幾組表示存在者領域觀念的知識範疇，例如 "三材之道" "八卦" 等。② 《周易》大傳觀象設卦，以八卦的推衍設立六十四卦系統，這一邏輯結構固然有其知識歸納的意義，但尚不能充當現代科學知識所以可能的範疇基礎。現代知識論範疇表形態奠定於康德哲學的十二範疇，其中最爲重要的無疑是 "關係性範疇"：實體性、因果性、協同性。③ 沒有實體和因果信念，科學知識將成爲不可能的事情，這對於未來的知識論範疇表也是不可或缺的，哪怕所謂 "虛擬實體" 也是以實體性觀念爲前提的。值得注意的是，實體性（實體與屬性）被歸入廣義的關係性範疇，這是可以理解的事情，知識問題處理的正是相對存在者之間的邏輯關係。衆所周知，今天屬於信息大爆炸的時代，人類在二十世紀所取得的科學技術成就超越了以往所有時代，既有的範疇表可能無法囊括未來的知識形態，所以重建範疇表不得不提上現代知識論的思想議程，當然，重建什麽樣的範疇表，這一議題是懸而未決的。

本書想要先行指出，《周易》"陰陽" 觀念對於重建知識論範疇表是有奠基意義的。既有的知識論範疇表，甚至倫理學範疇表，均展現爲陰陽二分結構。例如，前面提到的知識範疇，亞里士多德的範疇表、康德的關係性範疇，三材之道而 "兩之"（《周易·繫辭下傳》），八卦之 "分陰分陽"（《周易·説卦傳》），這些都包含了某種二分結構。一些倫理範疇也是如

---

① 〔古希臘〕亞里士多德：《範疇篇·解釋篇》，方書春譯，生活·讀書·新知三聯書店，二〇一一，第一二頁。

② 三材之道，所謂天道、地道、人道，是指三種不同的關係領域。八卦也是如此，《説卦傳》謂："乾，健也。坤，順也。震，動也。巽，入也。坎，陷也。離，麗也。艮，止也。兌，説也。" 八卦取象遵循的正是這八種性質或關係原則。

③ 〔德〕康德：《純粹理性批判》，鄧曉芒譯，人民出版社，二〇一〇，第七二頁。

此，"三綱"以陰陽定，"五倫"是"父子"與"非父子"的二分，等等。知識關乎相對存在者的關係，沒有二分結構，則相對存在者的分別以及認識行爲的"主－客"架構是不可能的。當然，重新闡發陰陽觀念也是不可或缺的工作，説到底，知識論、倫理學等形而下學問題所關乎的都是相對存在者的關係問題，在這個意義上，我們或許可以視陰陽爲基礎範疇（Foundational Categories）。這正相應於，陰陽作爲最大的存在者領域，是從存在者整體到次級存在者領域的中介，所以《周易・繫辭下傳》説："乾坤，其易之門邪？乾，陽物也；坤，陰物也。陰陽合德，而剛柔有體，以體天地之撰，以通神明之德。"天下萬物莫不分陰分陽，故陰陽爲易之"門户"："闔户謂之坤，辟户謂之乾"（《周易・繫辭上傳》），闔而觀陰陽和合而"萬物化生"（《周易・繫辭下傳》），辟而觀陰陽本乎一體。

其二，建構現代性的倫理學和價值論。基於現代個體性的生活方式，我們不可能重新接納宗族本位、家族本位的倫理、價值觀念。在這方面，《周易》大傳的核心倫理、價值觀念及其形而上學基礎都需要被解構。例如，就政治領域的倫理關係而言，現代個體在政治領域是公民，而没有君主與臣民之分；就家庭領域的倫理關係而言，作爲家庭成員的個體之間並無人身依附的關係。所以，《周易》大傳那種"君臣、父子、夫婦"以陰陽定尊卑的倫理觀念需要被解構。爲此，我們需要重新疏解《周易》古經，發掘其中的個體精神，闡發個體性的倫理、價值觀念。例如，蠱上九謂："不事王侯，高尚其事。"雖然當時没有脱離宗族生活的個體，但個體精神的可能性並未完全泯滅；"觀我生"之説也是可以理解爲個體精神的，當主體性挺立，首先關注的不是"國生""民生"，而是"我生"，這於個體來説纔是最切近的。既有的易學觀念並不能直接"拿來"建構現代性的倫理、價值觀念，這也是《周易》"唯變所適"（《繫辭下傳》）、"與時偕行"（《文言傳》）的觀念啓示。置身於現代性生活方式中的個體應當做什麼、可以訴求什麼的倫理、價值，這些都是"唯變""與時"的。

要而言之，我們要解構一些既有的易學形而下學觀念，相應於現代性問題建構現代性的形而下學，爲此也需要重建易學形而上學。這裡順便指出，當代西方哲學"拒斥形而上學"的進路並不可取，形而上學乃是關乎生活的一種思考，形而上學是不可避免的。①"需不需要建構形而上學"並不是個真問題，真正的問題是"建構什麼樣的形而上學"，這取決於人類當下的生活方式及其問題。就此而言，現代新儒學重建易學形而上學的努力是非常有益的。當然，並不是說現代新儒學就沒有問題，現代新儒學的易學哲學是現代性易學哲學的初步形態，易學哲學的當代開展需要在兩個方面對其有所超越。一是，在思想視域上，當代易學哲學要超越現代新儒學的"形上—形下"思想架構，而"返源"到前形而上學、前存在者化的生活—存在、生生之境的思想視域。現代新儒學並未觸及"主體性何以可能"的問題，需要進一步返源到本源生活領悟、存在領悟的思想視域。②當代易學哲學的開展不僅要解構一些既有的形而下學，也要解構其相應的形而上學，在當下生活和存在領悟基礎上"立相"，亦即挺立主體性，從而建構關乎"主體性是什麼"的現代性形而上學、形而下學。二是，在現代新儒學基礎上進一步完善現代性形而上學、形而下學建構，完善關乎現代主體性的易學形而上學觀念以及知識論範疇表、現代性倫理學、價值論等形下學理論。

　　總之，正如既有的易學哲學史所展現的那樣，易學哲學一直處於不斷重建的歷程中，它的當代開展應該關乎當下生活而具有明確的現代性指向。

---

① 楊虎：《哲學的新生——新基礎主義道路：傳統基礎主義與反基礎主義之"後"》，《江漢論壇》二〇一六年第十期。

② 筆者曾經討論過，當代儒學必須跳出"心性的牢籠"，對"心性是何以可能的"——亦即"主體性何以可能"進行先行的發問。參見楊虎《心性的牢籠——儒家心性形而上學根本傳統的一種闡明》，《當代儒學》二〇一六年總第十輯。

參考文獻

一 古籍資料

（一）《左》《國》類

（周）左丘明傳，（晉）杜預注，（唐）孔穎達疏《春秋左傳正義》，《十三經注疏》，上海古籍出版社，一九九七。

（周）左丘明撰，（三國吳）韋昭注，上海師範大學古籍整理組校點《國語》，上海古籍出版社，一九七八。

（清）顧炎武：《左傳杜解補正》，《顧炎武全集》第一冊，上海古籍出版社，二〇一一。

（清）焦循：《春秋左傳補疏》，陳居淵主編《雕菰樓經學九種》（上），鳳凰出版社，二〇一五。

（清）沈欽韓：《春秋左氏傳補注》，《續修四庫全書》第一二五冊，上海古籍出版社，二〇〇一。

（清）馬宗璉：《春秋左傳補注》，《續修四庫全書》第一二四冊，上海古籍出版社，二〇〇一。

（清）顧棟高：《春秋大事表》，中華書局，一九九三。

（清）洪亮吉：《春秋左傳詁》，中華書局，一九八七。

（清）劉逢禄：《左氏春秋考證》，顧頡剛點校，樸社，一九三三。

（二）其他古籍

（秦）呂不韋撰，許維遹集釋，梁運華整理《呂氏春秋集釋》，中華書局，二〇〇九。

（漢）劉安撰，劉文典集解《淮南鴻烈集解》，中華書局，一九八九。

（漢）孔安國傳，（唐）孔穎達疏《尚書正義》，《十三經注疏》，上海古籍出版社，一九九七。

（漢）司馬遷撰，（宋）裴駰集解，（唐）司馬貞索隱，（唐）張守節正義《史記》，中華書局，二〇一四。

（漢）揚雄撰，（宋）司馬光集注《太玄集注》，劉韶軍點校，中華書局，二〇一三。

（漢）鄭玄箋，（唐）孔穎達等疏《毛詩正義》，《十三經注疏》，上海古籍出版社，一九九七。

（漢）鄭玄注，（唐）賈公彥疏《周禮注疏》，《十三經注疏》，上海古籍出版社，一九九七。

（漢）鄭玄注，（唐）孔穎達疏《禮記正義》，《十三經注疏》，上海古籍出版社，一九九七。

（漢）鄭玄注，（唐）賈公彥疏《儀禮注疏》，《十三經注疏》，上海古籍出版社，一九九七。

（漢）何休注，（唐）徐彥疏《春秋公羊傳注疏》，《十三經注疏》，上海古籍出版社，一九九七。

（漢）班固撰，（唐）顏師古注《漢書》，中華書局，一九六二。

（三國魏）何晏等注，（宋）邢昺疏《論語注疏》，《十三經注疏》，上海古籍出版社，一九九七。

（三國魏）王弼、（晉）韓康伯注，（唐）孔穎達疏《周易正義》，《十三經注疏》，上海古籍出版社，一九九七。

（三國魏）王弼注，樓宇烈校釋《老子道德經注校釋》，中華書局，二〇〇八。

（三國魏）王弼撰，樓宇烈校釋《王弼集校釋》，中華書局，一九八〇。

（唐）陸德明撰，張一弓點校《經典釋文》，上海古籍出版社，二〇一二。

（唐）柳宗元：《柳宗元集》，中華書局，一九七九。

（宋）程顥、程頤：《二程集》，中華書局，一九八一。

（宋）趙汝楳：《周易輯聞》，影印《文淵閣四庫全書》第一九冊，臺灣商務印書館，一九八六。

（宋）程迥：《周易古占法》，影印《文淵閣四庫全書》第一二冊，臺灣商務印書館，一九八六。

（宋）朱熹：《周易本義》，中華書局，二〇〇九。

（宋）朱熹、蔡元定：《易學啓蒙》，《朱子全書》，安徽教育出版社，二〇〇二。

（宋）朱熹：《晦庵集》，影印《文淵閣四庫全書》第一一四三冊，臺灣商務印書館，一九八六。

（宋）朱熹：《四書章句集注》，中華書局，一九八三。

（宋）朱熹：《朱文公文集》，《朱子全書》，安徽教育出版社，二〇〇二。

（宋）黎靖德編，王星賢點校《朱子語類》，中華書局，一九八六。

（宋）雷思齊：《易圖通變·易筮通變》，影印《文淵閣四庫全書》第二一冊，臺灣商務印書館，一九八六。

（元）吳澄：《易纂言》，影印《文淵閣四庫全書》第二二冊，臺灣商務印書館，一九八六。

吳光等編校《王陽明全集》（新編本），浙江古籍出版社，二〇一一。

（明）王艮：《王心齋全集》，江蘇教育出版社，二〇〇一。

（清）段玉裁：《說文解字注》，上海古籍出版社，一九八八。

（清）黃宗羲：《明夷待訪錄》，中華書局，一九八五。

（清）顧炎武：《日知錄》，《顧炎武全集》第一八、一九冊，上海古籍出版社，二〇一一。

（清）李光地：《御纂周易折中》，影印《文淵閣四庫全書》第三八冊，臺灣商務印書館，一九八六。

（清）李光地撰，劉大鈞整理《周易折中》，巴蜀書社，二〇〇八。

（清）毛奇齡：《春秋占筮書》，影印《文淵閣四庫全書》第四一冊，臺灣商務印書館，一九八六。

（清）李塨：《周易傳注》，影印《文淵閣四庫全書》第四七冊，臺灣商務印書館，一九八六。

（清）臧琳撰，梅軍校補《經義雜記校補》，中華書局，二〇二〇。

（清）惠棟：《易例》，影印《文淵閣四庫全書》第五二冊，臺灣商務印書館，一九八六。

（清）惠棟：《周易述》，鄭萬耕點校，中華書局，二〇〇七。

（清）王鳴盛：《蛾術編》，顧美華整理標校，上海書店出版社，二〇一二。

（清）戴震撰，楊應芹、諸偉奇主編《戴震全書》，黃山書社，二〇〇九。

（清）王念孫：《廣雅疏證》，張靖偉等校點，上海古籍出版社，二〇一六。

（清）王引之：《經傳釋詞》，李花蕾點校，上海古籍出版社，二〇一四。

（清）王引之：《經義述聞》，上海古籍出版社，二〇一六。

（清）朱駿聲：《說文通訓定聲》，中華書局，二〇一六。

（清）李道平：《周易集解纂疏》，中華書局，一九九四。

（清）陳立：《白虎通疏證》，中華書局，一九九四。

（清）俞樾：《群經平議》，王其和整理，鳳凰出版社，二〇二一。

（清）薛福成：《庸庵筆記》，《筆記小說大觀》第二七冊，廣陵古籍刻印社，一九八四。

（清）王先謙：《荀子集解》，中華書局，一九八八。

（清）郭慶藩：《莊子集釋》，中華書局，一九六一。

（清）孫詒讓：《周禮正義》，王文錦、陳玉霞點校，中華書局，二〇一三。

二　今人著作

陳朝爵著，潘林編注，林紓選評《〈左傳〉讀法兩種》，華東師範大學出版社，二〇一八。

章太炎：《春秋左傳讀》，《章太炎全集》第二册，上海人民出版社，二〇一八。

童書業：《春秋左傳研究》，中華書局，二〇〇六。

劉瑛：《〈左傳〉〈國語〉方術研究》，人民文學出版社，二〇〇六。

楊伯峻：《春秋左傳注》（修訂本），中華書局，二〇〇九。

王叔岷：《左傳考校》，中華書局，二〇〇七。

李新霖：《從左傳論春秋時代之政治倫理》，文津出版社，一九九一。

徐元誥撰《國語集解》，王樹民、沈長雲點校，中華書局，二〇〇二。

王國維：《殷周制度論》，《觀堂集林》，中華書局，一九六一。

聞一多：《伏羲考》，生活·讀書·新知三聯書店，一九八二。

馮友蘭：《中國哲學史新編》，《三松堂全集》第八卷，河南人民出版社，二〇〇一。

熊十力：《新唯識論》（語體文本），《熊十力全集》第三卷，湖北教育出版社，二〇〇一。

徐復觀：《中國人性論史·先秦篇》，九州出版社，二〇一三。

牟宗三：《周易哲學講演錄》，臺北聯經出版公司，二〇〇三。

牟宗三：《中國哲學十九講》，臺北聯經出版公司，二〇〇三。

陳夢家：《殷墟卜辭綜述》，中華書局，一九八八。

李鏡池：《周易探源》，中華書局，一九七八。

李鏡池：《周易通義》，中華書局，一九八一。

尚秉和：《周易古筮攷》，張善文校理《尚秉和易學全書》第一卷，中華書局，二〇二〇。

尚秉和：《〈左傳〉〈國語〉易象釋》，《周易尚氏學》，張善文校理《尚秉和易學全書》第三卷，中華書局，二〇二〇。

高亨：《〈左傳〉〈國語〉的〈周易〉說通解》，《周易雜論》，齊魯書社，一九七九。

高亨：《周易大傳今注》，清華大學出版社，二〇〇四。

高亨：《周易古經今注》，中華書局，一九八四。

朱伯崑：《易學哲學史》，華夏出版社，一九九四。

劉大鈞：《周易概論》（增補本），巴蜀書社，二〇〇七。

李學勤：《周易經傳溯源》，長春出版社，一九九二。

李學勤：《周易溯源》，巴蜀書社，二〇〇五。

李零：《中國方術考》，東方出版社，二〇〇一。

章秋農：《周易占筮學——讀筮占技術研究》，浙江古籍出版社，一九九九。

廖名春：《周易經傳與易學史新論》，齊魯書社，二〇〇一。

廖名春等：《周易研究史》，湖南出版社，一九九一。

吳前衡：《〈傳〉前易學》，湖北人民出版社，二〇〇八。

黃黎星：《先秦易筮研究》，人民出版社，二〇一五。

張朋：《春秋易學研究——以〈周易〉卦爻辭的卦象解説方法爲中心》，上海人民出版社，二〇一一。

連劭名：《帛書〈周易〉疏證》，中華書局，二〇一二。

于豪亮：《馬王堆帛書〈周易〉釋文校注》，上海古籍出版社，二〇一三。

李學勤主編《清華大學藏戰國竹簡（肆）》，中西書局，二〇一三。

黃懷信、張懋鎔、田旭東撰《逸周書彙校集注》（修訂本），上海古籍出版社，二〇〇七。

黃玉順：《易經古歌考釋》（修訂本），上海古籍出版社，二〇一四。

黃玉順：《時代與思想——儒學與哲學諸問題》，山東人民出版社，二〇一七。

黃玉順：《中國正義論的重建——儒家制度倫理學的當代闡釋》，安徽人民出版社，二〇一三。

黃玉順：《中國正義論的形成——周孔孟荀的制度倫理學傳統》，東方出版社，二〇一五。

黃玉順：《愛與思——生活儒學的觀念》（增補本），四川人民出版社，二〇一七。

黃玉順：《面向生活本身的儒學——黃玉順"生活儒學"自選集》，四川大學出版社，二〇〇六。

瞿祖同：《中國封建社會》，上海人民出版社，二〇一二。

呂振羽著，中國社會科學院科研局組織編寫《呂振羽集》，中國社會科學出版社，二〇〇一。

侯外廬：《中國思想通史》第五卷，人民出版社，一九五六。

晁福林：《春秋戰國的社會變遷》，商務印書館，二〇一一。

晁福林：《夏商西周的社會變遷》，中國人民大學出版社，二〇一〇。

楊寬：《西周史》，上海人民出版社，二〇一六。

許倬雲：《中國古代社會史論——春秋戰國時期的社會流動》，鄒水傑譯，廣西師範大學出版社，二〇〇六。

馮天瑜：《"封建"考論》，中國社會科學出版社，二〇一〇。

王學典：《二十世紀中國史學評論》，山東人民出版社，二〇〇二。

李伯重：《理論、方法、發展趨勢：中國經濟史研究新探》，清華大學出版社，二〇〇二。

陳來：《古代思想文化的世界——春秋時代的宗教、倫理與社會思想》，生活·讀書·新知三聯書店，二〇〇九。

陳來：《古代宗教與倫理》，生活·讀書·新知三聯書店，一九九六。

張光直：《中國青銅時代》，生活·讀書·新知三聯書店，一九八三。

方輝：《明義士和他的藏品》，山東大學出版社，二〇〇〇。

胡厚宣、胡振宇：《殷商史》，上海人民出版社，二〇〇三。

三 日本汉學文獻及譯著

〔日〕竹添光鴻會箋《左傳會箋》，臺灣鳳凰出版社，一九七五。

〔日〕重澤俊郎輯《春秋董氏傳·左傳賈服注擔逸》，崇文書局，二〇一八。

〔日〕白川静：《中國古代文化》，文津出版社，一九八三。

〔古希臘〕亞里士多德：《範疇篇·解釋篇》，方書春譯，生活·讀書·新知三聯書店，二〇一一。

〔古希臘〕亞里士多德：《形而上學》，苗力田譯，中國人民大學出版社，二〇〇三。

〔古羅馬〕奧古斯丁：《懺悔錄》，周士良譯，商務印書館，一九九六。

〔德〕康德：《純粹理性批判》，鄧曉芒譯，人民出版社，二〇一〇。

〔德〕黑格爾：《精神現象學》，賀麟、王玖興譯，上海人民出版社，二〇一三。

中共中央馬克思恩格斯列寧斯大林著作編譯局編譯《馬克思恩格斯選集》第一卷，人民出版社，二〇一二。

〔德〕馬克斯·韋伯：《經濟與社會》，林榮遠譯，商務印書館，一九九八。

〔德〕雅斯貝爾斯：《歷史的起源與目標》，魏楚雄、俞新天譯，華夏出版社，一九八九。

〔德〕海德格爾：《面向思的事情》，陳小文、孫周興譯，商務印書館，一九九九。

〔德〕海德格爾：《存在與時間》（修訂譯本），陳嘉映、王慶節合譯，生活·讀書·新知三聯書店，二〇〇六。

〔德〕海德格爾：《現象學之基本問題》，丁耘譯，上海譯文出版社，二〇〇八。

〔德〕海德格爾：《康德與形而上學疑難》，王慶節譯，上海譯文出版社，二〇一一。

〔德〕海德格爾：《存在論：實際性的解釋學》，何衛平譯，人民出版社，二〇〇九。

〔德〕海德格爾：《形式顯示的現象學：海德格爾早期弗萊堡文選》，孫周興編譯，同濟大學出版社，二〇〇四。

〔德〕伽達默爾：《真理與方法》，洪漢鼎譯，商務印書館，二〇一〇。

四　析出文獻及期刊論文

黃玉順：《左氏易傳注疏瑕疵》，《時代與思想——儒學與哲學諸問題》，山東人民出版社，二〇一七。

廖名春：《〈左傳〉〈國語〉易筮言"八"解》，方銘主編《〈春秋〉三傳與經學文化》，長春出版社，二〇〇九。

吳前衡：《春秋筮法》，《中國哲學史》一九九六年第四期。

張政烺：《試釋周初青銅器銘文中的易卦》，《考古學報》一九八〇年第四期。

俞志慧：《〈國語·晉語四〉"貞屯悔豫皆八"爲宜變之爻與不變之爻皆半説》，《中國哲學史》二〇〇七年第四期。

汪德嵩：《大衍之數初探》，劉大鈞主編《大易集成：濟南國際周易學術討論會論文集》，文化藝術出版社，一九九一。

王化平：《"艮之八"、"泰之八"和"貞屯悔豫"新解》，《學行堂文史集刊》二〇一二年第一期。

韓慧英：《〈左傳〉、〈國語〉筮數"八"之初探》，《周易研究》二〇〇二年第五期。

〔美〕夏含夷：《〈周易〉筮法原無"之卦"考》，《周易研究》一九八八年第一期。

李學勤：《清華簡〈筮法〉與數字卦問題》，《文物》二〇一三年第八期。

程浩：《輯本〈歸藏〉源流蠡測》，《周易研究》二〇一五年第二期。

汪顯超：《王家臺易簡〈歸藏〉是個錯誤結論——兼論正確識別先秦筮占資料的方法》，張新民主編《陽明學刊》第六輯，巴蜀書社，二〇一二。

李學勤：《〈歸藏〉與清華簡〈筮法〉、〈別卦〉》，《吉林大學社會科學學報》二〇一四年第一期。

林忠軍：《清華簡〈筮法〉筮占法探微》，《周易研究》二〇一四年第二期。

王新春：《清華簡〈筮法〉的學術史意義》，《周易研究》二〇一四年第六期。

劉大鈞：《讀清華簡〈筮法〉》，《周易研究》二〇一五年第二期。

廖名春：《清華簡〈筮法〉與〈説卦傳〉》，《文物》二〇一三年第八期。

程浩：《清華簡〈筮法〉與周代占筮系統》，《周易研究》二〇一三年第六期。

程二行、彭公璞：《〈歸藏〉非殷人之易考》，《中國哲學史》二〇四年第二期。

靳青萬：《釋三墳、五典、九丘、八索》，《漳州師範學院學報》二〇〇五年第二期。

章太炎：《説龍》，《章太炎全集》第九册，上海人民出版社，二〇一八。

顧頡剛：《周易卦爻辭中的故事》，《顧頡剛古史論文集》第十一卷，中華書局，二〇一一。

韓海浪：《家族研究中的幾個概念問題》，《學海》二〇〇一年第三期。

許蘇民：《"内發原生"模式：中國近代史的開端實爲明萬曆九年》，《河北學刊》二〇〇三年第二期。

晁中辰：《明代隆慶開放應爲中國近代史的開端——兼與許蘇民先生商榷》，《河北學刊》二〇一〇年第六期。

仲偉民：《資本主義萌芽問題研究的學術史回顧與反思》，《學術界》二〇〇三年第四期。

張金光：《試論秦自商鞅變法後的土地制度》，《中國史研究》一九八三年第二期。

張金光：《論秦自商鞅變法後的普遍土地國有制——對〈秦商鞅變法後田制問題商榷〉的商榷》，《山東大學學報》一九九〇年第四期。

趙明、王大鵬：《商鞅的土地變法研究——以産權制度變遷爲視角》，《河北法學》二〇一四年第九期。

駱揚：《原"孝"——從"孝"看西周的時代背景》，《中國社會科學院研究生院學報》二〇一〇年第一期。

李裕民：《殷周金文中的"孝"和孔丘"孝道"的反動本質》，《考古學報》一九七四年第二期。

晁福林：《先秦時期"德"觀念的起源及其發展》，《中國社會科學》二〇〇五年第四期。

Gottlob Frege, *Sense and Reference*, The Philosophical Review, Vol. 57, No. 3（May，1948），pp. 209 – 230.

黃玉順：《作爲基礎倫理學的正義論——羅爾斯正義論批判》，《社會科學戰綫》二〇一三年第八期。

黃玉順：《從絕地天通到形上建構》，《哲學動態》二〇〇五年第五期。

黃玉順：《中西之間：軸心時代文化轉型的比較——以〈周易〉〉爲透視文本》，《四川大學學報》（哲學社會科學版）二〇〇三年第三期。

黃玉順：《形而上學的黎明——生活儒學視域下的“變易本體論”建構》，《湖北大學學報》二〇一五年第四期。

黃玉順：《“以身爲本”與“大同主義”——“家國天下”話語反思與“天下主義”觀念批判》，《探索與爭鳴》二〇一六年第一期。

黃玉順：《制度文明是社會穩定的保障——孔子的“諸夏無君”論》，《學術界》二〇一四年第九期。

黃玉順：《國民政治儒學——儒家政治哲學的現代轉型》，《東岳論叢》二〇一五年第一一期。

黃玉順：《論“觀物”與“觀無”——儒學與現象學的一種融通》，《四川大學學報》（哲學社會科學版）二〇〇六年第四期。

郭萍：《〈周易〉對於儒家哲學當代重建的啓示——關於“重寫儒學史”與“儒學現代化版本”問題的思考》，《社會科學研究》二〇一五年第三期。

楊虎：《哲學的新生——新基礎主義道路：傳統基礎主義與反基礎主義之“後”》，《江漢論壇》二〇一六年第十期。

楊虎：《從無生性原在到有死性此在——重讀海德格爾的“存在論區分”》，《河北學刊》二〇一五年第四期。

楊虎：《心性的牢籠——儒家心性形而上學根本傳統的一種闡明》，《當代儒學》二〇一六年總第十輯。

楊虎：《論觀心與感通——哲學感通論發微》，《北京理工大學學報》（社會科學版）二〇二〇年第二期。

楊虎：《論“儒學傳統”與“傳統儒學”》，《寧夏社會科學》二〇一八年第五期。

楊虎：《論中國現代性訴求的儒學表達——現代新儒家第一代的哲學建構》，《中南大學學報》（社會科學版）二〇一八年第六期。

楊虎：《論“生活領悟”與“形式顯示”之道路——生活儒學與海德格爾生存論的根本差異》，胡矯鍵、張小星主編《生活儒學：研究·評論·拓展——第三屆“生活儒學”全國學術研討會論文集》，四川人民出版社，二〇二〇。

五　學位論文

李良賀：《春秋時期的卜筮研究》，碩士學位論文，吉林大學，二〇〇四。

龔傳星：《道在術中——〈左傳〉〈國語〉筮例研究》，碩士學位論文，四川大學，二〇〇七。

林龔：《〈左傳〉、〈國語〉中的〈周易〉筮例研究》，碩士學位論文，福建師範大學，二〇〇七。

王永平：《先秦的卜筮與〈周易〉研究》，博士學位論文，吉林大學，二〇〇七。

李付保：《〈左傳〉〈國語〉易例研究》，碩士學位論文，山東大學，二〇一〇。

張豔芳：《先秦易學的幾個問題》，碩士學位論文，西北師範大學，二〇一〇。

楊生照：《易道形而上學何以可能？——以“象”爲中心的〈周易〉思想研究》，博士學位論文，華東師範大學，二〇一二。

楊虎：《陽明心物說的存在論闡釋》，碩士學位論文，山東大學，二〇一四。

跋

　　這本書是由我的博士學位論文《左氏易傳——〈左傳〉〈國語〉易學研究》修訂而成。由於水平有限，紕漏再所難免，敬請批評指正。

　　我自知短於偏文獻類的研究工作，業師黃玉順先生爲了訓練我這方面的能力，建議做這個選題。我亦自知愧受先生的良苦用心和諄諄教誨。師從先生學業十餘載，如今仍能感受到十多年前初次聽先生授課時的思想衝擊，當時深切感受到極難碰到這種有原創思想的哲學家。先生的思想和生命穿透力帶給我極大的震撼，在求學過程中得遇並蒙先生親炙，何其幸哉！

　　在此，也感謝李海超和郭萍等同門好友一直以來的關心和交流。記得有一次，海超師兄去福建平潭出差，我當時在厦門工作，特意跑過去和他進行了徹夜長談，他鼓勵我調整狀態、收拾精神，堅持自己的學思道路。海超在其著作的跋中引我爲知己，一者令我愧不敢當，二者亦表達了我的深切感受。在此也自期這些年來心中所思的哲學著作《觀仁論》在適當的時候成書出版。

楊　虎

二〇二一年十月於蘭州寓所

圖書在版編目（CIP）數據

左氏易傳輯釋 / 楊虎著 . --北京：社會科學文獻
出版社，2022.9
ISBN 978 - 7 - 5228 - 0548 - 1

Ⅰ.①左… Ⅱ.①楊… Ⅲ.①《左傳》-研究 Ⅳ.
①K225.04

中國版本圖書館 CIP 數據核字（2022）第 144911 號

左氏易傳輯釋

著 者 / 楊 虎

出 版 人 / 王利民
責任編輯 / 胡百濤
責任印製 / 王京美

出 版 / 社會科學文獻出版社·人文分社（010）59367215
地址：北京市北三環中路甲 29 號院華龍大廈 郵編：100029
網址：www. ssap. com. cn
發 行 / 社會科學文獻出版社（010）59367156
印 裝 / 三河市龍林印務有限公司

規 格 / 開 本：787mm × 1092mm 1/16
印 張：19 字 數：286 千字
版 次 / 2022 年 9 月第 1 版 2022 年 9 月第 1 次印刷
書 號 / ISBN 978 - 7 - 5228 - 0548 - 1
定 價 / 168. 00 圓

讀者服務電話：4008918866